산상수훈

산상수훈

성경에서 찾은 성공의 원칙

에밋 폭스 | 박에스더 옮김

THE
SERMON
ON THE MOUNT
THE KEY TO SUCCESS IN LIFE

판미동

일러두기

1. 성경 표기는 『성경전서 개역개정판』을 중심으로 하되 국립국어원 한글 맞춤법에 따랐습니다.
   본문에 인용된 경우에는 원서의 문장에 맞춰 번역했습니다.

2. 본문의 각주는 모두 옮긴이 주입니다.

차례

서문 _007

서문

이 책은 여러 해 동안의 성경 연구와 철학적 탐구, 그리고 많은 강연이 집약된 결과물이다. 현재 분량의 두 배 정도로 만드는 것이 작업하는 데는 훨씬 더 쉬웠겠지만, 나는 이 책을 읽게 될 독자들이 영적 성장에 필요한 실용적 매뉴얼로 부담 없이 사용할 수 있기를 간절히 바랐기 때문에 매뉴얼이 갖춰야 할 필수 요소로서 무엇보다도 책의 분량에 신경을 썼다. 그런 까닭에 주제를 가능한 한 축약된 상태로 전달하려고 애썼다. 배움의 길에 한번이라도 서 봤던 사람이라면 누구나 잘 알듯 어떤 주제를 통달하는 데 가장 큰 도움을 주는 것은 바로 간결한 표현이기 때문이다.

그러므로 한두 번 읽는 것으로 이 책의 내용을 완벽하게 이해할 수 있으리라고 기대하지 말라. 산상수훈(山上垂訓)이 인류에게 주는 가치가 오늘날에도 살아 숨 쉬는지 알고 싶다면, 나아가 삶의 새로운 전망을 온전히 파악하길 원한다면 끊임없이 거듭해 읽기를 권한다. 이로써 다시 태어나는 경험을 할 수도 있을 것이다.

성경을 연구하는 것은 남아프리카에서 다이아몬드를 찾는 것과 별반 다르지 않다. 노란 흙 속에서 소량의 다이아몬드를 처음 발견하면 사람들은 발견된 것이 매장량의 전부라고 생각하면서 그들에게 찾아든 행운에 기뻐한다.

거기서 더 파고 들어가면 푸른 흙이 나오는데, 놀랍게도 푸른 흙 속에는 보석이 꽤 많이 들어 있다. 이전에 일 년 걸려 캐던 보석을 단 하루 만에 발견하는 셈이다. 새로이 찾은 보석 앞에서 이제껏 애지중지해 온 보석은 왠지 그 빛이 바래는 것만 같다.

성경의 진리를 탐험하는 것도 이와 똑같다. 그러니 바라건대 몇몇 영적 발견이 들어 있는 노란 흙 속에만 머물지 말고 그 아래 더 풍요로운 파란 흙에 주목하라. 물론 성경은 파란 흙 속에 든 다이아몬드층과는 다르다. 거기에는 끊임없이 계속되는 영적 깨달음의 순간을 기다리는 더 많은 층이 있다.

성경을 읽다 보면 항상 당신을 계몽하는 신성한 지혜를 확인할 수 있을 것이다. 그것이 바로 직접적인 영감을 얻는 길이다.

1

예수는
무엇을 가르쳤나?

예수 그리스도는 일찍이 인류사에 모습을 드러냈던 그 어떤 인물보다도 중요한 인물이다. 혹 당신은 예수에 관해 다른 의견을 가지고 있을지 모르지만 어떻든 이 사실만은 인정해야 한다. 당신이 예수를 신으로 인정하든 단지 인간으로 생각하든 다음의 사실은 틀림없다. 만약 인간이라면 그는 참으로 위대한 예언자요 교사였고, 짧지만 강렬한 공생애를 살면서 겪을 수 있는 온갖 슬픔과 실패, 그리고 종국에는 파멸에 이를 선택을 한 광신도였다. 우리가 그를 어떻게 여기든 그는 이 땅에서 살았고 또 죽었다. 너무도 짧은 생애를 통해 그가 남긴 가르침은 인류사에 큰 족적을 남긴 그 누구보다도 ─ 알렉산더, 시저, 샤를마뉴, 나폴레옹, 워싱턴 등 ─ 지대한 영향을 끼쳤다. 오늘날 더 많은 사람의 삶이 그의 가르침에, 또는 그의 가르침에 따른 교훈이며 교리 등에 영향을 받고 있다. 그와 관련된 많은 책이 ─ 다른 어떤 이들보다도 더 많이 ─ 쓰였고 읽혔고 팔렸을 뿐만 아니라 또 그와 관련된 많은 설교가 행해졌고 지금도 행해진다.

유럽 민족이 문화적으로, 사회적으로, 또한 정치적으로 전 세계의 운명을 지배하고 형성해 왔던 이천 년 동안 그들 모두에게 종교적 영감이었다는 사실 하나만으로도 예수를 전 세계에서 가장 중요한 사람이라고 말하는 데 별 무리가 없을 것이다. 그 기간 동안 사람들은 지구상의 땅이란 땅은 모두 발견하고 정착하였으며 문명을 발전시켰다.

그러므로 정녕 중요한 것은 예수는 진정으로 누구를 대표하는가를 묻는 것이리라.

예수는 무엇을 가르쳤나? 예수는 우리가 무엇을 믿고 무엇을 행하기를 원하는가? 예수가 마음속에 품은 목표는 무엇이었나? 그는 그 목표들을 자신의 삶과 죽음을 통해 얼마나 성취한 걸까? 지난 19세기 동안 살아남은, 기독교로 불린 종교 또는 운동이 그의 생각들을 얼마나 진정으로, 잘 표현하고 대표했다고 할 수 있나? 오늘날 기독교는 그의 메시지를 세상에 얼마나 전하고 있는가? 그가 지금 돌아온다면 크게는 기독교 국가에, 작게는 기독교회, 다시 말해 성공회교도, 침례교도, 가톨릭교도, 그리스정교회도, 감리교도, 장로교도, 퀘이커교도, 구세군 군인, 제7일 안식일 재림파 신도, 유니테리언 교도들에게 뭐라고 말할까? 예수는 그때 무엇을 가르쳤나?

이것이야말로 이 책에서 내가 대답하고자 하는 물음이다. 나는 예수가 우리에게 준 메시지가 특별한 가치를 가졌음을 보이려고 한다. 그의 메시지는 신, 인간, 삶, 세계, 그리고 그것들 사이에 존재하는 관계에 대한 진리의 완벽한 언명이다. 사실 우리가 그의 가르침에서 발견하는 것은 이보다 훨씬 더 많다. 그의 가르침은 단지 학문적 관심에 이끌려 우주를 추상적으로 설명하는 게 아니라 실제적인 방법을 구성한 것이다. 어떻게 하면 우리 영혼이 성장할 수 있을까? 어떻게 하면 삶과 운명을 우리가 진정 원하는 방향으로 살아 낼 수 있을까? 예수는 그것을 찾아 행하는 방법을 가르치려 한 것이다.

무엇보다도 먼저 예수는 신, 즉 하나님의 본성은 무엇이며 인간, 즉 우리 자신의 본성은 무엇인지를 말한다. 그는 우리에게 삶과 죽음의 의미를 전한다. 우리가 왜 곧잘 실수를 저지르며 욕망에는 왜 그다지도 자주 굴복하고 마는지를 보여 준다. 우리는 왜 병들며 왜 늙고 왜 가난한가? 우리 삶에 일어나는 중요한 것들을 하나하나 일러 준다. 어떻게 하면 이 모든 악을 정복할 수 있을까? 우리가 원하는 것은 건강하고 행복하고 풍요로운 삶일진대, 어떻게 해야 그런 삶을 살 수 있단 말인가?

우리가 첫째로 깨달아야 할 무엇보다도 중요한 사실은 예수가 가르친 건 신학이 아니라는 것이다. 이 사실은 정통 기독교의 일반적 전제를 날려 버리는 것이나 그럼에도 분명한 사실이다. 그의 가르침은 전적으로 영적이고 또 형이상학적이다. 그러나 불행하게도 역사적 예수는 전반적으로 신학적이고 교조적인 물음들에 연관되어 있는데, 이상하게 들리겠지만 그것들은 복음과는 아무 관련이 없다. 교회의 교리와 신학이 그것을 세운 이들의 사고방식에서 나온 인간의 발명품인 것과 마찬가지 이치라 하겠다. 이를 알고 나면 지금껏 마치 외부에서 — 하늘에서 — 온 것인 양 속아 왔다는 사실에 많은 선량한 사람은 놀랄 수밖에 없겠지만, 그러나 그것이 사실이다. 성경 어디에서도 우리는 어떤 교리, 어떤 신학의 체계도 발견할 수 없다. 말 그대로 없다. 삶을 지적으로 설명할 필요가 있다고 생각할 뿐만 아니라 성경은 인류에게 준 하나님의 계시라고 믿는 훌륭한 사람들은, 지적 설명은 하나님의 계시인 성경 안에 들어 있어야만 한다는 자연스러운 결론을 도출한다. 의식하든 안 하든 그렇기에 그들은 자신이 발견하고 싶어 하는 것을 찾아 하나님의 계시를 만들어 나간다. 그들은 영적이고 형이상학적인 열쇠를 갖고 있지 않다. 그들에겐 영적 기반이라고 할 만한 게 없다. 따라서 성경 안에서 삶에 대한 순전히 지적이거나 입체적인 설명을 찾는다. 하지만 그런 설명은 존재하지 않는다.

　인간 삶에 대한 실제적 설명은 한 인간이 본질적으로 영적이고 영원하다는 사실에 있다. 또한 이 세상이, 그리고 우리가 지적으로 인식하는 이 삶이 말하자면 인간에 대한 모든 진실과 — 기계에서 말(horse)에 이르기까지 — 모든 것의 단면에 지나지 않는다는 사실에 있다.

우주의 작은 한구석을 슬쩍 들여다본 게 다면서 반쯤 뜬 눈으로 오직 인간과 지구 중심의 시각에 근거해서 저를 쏙 빼닮은 신을 상상해 낸 인간은 저 옛날 동양의 한 작은 왕국, 그곳에 사는 제멋대로인 왕자님을 신으로 그린 터무니없고 끔찍한 우화를 만들어 냈다. 허영심과 변덕 그리고 악의, 인간이 지닌 갖가지 사악함이야말로 인간 존재의 속성이다. 이로써 원죄, 대속의 피, 유한한 죄에 대한 영원한 형벌 등과 관련된 모순투성이에 궤변인 전설이 탄생한 것이다. 거기에 더해 영원한 고통이니 지복이니 하는 형언할 수 없을 정도로 두려운 교리가 세워졌다. 그러나 성경 어디에서도 이와 같은 교리는 찾아볼 수 없다. 만약 그런 교리를 가르칠 목적이었다면 성경 어디쯤 한 장, 한 단락, 아니면 한 구절이라 할지라도 비유나 상징이 아닌 직설적인 방식으로 분명한 언급이 있었을 것이다. 그러나 그렇지 않다.

　복음주의 설교에서 그리고 지난 세대의 종교 서적들 속에서 뚜렷이 그려지고 있는 '구원 계획'은 코란에 드러나 있지 않듯 성경에도 완전히 알려지지 않았다. 애초 우주엔 그런 식의 준비가 없다. 성경조차 그것을 가르치지 않는다. 그렇다면 이들 교리는 어디에서 나왔단 말인가. 우리에게 있는 것은 그 의미가 불분명한 창세기의 몇몇 구절과 바울의 서신 여기저기에 흩어져 있는 몇몇 구절, 그리고 그 외 성경 다른 권들에 흩어져 어쩌다 눈에 띄는 한두 개 절뿐이다. 이것들을 가져다 놓고는 자신들이 생각하기에 성경에 있어야만 할 듯한 가르침을 만들어 낸 것이다. 예수는 이 모든 것을 전혀 알지 못했다.

그는 물론 지나친 낙천주의자도 아니었을뿐더러 사람들이 말하듯 하찮은 낙관주의자도 아니었다. 그는 자주 경고하곤 했다. 죄악에 대한 완고함은 극심한 형벌을 가져올 수 있고, 영혼의 진실성에서 멀어지는 사람은 비록 전 세계를 얻는다고 할지라도 비극적인 바보일 뿐이라고. 그는 단지 우리가 스스로 저지른 실수 때문에 처벌받는 것이고, 또한 우리가 저지른 실수에 의해서만 처벌받는다고 가르쳤다. 예수에 따르면 하나님 앞에 나아가는 데 우리가 남자인지 여자인지는 문제가 되지 않는다. 그와 마찬가지로 우리가 죄를 얼마나 지었든 또 얼마나 더럽든 문제가 되지 않는다. 우리는 오직 사랑이신 아버지, 전능한 하나님 앞에 나아갈 수 있다. 또한 하나님은 우리를 용서하고 우리가 스스로 돌아볼 수 있도록 힘을 준다. 필요하다면 "일흔 번씩 일곱 번이라도" 그렇게 한다.

안타깝게도 예수는 다른 방향에서도 잘못 이해되고 잘못 전해졌다. 예를 들어 그의 가르침에는 교회 중심의 교리를 세우고 성직자의 위계질서나 조직, 의례 등을 타당하게 해 줄 근거가 없다. 예수는 교회의 어떤 권위도 인정하지 않았을 뿐 아니라 사실상 그의 정신세계의 전체 기조는 오히려 반교회주의적이었다. 공생애를 통틀어 교회주의자들, 그리고 나라 안의 여타 종교 지도자들과 한바탕 전쟁을 벌였다. 그들은 처음에는 예수를 방해하다가 다음에는 박해하기에 이르렀으며, 자기 보호 본능에 이끌려 직감적으로 그가 가르치는 진리가 그들을 파멸로 이끌기 시작하리라는 점을 알아차리고 결국은 그를 처형했다. 하나님의 대리인으로 위장해서 얻은 그들의 권위를 예수는 전적으로 무시했으며 그들이 거행하는 각종 의례 또한 참을 수 없어 했을 뿐 아니라 대놓고 경멸했다.

대체로 사람은 누구나 스스로 알아보려는 수고 — 성경을 열린 마음으로 직접 읽고 판단하려는 — 를 감당하기보다는 그저 믿고 싶은 것을 믿어 버리려는 경향이 있는 듯하다. 예를 들어 다른 사람들보다 월등히 신실하다고 일컬어지면 아무 거리낌 없이 자신을 지도자로 임명해 버린다. 그러고는 사람들에게 영향을 끼치기에 더없이 좋은 가식적인 칭호와 정교하고 아름다운 의례로 치장한다. 그들이 믿고 따르는 지도자가 세 살짜리도 알아들을 수 있는 말로 엄중히 경고하는데도 불구하고 말이다. 자기를 스스로 높이고 지도자의 권위를 부여하는 행동을 해서는 안 된다고 아무리 금해도 말이다. "그러나 너희는 랍비라 칭함을 받지 말라. 너희 선생은 하나요 너희는 다 형제니라."^{마태복음 23:8} 예수는 바리새인을 가리켜 '위선자'라고 부르며 맹렬히 비난했다. 상석을 차지하고 앉아 대접받기를 즐기면서 안식일에 지켜야 할 행동이며 식사 예절이며 온갖 규칙을 정해 지키게 함으로써 사람들로 하여금 태어난 것마저 통탄하게 만드는 자들이라는 것이다.

예수는 눈에 보이지 않는 내면이 아닌 밖으로 드러난 행동의 관찰을 강조하는 것에 대해서 — 우리가 계속해서 알게 될 것처럼 — 온갖 종류의 불변의 규칙과 규정을 거론해 가며 분명히 경고했다. 그가 강조했던 것은 사람의 행위에 내재한 특정한 정신(spirit)이었다. 그 정신만 올바르다면 나머지는 저절로 이루어진다는 것을 알았기 때문에 오직 원리 원칙을 가르치는 데 중점을 두었다. 그리고 그것이 옳다는 것은 "문자는 사람을 죽이고, 정신은 사람을 살린다.(the letter killeth, but the spirit giveth life.)"는 바리새인의 슬픈 예를 통해서도 분명히 볼 수 있다.

그렇지만 그럼에도 불구하고 정통 기독교의 역사는 사람들에게 온갖 행동 규칙의 준수를 강화하는 쪽으로 점철되어 왔다. 이는 기독교의 역사에서 구약의 안식일을 강화해 온 청교도의 두드러진 실례를 통해서도 잘 알 수 있는데, 안식일 규례가 유대인의 법규임이 분명함에도 이를 지키지 않으면 신성모독 행위를 한 사람으로 몰아 극렬한 제재를 가했다. 예수가 미신에 가까우리만치 지나치게 안식일 준수에 혈안이 된 행위를 그토록 경계했음에도 불구하고, 사람이 안식일을 위해 있는 게 아니라 사람을 위해 안식일이 있는 것이므로 그날에 하고자 원하는 바를 행하라고까지 말했음에도 불구하고, 그를 따른다고 하는 이들조차 예수가 그토록 강조한 정신에 주의를 기울이지 않고 살아온 게 사실이다. 이 모든 것을 예견이라도 한 양, 예수의 가르침은 오늘을 사는 현대인에게 더욱 분명한 메시지 ─ 영적인 빛 가운데 모든 것을 알고 행함으로써 우리가 우리에게 주어진 하루하루를 영적인 안식일로 만들어야만 하는 날이 올 것이다. ─ 로 전해진다.

유대인의 안식일이 현대 그리스도인을 어떻게 옥죄고 있든지, 그들이 일요일 즉 주일을 기억하여 거룩하게 지키지 않는다면 여전히 안식일을 범하면 겪게 되는 것과 동일한 결과를 초래하리라 여긴다는 점은 분명한 듯하다.

그러나 오늘날 많은 기독교인은 있다고 말하고 싶지만 사실 성경 어디에도 신학의 체계라고 할 만한 것이 없음을 잘 알고 있다. 그리고 실제로는 신학을 포기한 상태다. 그러나 여전히, 직관적으로, 진리를 알아볼 수는 있는 까닭에 그럼에도 스스로 그리스도인이라 규정짓기를 주저하지 않는다. 그들의 태도는 어떤 논리로도 정당화될 수 없다. 그들 하나하나는 다만 예수의 가르침을 지적으로 받아들이게 해 주는 영적 열쇠를 가진 것뿐이다. 그래서 다양한 방법으로 자신들의 태도를 합리화하려고 노력한다.

맹목적인 정통 신앙의 입장에 선 것도 아니고 그렇다고 자신을 지지해 줄 만한 과학적이고 영적인 기독교 해석을 따르는 입장도 아닌 처지의 사람에게 이것은 참으로 딜레마라 하지 않을 수 없다. 그런 사람에게는 시대에 뒤떨어진 유니테리언 교도에 속하지 않고 버틸 다리가 없다. '기적'과 같은 미신적인 것을 모두 부인하는 것은 아니지만 솔직히 기적들이 매우 불편하다. 기적은 그를 당황스럽게 만든다. 성경에서 기적이 사라졌으면 좋겠다. 어떻게 좀 제거해 버릴 방법이 없을까.

최근 잘 알려진 성직자가 『예수의 생애(Life of Jesus)』라는 책을 출간했다. 그는 책에서 이런 입장이 얼마나 잘못된 것인가를 실례를 들어 가며 소개한다. 그도 예수가 사람들을 치유했다는 것은 인정한다. 사람들이 스스로 치유하도록 도왔다는 것도 인정한다. 그런데 딱 거기까지다. 그는 기적이라고 해서 모두 무의미한 것은 아니라고 말한다. 그러나 그것들은 대체로 위대한 역사적 인물을 그릴 때 그 중심에 자리하는 환상적인 전설일 뿐이라고 생각한다. 예를 들어 배를 타고 호수 건너편으로 가던 제자들이 풍랑이 일자 두려워 떨다가 예수와 그의 말씀을 생각하고 평온을 되찾은 일이 있는데, 이 이야기가 시간이 한참 지나 물 위를 걸어 제자들에게 온 인간 예수에 대한 터무니없는 이야기로 과장되었다는 것이다. 또 다른 예를 들자면 예수가 어떤 죄인을 죄의 무덤에서 일으켜 세움으로써 회개케 했는데, 세월이 흘러 이 일이 죽은 자를 살린 얼토당토 않은 전설로 확대되었다는 것이다. 어느 날 예수께서 베드로, 요한, 야고보, 이 세 제자를 데리고 산에 올라 열정적으로 기도하셨다. 아마도 마치 빛을 뿜어내는 것처럼 보일 정도로 행복한 모습이셨을 듯싶다. 왜 아니겠는가. 그런데 마침 선잠 자다 깬 베드로가 그런 예수를 보게 되었고, 세월이 흘러 그의 기억 속에선 그날 밤 자신이 변모하신 예수와 그와 함께한 모세를 본 것으로 둔갑했다는 것이다. 기타 등등. 기타 등등.

사람은 누구나 복음의 아름다움과 신비에 사로잡힌 사람의 간절한 염원에 공감하게 마련이다. 그러나 이를 영적으로 이해하고 해석할 열쇠가 없다면 그는 아마도 복음에 담긴 많은 것을 지극히 상식적인 선에서, 그리고 인류가 이룩한 눈부신 과학 지식에 비추어 이해하고 해설하려 할 것이다. 그러나 이것은 그렇게 단순하게 볼 일이 아니다. 만약 기적이 일어나지 않았다면 이를 제외한 복음의 나머지 다른 이야기조차 그 참된 의미를 잃고 말 것이다. 만약 예수가 기적이 가능하다고 믿지 않았고, 그 때문에 기적(보여 주기 위해서는 아니었지만 여러 차례에 걸쳐 계속해서 행해졌는데)들을 행하지 않았다고 생각한다면, 만약 그가 18~19세기 이성주의 철학에 반하는 것들은 도무지 믿지 않았기에 가르치지도 않았다고 생각한다면, 복음서의 메시지는 매우 혼란스럽고 모순적인 것이 될 테고 보기에 따라서는 아무 의미도 없게 되리라. 예수는 그 시대의 미신이 되었든 오늘날의 믿음이 되었든 관심이 없었다고, 그는 그 시대 사람으로서 단지 그것들을 받아들였을 뿐이라고 말하는 것으로 이 딜레마에서 벗어날 수는 없다. 왜냐하면 예수가 관심을 가졌던 것은 '그런 인간'이었기 때문이다. 이성주의적 사고에 근거해서 감정은 끌리지만 기적마저도 부정하고 내칠 수 있는 인간. 총체적 인간은 삶의 전반에 대한 반응을 모두 포함하며, 실제로 일어나는 일에 대한 신념과 확신 모두를 포함해야만 한다.

그러나 기적은 일어났다. 사복음서(the four Gospels)가 전하는 예수의 행위는 모두 실제로 일어났다. "그가 행하신 일이 이 외에도 많으니 만일 낱낱이 기록된다면 이 세상이라도 이 기록된 책을 두기에 부족할 줄 아노라." 요한복음 21:25 예수는 그가

24

할 수 있는 일을 함으로써 사람들이 그의 가르침을 낯설고 놀랍게 생각하도록 만드는 것으로 자신을 정당화했다. 더 나아가 자신의 가르침을 연구하고 실천하는 사람을 일러 다음과 같이 말했다. "내가 하는 일을 그도 할 것이요, 또한 그보다 큰 일도 하리니." 요한복음 14:12

그렇다면 기적이란 무엇인가? 우주는 어떤 예외도 허용하지 않는 법칙과 질서의 완벽한 체계로 작동한다는 근거에서 기적의 가능성을 부인하는 사람들은 전적으로 옳다. 그러나 대부분의 사람이 익숙하게 여기는 법칙으로 이루어진 세상, 즉 우리가 일반적으로 알고 있는 이 세상은 전체 우주의 극히 일부에 지나지 않는다. 그리고 여기에는 낮은 법에서 높은 법으로의 항소(appealing), 사소한 것에서 보다 상위의 중대한 것으로의 항소라는 것이 있다. 하위법에서 상위법으로의 항소는 법을 위반하는 게 아니다. 그러한 항소의 가능성은 우주의 주(主)된 법의 일부이며, 따라서 진정으로 법을 위반한다는 의미에서의 기적은 불가능하다. 그러나 일반적인 규칙과 제한들은 말 그대로 하위이므로 상위의 법에 의해 무시될 수 있다는 점에서 일상적 의미에서의 기적은 일어날 수 있으며, 실제로 일어난다.

예를 들어, 어느 월요일에 당신이 겪고 있는 어떤 일의 결과를 주말쯤에는 알 수 있는 상황을 가정해 보자. 그 일은 법원이 어떤 결정을 내리느냐와 같은 법적인 일일 수도 있고 또는 육체와 관련한 질병의 문제일 수도 있다. 어느 쪽이든 물리적 현상에 해당한다고 볼 수 있다. 만약 후자의 경우라면 어떤 유능한 의사에게 위험한 수술이지만 꼭 필요하며, 수술하지 않을 경우 회복할 가망이 없다는 사실을 듣고 있어야 하는 상황 정도를 상상할 수 있다. 이 상황에서 해당 문제와 관련된 세상의 물리적 제약들을 초월한 곳에 자신의 의식을 올려놓을 수 있다면 이 세상의 조건들은 변하게 될 것이다.(이것이 기도라고 불리는 행위에 대한 과학적 설명이다.) 이로써 결코 예측할 수 없는 일이 일어난다. 상식적으로는, 다시 말해 하위법의 세계에서는 불가능했을 일, 즉 기적이 일어난다. 결과로 보자면 법적으로 걸려 있던 문제에서 해방되고, 또 수술하지 않으면 죽을지도 모르는 병세가 회복되는 것일 터다.

그러므로 기적은 흔히 말하듯 기도의 결과로 일어날 수 있고 또 일어난다. 기도는 *변화*를 *가져온다.* 기도는 어떤 일이 기도하지 않았다면 일어났을 방향과는 다른 쪽으로 일어나도록 한다. 그 과정에 어떤 어려움이 잠복해 있더라도 상관이 없다. 해당 원인이 결국은 가져왔을 합당한 결과와도 아무 상관이 없다. 당신의 기도가 하나님에게 얼마나 끈질기고 간절한 것으로 전달되었는지에 달려 있을 뿐 처한 상황이 얼마나 심각한지는 별문제가 아니다.

그러나 기도는 또한 과학이요 기술이다. 그래서 예수는 자신의 사역 가운데서도 특별히 이 기도, 이 과학과 기술을 가르치는 데 많은 비중을 할애했다. 복음서의 기적은 예수가 기도함으로써 얻는 힘이 ── 예수 이전과 이후를 통틀어 ── 그 누구보다도 강한 힘이란 것에 대해 영적으로 이해했기에 일어날 수 있었다.

복음서를 해석하는 또 다른 시도가 고려되어야만 하는데 이는 톨스토이의 해석이다. 톨스토이는 산상수훈을 우리 삶의 실용적 안내서로 내놓고 싶어 했다. 그는 산상수훈의 말씀을 문자 그대로의 의미로 곧이곧대로 받아들였다. 그러나 자신이 믿지 않는 부분 ── 영과 영의 활동을 포함해서 그가 알아내지 못한 영적 해석 ── 은 무시한 채로 그렇게 했다. 따라서 사복음서를 제외한 나머지 성경 전체를 폐기하고 기적에는 별 의미 부여를 하지 않은 채 도외시했다. 그는 그리스도교와 유물론을 결합하는, 용감무쌍했으나 헛된 시도를 했다. 결과는 물론 실패였다. 역사에서 톨스토이의 참 위치는 새로운 종교운동의 창시자가 결코 아니다. 오히려 천재적인 안목과 언변으로 예수의 말씀을 널리 알린 실용적인 무정부주의자였다고 평가하는 게 맞을 듯하다. 우리가 루소를 프랑스 혁명에 앞서 길을 예비한 인물로 본다면, 톨스토이를 볼셰비키 혁명을 위해 길을 닦은 자로 말하는 데 별 무리가 없다.

그러므로 기적에 대한 해석에서 살펴보았듯 영적 열쇠가 있어야만 넓게는 성경의 가르침의 신비가, 작게는 복음서의 신비가 풀린다. 영적 열쇠는 기적을 설명하며 우리 또한 기적을 일으켜서 죄와 질병과 한계를 극복할 수 있다는 것을 입증한다. 이 열쇠로 우리는 축자영감설(逐字靈感說)[1]과 미신적 직해에서 벗어남과 동시에 성경이야말로 인간이 소유한 모든 것 가운데 가장 소중하고 진실한 것임을 이해할 수 있다.

성경은 책의 구성을 놓고 볼 때 수백 년에 걸쳐 다양한 계층의 사람들이 갖가지 상황에서 영감을 받아 쓴 문서를 모아 놓은 것이다. 우리가 가진 문서는 대부분 원본이 아니다. 오래된 문서 파편을 모아 편집한 것으로 실제 저자가 누구인지 알 수 없는 문서들도 섞여 있다. 그러나 성경이 여기저기 흩어져 있던 오래된 문서를 엮어 만들어졌으며 누가 썼는지 알 수 없는 것들까지 섞여 있다고 해서 성경이 지닌 영적 목적에 영향을 준다고는 볼 수 없다. 사실 영향을 주지 않을뿐더러 하나도 중

---

[1]   성서의 한 글자 한 글자가 모두 하나님의 영감에 의해 기록되었다는 주장

요하지 않다. 성경은, 우리에게 있는 이 자체로, 신의 영감 아래 편찬된 영적 진리의 무궁무진한 저수지다. 성경이 어떤 경로를 거쳐 오늘의 형태로 만들어졌는가 하는 실제 과정은 영적인 진리와 아무 상관이 없다. 저자가 누구인지 알 수 있는 경우라 해도, 그 저자의 이름 혹 그가 고용해서 쓰게 한 대필자의 이름보다도 더 중요할 게 없다. 왜냐? 하나님의 지혜야말로 저자요, 우리가 관심을 두는 것이기 때문이다. 영적인 시각에서 볼 때 하등 중요하지 않은 책의 생성 과정이나 편집 등의 형태에만 관심을 둔, 소위 말해서 고등 비평 — 문학적이고 역사적인 성경 연구 — 이라고 하는 것은 오히려 성경의 영적 내용을 완전히 상실하고 있다.

성경에는 역사, 전기(傳記), 서정적이고 시적인 형태 등 다양한 매개체를 통한 영적 메시지가 담겨 있다. 무엇보다도 우화는 영적이고 형이상학적인 진리를 전하는 데 사용되었다. 어떤 경우에는 비유적 이야기로 의도된 것에 불과한 우화가 문자 그대로 진실인 양 여겨지기도 한다. 종종 이로 인해 성경이 상식에 반하는 것을 가르치는 듯 보이곤 한다. 아담과 이브, 그리고 에덴동산의 이야기야말로 바로 그런 경우에 해당한다. 제대로 이해했다 한들 가장 놀라운 우화에 다름 아니다. 저자 또한 결코 이 이야기가 역사로 받아들여지기를 의도한 것 같지 않다. 그러나 문학적 성향이 강한 사람들은 다른 모든 종류의 터무니없는 결과들과 함께 그렇게 받아들인다.

성경을 여는 영적 열쇠는 이 모든 난해함과 딜레마 그리고 모순으로부터 우리를 구출한다. 그것은 의식 중심 또는 복음 중심의 교조주의로 흐르지 않도록 우리를 도울 뿐만 아니라 우리를 자유롭게 한 진리로 인해 자유주의라 불릴 위험으로부터도 구한다. 놀랍지만 부인할 수 없는 진실은 이 세상 전체는, 그것이 육체, 일상사, 비바람, 구름, 지구 자체, 그 어떤 것이 되었든 인간의 사고에 순종적이며 우리가 그것을 깨닫는다면 세상을 지배할 수 있다는 것이다. 세상은 정황, 환경을 통해 우리를 구속한다고 여겨지곤 하지만 실은 선하지도 악하지도 않을 뿐더러, 성격이라고 할 만한 어떤 것도 가지고 있지 않다. 우리가 생각하고 부여하는 바, 바로 그것이다. 다시 말해 우리가 그것을 알아서 그렇게 생각하든 우리가 그것을 원해서 그렇게 생각하든, 우리 생각을 따라 변형된다.

종일 당신의 마음을 사로잡고 당신 내면의 은밀한 장소를 온통 점령하고 있는 생각이 선하든 악하든, 바로 그것이 당신의 운명을 만들어 간다. 사실 우리 삶의 경험이란 것은 전부 내 안의 생각이 밖으로 표현되어 나타난 것이라고 할 수 있다. 그것이 진실이다.

그러므로 이제 우리에게는 진실이 그러하다면 앞으로 어떤 종류의 생각을 즐겨 할 것인가를 선택해야 하는 일이 남아 있다. 혹 생각하는 데 나쁜 습관이 들려 있다면, 쉽지는 않겠지만 그렇다고 이런 습관을 고칠 수 없는 것은 아니다. 우리는 어떻게 생각할지를 스스로 선택할 수 있다. 사실 늘 선택해 왔다. 우리 삶은 우리가 마음속에 그린 온갖 생각의 결과물이나 다름없다. 그러므로 오늘 우리 삶이 이 모양인 것은 우리 스스로 원했기 때문이다. 우리가 선택한 생각의 결과물이기 때문이다. 따라서 우주에는 완전한 정의가 이루어지고 있는 셈이다. 누군가의 원죄 때문에 우리가 삶에서 고통을 당하는 게 아니다. 자신이 심은 것을 거두는 것뿐이다. 우리에겐 자유의지가 있다. 우리는 우리에게 있는 그 자유의지로 어떻게 생각할 것인가를 선택한다.

이것이야말로 예수의 가르침의 정수다. 성경 전체를 관통하여 흐르는 근원적인 메시지는 안타깝게도 어디를 펼치더라도 동일한 비중으로 그리고 명명백백하게 표현되어 있지 않다. 책의 앞부분에서는 그런대로 면면히 이어지지만 마치 여러 겹의 베일을 덮어쓴 램프에서 뿜어져 나오는 불빛처럼 전체적으로 흐릿하다. 그러나 뒤로 갈수록 베일이 하나하나 거두어지고 불빛은 점점 더 강해져 마침내 예수 그리스도의 가르침 안에서 환하게 앞을 밝히게 될 것이다. 진리는 결코 변하지 않는다. 우리가 이 땅에 사는 동안 알아야 할 것은 우리 인간의 진리 이해에 관한 것이다. 인간은 인류 역사 속에서 꾸준히 차근차근 진리에 대한 이해를 갈고닦아 향상해 왔다. 사실 우리가 진보라고 부르는 것은 인류가 신에 대해 가지는 생각이 향상되어 온 그대로 밖으로 표현된 것에 지나지 않는다.

예수는 이 진리를 요약해서 완벽하고 철저하게 가르쳤다. 무엇보다도 사람으로 살면서 몸소 진리를 입증했다. 그 때문에 우리는 진리가 충만하다는 것이 지적으로 무엇을 의미하는지 언뜻 경험했다고 할 수 있다. 그리고 이제 예수가 제시한 방법을 따름으로써 충분한 이해에 도달해야만 한다. 하지만 우리가 실례를 들어 가며 입증할 수 있느냐 하는 것은 별개의 문제다. 우선은 진리를 받아들여야 한다. 그것이야말로 위대한 첫발을 떼는 것이다. 그러나 진리를 실천함으로써 삶에서 진리가 입증될 때까지 그것은 아직 우리 것이 아니다. 예수는 자신이 가르친 모든 것을 자신의 삶을 통해 증명했다. 우리가 부활이라고 부르는, 죽음을 극복하면서까지 말이다. 여기서는 논의할 수 없는 여러 가지 이유(사실 당신의 기도가 어떻게 모든 인류를 돕는지를 설명할 수는 없다는 의미에서)로, 기도를 통해 어려움을 극복할 때마다 당신은 매우 보편적인 방식으로 과거,

현재, 미래의 모든 인류를 돕는 것이다. 특히 아주 특별한 종류의 어려움을 극복하도록 돕는 것이다. 예수는 인류가 처한 온갖 종류의 한계를 극복함으로써, 그중에서도 특별히 죽음을 극복함으로써 인류 역사에 남을 독특하고 헤아릴 수 없이 많은 업적을 완수했다. 이로써 그는 구세주라는 타이틀을 얻었다.

예수는 그의 공적 사역 기간에 시의적절한 때를 잡아 며칠에 걸쳐 연속 강의 형식으로 자신의 가르침을 요약해 들려줄 계획을 세웠다. 그리고 이를 실천에 옮겼는데 하루에 두세 차례씩 가르침을 전했던 것 같다. 이 방식이 적절히 차용된 예가 아마도 오늘날 우리가 아는 여름성경학교가 아닐까 싶다.

예수는 이 연속 강좌를 자신의 메시지를 요약할 기회로 삼았다. 그 자리에 참석한 몇몇이 메모했던 내용들이 후에 편집되었는데 그것이 바로 우리가 아는 산상수훈이다. 사복음서의 저자들은 각각 자기 복음서의 목적에 부합하는 것으로 재료를 취사선택한 것으로 보인다. 그들 중 마태가 가장 완벽하고 조심스러운 본을 선보였다. 그가 옮긴 산상수훈은 예수 그리스도교의 거의 완벽한 집대성이다. 하여 나는 이 책의 텍스트로 마태의 산상수훈을 선택했다.

산상수훈 안에 예수의 가르침의 본질이 들어 있다. 산상수훈은 실제적일 뿐만 아니라 각 개인에 속한 것이다. 또한 제한적이고 특수하며 그 의미가 분명히 드러나 있지 않다. 가르침의 참의미는 파악되나 중요한 것은 그런 결과를 도출하기 위해 신실하게 하나하나 실천해 나가기 시작하는 것이다. 이들 결과가 얼마나 중요한지는 그 가르침 하나하나를 얼마나 성실하고 철저하게 이행했느냐에 달려 있다. 이것은 오직 각자에 달린 문제다. "누구도 형제의 영혼을 구할 수도, 형제의 죗값을 대신 치를 수도 없다." 살다 보면 서로 도와야만 하는 경우가 생긴다. 물론 우리는 서로 도와야만 하고 또 도울 수 있다. 하지만 인생이라는 장거리 경주에 나선 우리는 모두 자기가 맡은 과제를 각자 완수함으로써 스스로 배워야만 한다. 그러니 이제 어떤 나쁜 일이 우리 앞에 닥치더라도 더는 섣불리 그 원인을 죄에서 찾아내 판단하려고 하지 말자.

진정으로 삶이 변하기를 원한다면, 진정으로 자기 자신이 변화되기를 원한다면, 하나님과 사람 모두 앞에서 정녕코 다른 사람이 되어야만 한다. 진정으로 마음이 건강하고 평화로우며 영혼이 성장하기를 원한다면 어떻게 해야 하는지, 예수는 산상수훈을 통해 어떻게 그런 상태에 이를 수 있는지를 확실하게 보여 주었다. 물론 이 과제는 쉽지 않다. 그러나 말씀을 따르면 성취되리라는 것을 안다. 왜냐하면 그것을 해낸 이들이 있기 때문이다. 그들은 그 값을 치렀다. 값을 치러야만 한다. 그 값은 우리 삶 구석구석에서 이 가르침의 원리들을 날마다 실제로 수행하며 사는 것이다. 원하든 원하지 않든, 당신이 정말 따르고 싶지 않은 시간에 그러고 싶지 않은 장소에서도 말이다.

만약 당신이 그 값을 치를 준비가 되었다면 옛사람과 결별하고 새사람으로 거듭날 준비가 된 것이다. 위대한 가르침을 연구함으로써 당신은 진정으로 해방의 산에 이를 것이다.

2

팔복

八福

예수께서 무리를 보시고 산에 올라가 앉으시니

제자들이 나아온지라

입을 열어 가르쳐 이르시되

심령이 가난한 자는 복이 있나니 천국이 그들의 것임이요

애통하는 자는 복이 있나니 그들이 위로를 받을 것임이요

온유한 자는 복이 있나니 그들이 땅을 기업으로 받을 것임이요

의에 주리고 목마른 자는 복이 있나니 그들이 배부를 것임이요

긍휼히 여기는 자는 복이 있나니

그들이 긍휼히 여김을 받을 것임이요

마음이 청결한 자는 복이 있나니

그들이 하나님을 볼 것임이요

화평하게 하는 자는 복이 있나니

그들이 하나님의 아들이라 일컬음을 받을 것임이요

의를 위하여 박해를 받은 자는 복이 있나니

천국이 그들의 것임이라

나로 말미암아 너희를 욕하고 박해하고

거짓으로 너희를 거슬러 모든 악한 말을 할 때에는

너희에게 복이 있나니

기뻐하고 즐거워하라 하늘에서 너희의 상이 큼이라

너희 전에 있던 선지자들도 이같이 박해하였느니라

마태복음 5:1~12

산상수훈은 팔복(八福)의 말씀으로 시작한다. 이 말씀은 성경을 통틀어 매우 유명한 구절 중 하나다. 성경에서 가장 유명한 장 몇 개 정도를 알 뿐인 사람들조차 팔복을 잘 안다고 확신한다. 불행하게도 그들은 그것을 제대로 이해하지 못하며, 좋기는 하나 따르기는 불가능한 충고로, 일상생활에는 아무 의미도 없는 것으로 간주한다. 그렇다 보니 매일의 삶에 적용할 생각은 아예 하지도 않는다. 그러나 이것은 그들에게 말씀을 이해하고 깨달을 영적 열쇠가 없기 때문이다.

팔복은 실제로 그 하나하나가 완결된, 여덟 개의 절로 이루어진 산문시다. 그것은 실제적으로 모든 그리스도인에게 주는 가르침이 요약되어 있다고 볼 수 있으며, 어떤 문학적 요약보다도 영적이다. 그와 같은 일반적인 요약은 종교적이고 철학적인 가르침에 가까운 동양의 전통이 지닌 수준 높은 특징이다. 따라서 자연스럽게 불교의 팔정도(八正道), 모세의 십계명, 그리고 또 다른 사상의 집약체들을 떠올리게 한다.

예수는 오로지 일반 원리를 가르치는 데만 집중했다. 이 일반 원리는 하나같이 우리의 마음 상태가 어떠해야 하는지를 일러 주는 것들이다. 예수는 왜 마음 — 마음이 어떠해야 하는지 — 에 집중했을까? 마음이 올바르면 모든 것이 올바를 수밖에 없다는 것을, 반대로 마음이 올바르지 않을 때 어떤 것두 올바를 수 없다는 것을 그는 너무도 잘 알고 있었기 때문이다. 그러므로 관건은 마음이었다.

예수는 다른 위대한 종교 지도자들과는 달리 무엇은 해야 하고 무엇은 하지 말아야 하는지 세세한 가르침을 주지 않는다. 무엇을 먹고 무엇을 마실지를 말해 주지도 않는다. 먹고 마실 때 삼가야 하는 것들을 나열하지도 않는다. 정해진 때에 맞춰 지켜야 할 각종 의례에는 어떤 것들이 있으며 이는 또 어떻게 행해야 하는지를 가르쳐 주지도 않는다. 확실히 그의 가르침 전체 기조는 의식주의를 경계하고 형식주의에 반한다. 그는 유대교 성직자들에 맞서 조금의 양보도 하지 않았을 뿐만 아니라 성전 의식을 통한 구원의 교리에는 일체의 자리도 허용하지 않았다. "이 산 위에서도 아니고 예루살렘도 아닌 데서 너희가 아버지께 예배를 드릴 때가 올 것이다. (…) 참되게 예배를 드리는 사람들이, 영과 진리로 아버지께 예배를 드릴 때가 온다. 아버지께서는 이렇게 예배를 드리는 사람들을 찾으신다. 하나님은 영이시다. 그러므로 하나님께 예배를 드리는 사람은 영과 진리로 예배를 드려야 한다." 요한복음 4:21~24

바리새인은 사람을 질리게 만들기에 충분할 만큼 세밀하게 준수해야 할 행위 규칙을 따르는 편협함의 대명사 격인 사람들이었다. 당대에 둘째가라면 서러울 성실한 바리새인들은 대부분, 지나칠 정도로 엄청난 양의 행위 규칙을 하나라도 빼먹을까 노심초사하며 지켰다. 하나님이 자신들에게 부과한 요구에 만족하고 있는지를 스스로 되물을 겨를도 없이 말이다. 현대의 랍비들이 추산해 본 바에 따르면 이 행위 규칙이 육백 개를 상회한다고 하는데, 실제로 이와 같은 종류의 규칙을 하나도 어기지 않고 지켜 낼 사람은 없다고 보면 될 것이다. 그러므로 지켜야 함에도 제대로 지키지 못하는 자신을 자각하게 될 때마다 더욱 만성적인 죄의식에 시달리며 필연적으로 의무 수행의 짐에 눌려 살 수밖에 없는 피해자가 만들어진다. 실용적인 목적을 위해서 의무에 매달리고 스스로를 죄인으로 만드는 것은 결과적으로 볼 때 죄인임이 분명하다. 예수의 정책은 이와 대비된다. 그의 목적은 일일이 행위만을 살피던 것에서 벗어나 마음을 들여다보는 것으로 옮겨 가는 데 있었기 때문이다. 영적 구원을 이루고 참된 기쁨을 누리기 위해서는 마음을 들여다보아야 한다. 따라서 예수는 새로운 마음가짐을 심어 주려 했다. 그는 이를 팔복의 말씀으로 생생하게 그려 보여 준다.

심령이 가난한 자는 복이 있나니 천국이 그들의 것임이요

팔복에 들어가기 앞서 우리는 말씀을 연구하는 데 있어서 매우 중요한 관점을 고려해야만 한다. 성경은 자기 고유의 독특한 표현을 쓰는 까닭에 때로 어떤 단어, 어구, 표현 들은 실제 우리가 사용하는 말임에도 일상에서 쓰는 의미와는 매우 다르게 사용된다는 점에 유념해야 한다. 게다가 어떤 단어들은 성경이 번역된 이후로 그 의미가 바뀐 것도 있다.

성경은 참으로 형이상학 교재이자 영혼의 성장을 위한 설명서다. 성경은 이러한 관점을 가지고 모든 물음을 본다. 이 점에 대해 더 이상 강조하는 것은 불가능하다. 이러한 이유로 성경은 모든 주제에 폭넓은 관점을 취한다. 성경은 모든 것을 인간 영혼과의 관계를 통해 본다. 그리고 성경은 우리가 평상시에 쓰는 말에 들어 있는 의미보다 더 폭넓은 관점으로 많은 일상어를 사용한다. 예를 들어 성경에서 '빵(bread)'[2]이라고 할 때는 '빵'이란 단어가 문학에서 쓰일 때처럼 육체의 양식을 가리키는 협의의 의미로만 쓰이지 않는다. 성경의 '빵'은 인간이 필요로 하는 모든 것 ─ 옷, 집, 돈, 교육, 우정, 기타 등등 육체가 필요로 하는 모든 것 ─ 이다. 그리고 무엇보다도 성경의 '빵'은 영적 인식, 영적 이해, 탁월한 영적 깨달음과 같은 영적인 것을

---

2   이 책에서는 「주의 기도」 장에서 일용할 '양식'으로 번역되었고, 우리말 성경에서는 이 단락 후반에서 보듯 '떡'으로도 번역되었다.

가리킨다. "오늘 우리에게 일용할 양식(빵)을 주시옵고." 마태복음 6:11 "나는 생명의 떡(빵)이니." 요한복음 6:35 "사람이 이 떡(빵)을 먹으면…." 요한복음 6:51

또 다른 예는 '번영(prosperity)'[3]이란 단어다. 성경적 의미에서 '번영(prosperity)', 그리고 '번영하다(prosper)'는 물질적 부의 습득보다 훨씬 더 많은 의미를 지닌다. 성공적인 기도를 의미하기도 하는데, 영혼의 관점에서 볼 때 기도에서의 성공은 소유물의 번성이라고 볼 수 있기 때문이다. 우리 기도가 성공적이라면 필연적으로 우리는 우리가 필요로 하는 물질 모두를 이미 가진 것이다. 물론 이 세상에서 살기 위해 물질은 필수이지만, 물질적 부는 삶에서 가장 덜 중요한 것이다. 성경은 "번성하여 풍요롭게 된"이라는 단어의 참의미를 통해 바로 이것을 암시한다.

*심령이 가난하다(poor in spirit)*는 것은 오늘날 우리가 말하는 '가난한 심령(poor spirited)'과 다르지 않다. *심령이 가난하다*는 것은 욕망으로 들끓는 의지를 거두어 내고 마음을 비우는 것이다. 이 작업은 전심으로 하나님을 찾기 위해 모든 선입견을 포기하는 것만큼이나 중요하다. 현재의 사고방식, 선입견,

3 번성하고 영화롭게 됨

온갖 견해, 필요하다면 삶의 방식까지도 한쪽으로 치워 놓는 것을 의미한다. 사실상 하나님을 찾을 때조차도 늘 의지하고 기대곤 하는 것이 따로 있다면 그마저도 내려놓는 것이다.

문학을 통틀어 가장 슬픈 이야기가 있다면 아마 그것은 역사상 손에 꼽을 기가 막힌 기회 가운데 하나를 날려 버린 부자 청년의 이야기일 것이다. "그 청년이 재물이 많으므로 이 말씀을 듣고 근심하며 가니라." 마태복음 19:22 이는 인류 역사에서 실제로 벌어지는 일이다.

우리는 예수가 우리에게 주려는 구원을 거절한다. 하나님을 찾을 기회를 거절한다. 가진 게 너무 많기 때문이다. 물론 앞서 나온 부자 청년처럼 우리 역시 돈 많은 부자라서 그렇다는 게 아니다. 세상에 그런 부자가 뭐 그리 많겠는가. 우리의 부요(富饒)함은 물질적 재화가 넘쳐 나는 것이라기보다는 더는 다른 것이 들어갈 자리가 없을 정도로 우리 마음을 꽉 채우고 있는 생각들의 부요함이다. 확신에 찬 판단, 영적 자만과 같이 굳이 의도하지 않아도 쉬이 불러일으켜지곤 하는 오만 가지 생각들, 그뿐 아니라 선천적으로 주어진 직관이며 지적이고 정서적인 각종 판단 기제도 있다. 그뿐인가, 포기를 모르는 욕망에 매인 생활 습관, 혹 무시당하지나 않을까 노심초사하는 자기 존중에 보이는 관심, 조롱받지나 않을까 하는 두려움, 남들보다 높아지고만 싶은 명예욕 등등. 이 모든 갈망이 우리로 하여금 끝없이 고통의 수레바퀴를 돌리게 만든다. 하나님에게서 추방된 유배자의 신분으로.

예수를 만난 이 부자 청년은 인류 역사상 가장 비극적인 인물이라 할 만하다. 비단 그가 부자였기 때문이 아니다. 어찌 보면 부유하다는 것은 그 자체로 놓고 볼 때 선하지도 악하지도 않은 것이다. 그가 비극의 주인공인 건 그의 마음이 돈을 사랑하는 데 매여 있었기 때문이다. 바울은 이를 모든 악의 근원이라고까지 말한다. 창고 가득 금은보화가 차고 넘친들 그것을 소유한 자의 마음이 족한 줄 모른다면 천국에 들어간 가장 가난한 거지만큼도 자유롭지 못한 것이다. 그가 끝내 자신이 가진 부를 신뢰하므로 천국 문은 그 앞에서 닫히고 만다.

왜 예수 그리스도의 메시지는 예루살렘의 성직자들에게 환호와 찬사를 받지 못했는가? 그들은 가진 게 너무 많았다. 율법학자가 보유한 엄청난 율법 지식, 그 이름에 걸맞은 명예와 지명도, 게다가 종교와 율법을 맡은 지도자요 교사로서 그가 누리는 권위, 이처럼 그들이 소유한 이 모든 부요는 영적인 가르침을 받아들이기 위해서는 반드시 포기해야만 하는 것들이다. 그러나 이제 여기 예수의 가르침을 기쁘게 받아들인 사람들이 있다. 많이 배우지 못했으나 겸손한 이 사람들은 진리로부터 멀어지게 만드는 그런 부요함을 갖고 있지 않아 행복했다.

왜 현대에는 하나님의 내재성과 유용성에 대한 그리스도의 메시지, 인간의 영혼에서 영원히 타오르는 내면의 빛의 메시지가 이 세상에 나타날 때면, 대부분 평범한 사람들, 글을 잘 읽지도 못하는 사람들에 의해서 받아들여지는 것인가? 왜 주교, 사제, 중재자, 목사, 장로 들은 세상에 그의 메시지를 전하지 않는가? 왜 이곳 — 옥스퍼드, 케임브리지, 하버드, 하이델베르크, 대형 방송사들 — 에선 모든 지식 중에 으뜸인 예수의 메시지가 보도되고 가르쳐지지 않는가? 다시 말하지만 그들은 가진 게 너무 많다. 지적이고 영적인 자신감으로 중무장하고 자기만족과 자신만만함이 넘칠 뿐만 아니라 학문적 신념과 사회적 명망이 하늘을 찌른다.

*심령이 가난하다는 것*은 이와 같이 우리를 당혹스럽게 만드는 그 어떤 것들로부터도 더 이상 부대끼지 않는다는 것이다. 그런 부요를 결코 누려 보지 못했기 때문이기도 하지만 사람들이 소유한 부요가 결코 부러워할 만한 것이 아니라는 것을 영적으로 깨달았기 때문이기도 하다. 심령이 가난한 자는 더는 물질에 대한 사랑으로 애태우지 않으며, 친척이나 친구들 또는 주위 사람들에게 받아들여지지 않으면 어쩌나 하는 두

려움에 시달리지 않는다. 그들은 더는 인간의 권위에 위축되지 않는다. 위엄을 잃지 않을 뿐만 아니라 오히려 제 생각을 지지하기에 더욱 당당하다. 그들은 자신의 믿음을 고귀하게 여기지만 잘못일지도 모른다는 비판에 문을 닫아걸지도 않는 열린 마음의 소유자들이다. 자신의 생각과 삶에 대한 관점이 잘못된 것일지도 모르며 고칠 필요가 있을지도 모른다는 겸손한 마음의 소유자들이다. 그들은 언제든 처음부터 다시 시작할 준비가 되어 있다. 늘 새롭게 삶을 배울 준비가 되어 있다.

애통하는 자는 복이 있나니 그들이 위로를 받을 것임이요

애통과 슬픔은 결코 그 자체로 좋은 것이 아니다. 하나님의 의지 때문에라도 우리는 모두 반드시 행복해야 하고 또 성공을 거두어야만 한다. 예수도 말씀하시지 않았는가. "내가 온 것은 생명을 얻게 하고 더 풍성히 얻게 하려는 것이라." 요한복음 10:10 그럼에도 불구하고 고통과 고난은 종종 매우 유익하다. 실패함으로 고난을 겪는 것이든 슬픔으로 인해 고통스러운 것이든, 이로써 진리를 배우는 것을 사람들은 마다하지 않는다. 그렇다면

슬픔은 비교적 좋은 것이라고 해야 하지 않겠는가.

조만간 인간은 모두 하나님에 관한 진리를 발견하게 될 것이다. 처음에는 그분과 개인적인 접촉을 해야 한다. 우리는 우리 자신을 자유롭게 해 줄 진리를 이해해야만 한다. 죄, 질병, 죽음, 인간의 세 가지 한계와 그에 수반되는 기타 것들로부터 우리를 영원히 자유롭게 해 줄 진리를 말이다. 그러나 대개의 사람은 고통에 내몰리기 전까지는 전심으로 하나님을 찾지 않는다. 진리가 자유롭게 한다는 데도 하나님을 찾는 과제를 수행하려 들지 않는다. 고통을 거치지 않고서도 자발적으로 기꺼이 하나님을 찾아 나섰다면 아마 고통은 없었을지도 모른다. 그러므로 영적인 성장에 부응함으로써 진리를 깨달을 것인가, 고통을 겪음으로써 비로소 배울 것인가는 우리가 선택할 문제다. 그리고 후자를 선택한 잘못은 오로지 그 자신에게 있다.

대체로 사람들은 건강에 문제가 발생했을 때, 더는 의학 기술에 의지해 질병을 치료하거나 건강을 회복할 기회를 가질 수 없다고 판단될 때, 그제야 자신의 신앙생활이 형상화된 바로미터로서 몸을 영적으로 바라보기 시작한다. 질병을 극복하고 궁극적으로는 죽음을 극복하는 영의 삶을 돌아본다. 만약 건강할 때 이 원리를 이해하고 받아들이고 하나님에게 돌아온다면 아플 필요가 없을 것이다.

다시 말하지만 가난하다는 것의 의미를 땡전 한 푼 없는 지경에 처해 피부로 느껴야지만 비로소 사람들은 마지막 피난처인 하나님에게 돌아온다. 사람의 필요를 알고 이를 채우는 공급처로서 하나님의 전능함을 깨닫게 된 교훈을 가슴에 품고서 "천부여 의지 없어서 손들고 옵니다."를 부르면서 말이다.

이 교훈은 인간이 지금보다 더 높고 더 넓은 경험으로 가기 전에 완전히 깨달아야만 하는 것이다. 우리 아버지의 집에 많은 저택이 있지만, 더 높은 곳에 있는 저택으로 가는 데 필요한 열쇠는 현재 우리가 있는 곳을 완전히 지배하는 것에 있다. 그러므로 영적 성장의 기초 단계에서 공급과 관련해 일찍이 재정적 문제를 맞닥뜨려 그 해답을 알게 되는 것은 축복일 수 있다. 만약 부유할 때 사람들이 그들의 참 공급처인 하나님을 올바로 이해하고 이러한 관점을 잃지 않고 생활하며 영적으로 장성한 자에 합당한 바른 기도를 드린다면 그들은 이후로 결코 가난을 맛보지도 재정적 어려움을 겪지도 않을 것이다.

나아가 부유할 때 잊지 않아야 할 점은 현재 누리고 있는 것들을 잘 사용해야 한다는 것이다. 우리가 우리 것으로 알고 있는 재화의 참 주인이 하나님임을 깨달았다면 이기적으로 제 곳간에 쌓아 놓으려 해서는 안 되며 오직 그분을 위해 관리를 위임 맡은 수탁자요 청지기답게 사용해야 할 것이다. 돈을 관리하는 일에는 피할 수 없는 책임감이 따른다. 지혜롭게 나누어야 할뿐더러 그 결과를 받아들여야만 한다.

사실 이 원리는 우리가 살면서 겪는 모든 고난에 다 해당한다. 재정적 고난만 아니라 육체적인 질병을 포함해 삶에 일어날 수 있는 모든 문제를 다 포괄한다고 보면 된다. 가족 문제, 언쟁, 별거, 죄와 죄책감, 기타 등등. 모두 하나님 나라에 대한 올바른 이해를 구하기만 했더라면 겪지 않아도 좋았을 것들이다. 그러나 먼저 지혜를 구하고 이를 깨달으려 하지 않았다면 결국 일어나게 되어 있는 일들이다. 이제라도 고난에 처하여 애통하는 것이야말로 축복이다. "애통하는 자는 복이 있나니 그들이 위로를 받을 것임이요." 애통 끝에 찾아온 위로란 성경에서는 하나님의 현존을 경험하는 것을 의미한다.

정통 교회들은 너무 자주 십자가 위에서 죽음을 맞는 그리스도를 가르쳐 왔다. 그러나 성경은 또한 우리에게 다시 사신 그리스도의 승리를 말한다.

온유한 자는 복이 있나니
그들이 땅을 기업으로 받을 것임이요

표면적으로 이 복은 그리 대단해 보이지 않는다. 게다가 일상의 삶과는 좀 동떨어진 듯 매일의 삶 속에서 일어나는 평범한 사실들에 의해 명백하게 부인되는 것처럼 보인다. 그러므로 세상 지식에 밝고 역사를 공부한 지각 있는 사람이라면 아마도 있는 그대로 진지하게 이 말씀을 받아들이기가 힘들지도 모르겠다. 대다수의 정직한 그리스도인도 차마 이를 실천은 하지 못하고, 세상이 이 말씀대로여야 마땅하지만 현실은 그렇지 못하다고 생각하며 아쉬워하는 데 그친다.

그러나 이러한 태도로는 충분치 않다. 조만간 우리 영혼은 최종적으로 어떤 궤변이나 변명도 늘어놓을 수 없는 곳에 이를 것이다. 삶은 얼마가 되었든 치러야 할 값을 치르고 직면해야만 하는 것이다.

주어진 사실은 다음과 같다. 예수는 진심으로 그렇게 말했거나, 그러지 않았다. 또는 자신이 무슨 말을 하는지 알았거나 알지 못했다. 그래서 여기 이 복의 말씀을 진지하게 받아들이지 않는다면 우리는 어떤 그리스도인도 받아들일 수 없는 상황에 이를 것이다. 위의 두 가지가 아니라면 예수는 부도덕한 사람들이 하는 것처럼 자신은 믿지도 않는 것을 말했거나 무의미한 것을 말한 것이다. 우리는 산상수훈을 연구하기 시작하면서 이 상황에 직면해야만 한다. 예수를 진지하게 받아들이거나 또는 지지하게 받아들이지 않거나, 만약 진지하게 받아들이지 않는다면 그의 모든 가르침은 버려져야 하고, 사람들은 더 이상 자신을 그리스도인이라 부르지 말아야 한다. 거짓으로 그의 이름을 찬양하고, 그리스도교야말로 신의 영감을 받은 진리라 주장하며 그리스도인임을 뽐내다가도, 정작 실천할 때가 되면 예수의 가르침을 외면하고 내다 버리는 것은 가장 치명적인 종류의 위선이고 나약함이다. 예수는 신뢰할 만한 안내자이거나 그렇지 않다. 예수에게 안내받고자 한다면 우리는 그가 진심으로 그 말들을 했다고 가정해야 하고, 그가 삶의 기술을 가장 잘 안다고 믿어야 한다. 인류가 겪는 고통과 슬픔은 우리 삶의 양태가 진리와는 정반대이기 때문에 발생하는 것이며, 그러므로 (우리 삶의 양태가 진리와는 정반대이기 때문에) 언뜻 보면 그가 말하고 그가 가르친 것들은 어리석어 보이고 날것 그대로인 것으로 보인다.

　제대로 이해했을 때 예수의 가르침은 참일 뿐만 아니라 진실로 실행 가능한 것이다. 사실상 그 어떤 가르침보다 가장 실현 가능하다고 할 수 있다. 그가 결코 몽상가가 아니었음을 알게 될 것이다. 그는 듣고 나면 그뿐, 남는 게 없는 진부한 이야기를 늘어놓지도 않을뿐더러 우리 이해력이 미치는 한계를 넘어서는 어마어마한 신비가 현실이 된다는 것을 말하면서도 전

혀 위축되지 않는다. 말 그대로 실천해야 하는 그의 가르침의
전체적 본질은 팔복의 바로 이 구절에 요약돼 있다.

팔복은 성경에서 가장 중요한 여섯 문장 중 하나다. 팔복의
영적인 의미를 파악하면 어떤 종류의 어려움일지라도 모두 극
복할 수 있는 통치권의 비밀을 알게 될 것이다. 말 그대로 삶의
열쇠를 갖게 될 것이다. 예수 그리스도의 메시지는 한 문장으
로 줄일 수 있다. 이 금언은 연금술사들이 사용하는 철학자의
돌이나 마찬가지다. 고난과 한계투성이인 원석을 평안과 참조
화의 금으로 바꾸어 줄 것이다.

우리는 이 온유한 자의 복에서 다음의 두 단어, '온유(meek)'
와 '땅(earth)'에 주목한다. 이 두 단어는 상당히 기술적으로,
매우 특별하게 사용되었다. 이들 단어에 강조된 놀라운 뜻은
깨달아 알기 전에는 감추어져 있어야만 한다. 먼저 '땅'이라는
단어는 성경에서 단순히 우리가 발붙이고 사는 땅으로서의 지
구를 의미하는 것이 아니다. 그것은 드러난 것을 의미한다. 드
러난 것이란 무엇인가? 드러난 것은 감춰진 원인의 결과다. 우
리는 원인이 표현되고 드러나기까지는 알 수 없다. 다시 말해
드러난 결과를 보고서야 원인을 알게 된다. 그러므로 원인은
드러나야만 한다. 다시 말해 어떤 것이 드러났다면 거기에는
그렇게 나타나고 표현되게 한 원인이 있는 것이다.

이제 우리는 영적인 형이상학[4]에서, 특히 이 산상수훈에서 모든 *원인은 정신적이라는* 것을 배운다. 당신의 육체며 일상사 모두는, 예를 들어 집이며 사업, 모든 경험은 당신 자신의 정신 상태가 고스란히 드러난 것이다. 이때 당신의 정신 상태를 당신이 잘 의식하는지 의식하지 못하는지 그 여부는 중요하지 않다. 왜냐하면 혹 지금은 잊어버린 게 분명하고 또 결코 알아챌 수 없음에도 불구하고 그것들은 잠재의식 안에 존재하기 때문이다.

다른 말로 당신의 '땅'은 당신 내면이 밖으로 드러나 겪은 모든 경험의 총체다. 그러므로 '땅을 기업으로 받는다.'는 말은 당신이 그 모든 경험을 다스리게 된다는 의미다. 다시 말해 당신이 삶의 조건들을 조화와 참 성공으로 이끌 수 있는 힘을 갖게 된다는 것이다. "온 땅에 주의 영광이 충만하다." "그의 영혼은 평안히 살고 그의 자손은(또는 기도는) 땅을 상속하리라." "주께서 다스리시니 땅이 기뻐하리라." 그러므로 성경에서 땅에 관해 말할 때는 — '땅을 소유하다, 땅을 다스리다, 땅을 번성케 하다'와 같이 — 육체적 건강으로부터 일상사에 이르기

---

4   여기서 저자가 말하는 '영적인 형이상학'이란 초경험적인 것, 다시 말해 사물의 본질이나 존재의 근본원리 등을 대상으로 탐구한다는 점에서 그 기반은 같으나 경험적 대상의 학문인 자연과학에 상대하여 이르는 일반 형이상학과는 구별되는 신성한 형이상학을 가리킨다고 할 수 있다.

까지 우리 삶의 조건 전반에 관해 언급하는 것이다. 그러므로 이 구절은 소유하고 다스리는 것뿐 아니라 어떻게 하면 우리가 우리 자신의 삶과 운명의 진정한 주인이 될 수 있는가를 말해 주는 것이라고 할 수 있다.

이제 그러면 실제로 어떻게 그렇게 되는지 살펴보도록 하자. 이 복의 말씀에 따르면, 우리 삶의 조건들 상위에 온유함이라고 하는, 참으로 기대하지 않은 방식이긴 하지만 다스림의 기제가 존재한다. 사실 '온유함(meekness)'이라는 단어는 매우 특별하고 기술적인 의미로 사용되었다. 그것의 참뜻은 일상어로 쓰일 때의 의미와는 아무 관련이 없다. 실제로 인간성에 대해 말할 때 그 어떤 것보다도 불편한 성격이 바로 온유함이다. 물론 오늘날의 의미에서 그렇다는 것이다. 현대의 독자들에게 '온유함'은 피조물 가운데서도 하등 생물체를 떠올리게 하는 말이다. 한마디로 용기나 자아 존중과는 거리가 멀다. 곤충처럼 지면을 기어 다니는 이미지의 소유자로, 어떤 점에서 위선적이고 비열하기까지 한 인물의 성격에 더 가깝다. 최악의 모델로는 찰스 디킨스가 만든 아첨하는 유라이어 힙[5]이 있다. 디킨스의 작품 속 인물 중에서 최선의 모델을 찾는다면

5 『데이비드 코퍼필드』에 나오는 위선적인 악한

단압받고 짓밟힌 상신한 영혼의 소유자들을 꼽을 수 있을 것이다. 소위 도덕적인 사람들 말이다. 그리고 디킨스는 이들, 결코 대항하지 않는 인물들이 늘 조롱당하는 것으로 그린다. 그러므로 현대의 독자는 산상수훈에서 '온유함'이라는 단어를 대할 때 이런 암시를 떠올리지 않을 수 없다. 그러고는 마음이 온유한 자가 땅을 기업으로 받는다는, 즉 땅을 다스린다는 말씀이 들려오는 여기 문지방에서 한참을 머뭇거리다 결코 이 가르침을 받아들일 수 없는 까닭에 마침내 거부하기에 이른다.

성경에서 말하는 '온유함'이라는 단어의 참의미는 정신 자세, 태도를 가리킨다고 볼 수 있다. 우리 정신이 어떤 태도를 지녔는가가 이 땅에서 살아가는 삶의 조건들을 좌우하는 열쇠요, 우리가 드리는 기도가 성공에 이르게 하는 비밀이라는 것이다. '온유함'은 열린 마음이고 하나님을 신뢰하는 것이며, 우리를 향한 하나님의 의지가 우리 자신을 위해 우리가 생각할 수 있는 그 어떤 것보다 더욱 기쁘고 흥미 있고 생명력 넘치는 것임을 아는 것으로 이루어진다. 이러한 태도를 견지하는 정신은 우리가 자신을 위해 선택하는 어떤 방식보다도 최고로 좋은 것을 생각해 내는 하나님의 지혜가 어떻게 작동하든지, 기꺼이 이 하나님의 의지를 따르고자 하는 것이다.

그 자체로는 단순하나 분석해 보면 복잡한 이 정신적 태도는 다스림의 열쇠다. 우리 삶의 조건들 우위에 사실상 이를 제어하는 정신이 있고 오히려 이것이 고스란히 삶으로 드러나는 것임을 입증하는 데 성공하려면 무엇보다도 이 열쇠가 필요하다. 또한 '온유함'은 예수 그리스도의 가르침의 영적 기초 위에 있는 사람들을 가리키는 것을 제외하고는 존재하지 않는 것이기 때문에 보통의 연설에서는 결코 들을 수 없는 단어라고 할 수 있다. 그러나 땅을 기업으로 받고 싶다면 이 '온유함'을 반드시 성취해야만 한다.

기도에서 가장 비범한 성공을 거둔 모세(그는 백이십 세 때도 한창나이 젊은이의 육체를 가지고 있었다고 전해지며, 이후에도 보통 사람들처럼 죽음을 맞이한 것이 아니라 물질을 초월하여 신선들과 같이 '소멸'했다고 한다.)는 이 문제에 있어서 대단히 뛰어나서, "모세만큼 온유한"이라는 표현이 생길 정도다. 우리가 기억하는 모세는, 개인의 사적 삶을 어떻게 볼 것인가는 차치하고, 어찌되었든 조국을 위해 위업을 달성한 인물이다. 참으로 혹독한 고난에 맞서며 이집트의 노예 생활에서 자기 민족을 구출했을 (그를 돕는 몇몇 성숙한 영혼의 소유자들과 함께 모세는 출애굽을 성공적으로 이끌었다.) 뿐만 아니라 이후 지도자로서의 가르침과 행위는 후대 역사에 길이길이 영향을 끼쳤다. 모세는 열린 마음의 소유자였다. 늘 새로운 것을 받아들일 준비가 되어 있었으며, 혁명적인 사고를 함으로써 새로운 방법을 배워 이를 실천할 준비가 되어 있었다. 그랬기 때문에 자기 만족적인 이집트 고위층 대부분의 동료는 계시를 거부했겠지만, 그는 그러지 않았다. 그것이 새롭고 또 파격적인 것이었기 때문이다. 적어도 초기에는 모세 또한 품성에 심각한 문제가 있었다. 그러나 지적으로나 영적으로나 자만에 빠지기에는 그는 그릇이 큰 사람이었다. 그러므로 그는 영혼에 새로운 진리가 들어옴에 따라 점차 자신의 결함들을 극복하고 성장해 나갈 수 있었다.

모세는 자신이 속한 땅에서 더 훌륭하고 더 영화로우며 더 나은 삶을 살 수 있음에도 이를 포기하고 하나님의 의지를 따라 그의 뜻에 순종한다는 것이 무엇을 뜻하는지를 완벽하게 이해하고 실천했다. 그러므로 모세에게 그것은 결코 자기희생이 아니었다. 오히려 그렇게 하는 것이야말로 참되고 훌륭한 의미에서 가장 높은 형태의 자기 영화를 이루는 것임을 알았기 때문이다. 이기주의자의 자기 영화는 공허할 뿐만 아니라 그 끝은 혐오다. 그러므로 참된 자기 영화는 진정으로 영광된 영화요, 하나님의 영화다. "아버지께서 내 안에 계셔 그의 일을 하신다." "내가 아버지 안에 거하고 아버지는 내 안에 계시다." 모세는 놀랍게도 입 밖으로 나간 말이 선(善)을 일으키는 힘을 이해한 사람이다. 그리고 지면의 모든 사람보다 온유한 품성에 있어서 매우 뛰어나다는 증거를 가진 사람이었다. 오직 한 사람 구세주를 제외하고. 그러므로 모세는 가장 넓은 땅을 기업으로 받았다.

"온유는 하나님도 감동시킨다."는 놀라운 동양의 속담이 있다.

의에 주리고 목마른 자는 복이 있나니

그들이 배부를 것임이요

'의(義)'는 성경의 또 다른 위대한 열쇠 중 하나다. 이 책을 참으로 이해하려는 독자라면 이들 열쇠 중 하나는 반드시 소유해야만 한다. '땅', '온유', 그리고 '평안'과 같이 그것은 특별하고 한정된 의미로 사용된 기술적인 단어다.

성경에서 '의'는 바른 행동만을 의미하지 않는다. 삶의 모든 부문에서 어떤 주제에 대해서든 올바르게 생각하는 것을 뜻하기도 한다. 산상수훈을 배우다 보면 산상수훈에 들어 있는 모든 절에서 거듭 다음과 같은 위대한 진리를 되풀이해서 발견하게 된다. 밖으로 드러난 것은 모두 우리 내면의 생각과 믿음이 표현된 것들이다. 그런데 우리는 우리 뜻대로 생각하게끔 정신에 영향력을 발휘할 수 있다. 그러므로 간접적으로, 우리가 어떻게 생각하느냐에 따라 잘 살 수도 잘 살지 못할 수도 있는 것이다. 다시 말해 우리가 생각한 방식대로 삶을 만들 수도 망칠 수도 있다.

예수는 이 과정에서 우리가 우리 내면이 아닌 외부에 있는 것들에는 직접적인 힘을 행사할 수 없다고 말한다. 왜냐하면 이미 드러나 외부에 존재하는 것들은 내면의 깊고 은밀한 곳 ― 비밀의 장소 ― 에서 우리가 원했기에 그 결과로 만들어진 것이기 때문이다. 만약 우리가 생각을 바꾸지 않고도 외부에 있는 것들에 직접적인 영향을 미칠 수 있다면, 생각과는 다른 것이 만들어질 수 있다는 얘기가 된다. 이것은 우주의 이치 즉 천리(天理)를 거스르는 일이 될 것이다. 사실상 이 언명이야말로 모든 인류가 처한 고충 ― 온갖 질병과 죄, 불화와 가난, 그리고 죽음 자체에 이르기까지 ― 의 근원에 놓인 근본적인 오류다.

그러나 우주의 위대한 법은 우리가 마음속에 품은 생각이 우리 경험을 통해 밖으로 생산되어 나온다는 것이다.(As within, so without.) 그러므로 생각하지 않은 것을 만들어 낼 수는 없다. 조화롭고 행복한 환경을 원한다면 먼저 조화롭고 행복한 생각을 해야만 한다. 그래야만 내면의 그 생각이 밖으로 만들어져 나온다. 건강하기를 원한다면 먼저 건강을 생각해야 한다. 이때 반드시 기억할 것은 건강을 생각하는 것이 단순히 건강한 육체만을 생각하는 게 아니라는 점이다. 건강을 생각 하는 것은 평화와 자족과 선한 의지, 이들 모두를 생각하는 것 이기도 하다. 그리고 이것이야말로 중요하다. 산상수훈의 가 르침을 통해 곧 보게 되겠지만 질병을 일으키는 근본 원인 가 운데 하나는 바로 파괴적인 정서이기 때문이다. 하나님을 아 는 지식이 영적으로 더욱 넓고 깊게 성장하기를 원한다면 영 적인 생각들, 곧 하나님의 생각들을 해야만 한다. 영적인 생각 은 당신을 늘 깨어 있게 해 줄 뿐만 아니라 한계를 지닌 존재로 서 나를 생각하기보다는 하나님을 생각하게 하기 때문이다.

물질적으로 풍요롭기를 원한다면 당신은 먼저 풍요로운 생 각을 해야 한다. *풍요로운 생각을 하는 습관을 들여라.* 가난한 사람들은 대개 가난을 생각하는 습관에 젖은 사람들이다. 마 찬가지로 누군가와 마음이 통하는 우정을 나누고 싶고 사랑받 기를 원한다면 먼저 사랑과 선한 의지로 가득한 생각을 해야 만 한다. *사랑이 사랑을 낳는다는* 말은 우주의 위대한 이치를 말하는 또 다른 방식이다. 보이지 않는 생각을 심어 보이는 것 을 거두는 이치다. "하나님을 사랑하는 자들에게는 모든 것이

합려하여 선을 이룬다." 선을 사랑한다는 것은, 선한 생각만 한다는 것이다.

이들 위대한 진리에 관한 지식을 깨달아 알면 누구나 자연스럽게 자기 삶에 이를 적용해 보려 할 것이다. 마침내 '정의' 또는 조화로운 생각을 먼저 해야 하는, 반드시 생각이 선행되어야 하는 중요성을 깨달았기 때문에 그들은 지각 있는 사람으로서 즉각 순서대로 그들의 집을 짓기 시작한다. 원리는 단순하나 참으로 안타깝게도 행동에 옮기는 것은 그리 쉽지 않다. 왜 그런가? 그 답은 습관이라는 것이 비범한 능력을 소유하고 있기 때문이다. 그중에서도 생각하는 습관은 고치기가 매우 어려운 미묘한 성격을 지녔다. 상대적으로 비교해 말한다면 물리적인 습관이 차라리 고치기가 훨씬 쉽다. 표면에 드러난 행동은 내면의 정신세계보다 더 단순하고 더 명백하기 때문이다.

생각하는 습관을 다룰 때는 행동을 다룰 때와는 달리 한 걸음 물러서서 거리를 두는 시각을 갖기 힘들다. 우리 생각은 그칠 줄 모르고 의식의 단계에서 흘러나온다. 게다가 그 속도가 너무 빨라 쉼 없는 단속과 경계를 통해서만 이를 다룰 수 있다. 또한 한 사람의 행동이 펼쳐지는 무대는 그의 즉각적인 존재의 현장이다. 우리는 우리가 있는 곳에서만 행동할 수 있다. 편지를 쓰든, 전화를 걸든, 시·공간상의 거리가 우리 행동을 전하는 데 걸림이 되지는 않는다. 그러나 행동만큼은 여전히 내가 있는 곳에서, 바로 그 순간에 이루어진다. 반대로 생각 속에서는 과거에 만난 사람들, 그리고 지금 만나는 사람들을 포함하여 내 삶의 전 영역을 종횡무진 넘나들 수 있다. 그뿐인가, 과거로 가는 것만큼이나 쉬이 미래로도 갈 수 있다. 그러므로 우리는 두루 조화로운 생각 또는 참된 공정함을 얻는 것이 처음 생각했던 것보다 얼마나 어려운 일인지를 알게 된다.

생각하기의 중요성에 대해 알면 알수록 사람들은 크게 낙담하고 자책한다. 한순간에 삶의 전 영역을 아우르며 부지불식간 휘몰아치듯 떠오르는 온갖 생각을 어떻게 다스린단 말인가. 생각하는 습관을 대체 어떻게 바꾼단 말인가. 바울의 말을 따르자면 옛사람 아담을 파괴하는 그 변화 말이다. 생각을 바꿔 보겠다고 골몰하다 보면 어느새 부정적인 생각에 빠져 있는 자신을 발견하게 되고 또 자책하게 될 것이다. 이는 생각에 변화를 주려다 부수적으로 발생하는 실수에 속한다고 할 수 있다. 그러므로 공정치 못한 생각은 오래된 악순환의 고리 속에서 끊임없이 문제를 일으킨다. 원하는 만큼 빨리 진도가 나가지 않는다면 차선의 개선책은 조화로운 생각만 하려고 더욱 주의를 기울이는 것이다. 실수에 연연하여 거기 사로잡히지 말라, 더딘 성장에 그러려니 안주하지 말라, 늘 함께하는 하나님에게 더욱 간절히 도움을 요청하라. 하나님의 지혜를 구하라. 하나님의 권능에 의지하여 응답받는 기도를 하라. 자신의 정신 상태를 점검하고 삶을 다시 들여다보라. 여전히 그릇된 생각을 하고 있거나 마음이 딴 데에 가 있지는 않은지 점검하라. 여전히 고집스럽게 붙들고 있는 잘못된 행동 지침은 없는가? 혹 아직도 용서하지 못한 사람이 있지는 않은가? 정치적이거나 민족적인 문제, 또는 종교적 갈등 등으로 갈라서 증오하고 경멸하고 있지는 않은가? 만약 그렇다면 이것은 분명 스스로 옳다고 여기는 망토 아래 자신을 숨기는 행위다. 그러므로 깨달았다면 즉시 두르고 있는 망토를 찢고 악한 것을 제거하라. 그것은 당신 삶에 침투한 독이다. 시기하고 질투하는 마음이 여전한가? 사적인 관계로 촉발됐든 일을 하다 보니 발생했든, 이 혐오스러운 것은 겉치레 예의가 발달한 사회에서 선뜻 받아들여지곤 하는 꽤 일반적인 것이긴 하다. 그러나 이 또한 어떤 대가를 치르더라도 없애 버려라. 후회하는 감정이 남아 있는가? 불가능한 것임에도 여전히 대책 없이 갈망하고 있는가? 그렇다면 불멸의 존재로서 영적 지배자인 하나님의 아들을 다시 생각해 보라. 지금 여기, 모든 좋은 것이 당신 가까이 있다. 더는 이미 끝난 일에 대해 불평하면서 시간을 낭비하지 말고, 현재와 미래를 당신 마음의 욕구를 훌륭하게 현실화하는 일에 쓰라. 이미 해 버린 지난 실수 때문에 아직도 회한에 시달리는가? 그렇다면 뉘우침과는 다른 그 후회가 단지 영적인 자만심의 한 형태임을 기억하고 돌이키라. 어떤 사람들이 그러는 것처럼 그 안에서 즐기는 것은 하나님의 사랑과 용서에 대한 반역죄다. 말씀은 명시하고 있다. "지금은 구원의 날이로다." **고린도후서 6:2** "내가 만물을 새롭게 하노라." **계시록 21:5**

의에 주리고 목마른 자가 누릴 이 복의 말씀에서, 예수는 우리에게 낙심하지 말라고 말한다. 단번에 모든 것을 극복할 수는 없다. 영적 진보는 쉬이 드러나지 않는다. 그러나 더딜지라도 영적으로 성장하지 않는 한 결코 옳은 방법으로 기도할 수 없다. 그러므로 각자 자기 삶을 잘 들여다봄으로써 그 이유를 알아내야 한다. 먼저 하나님의 지혜와 그의 인도하심을 구하라. 사실 우리는 늘 지혜와 인도하심을 간구하는 기도를 드려야 한다. 우리를 위해 살아 계신 성령이 우리보다 앞서 행동해 주시기를 구한다면 기도의 질도 나아질 것이며 우리 삶도 번영을 구가할 것이다. 작지만 그 나아짐이 분명하고 또 우리 내면의 결과인 외부 상황이 개선되면, 그 속도가 빠르지 않다고 해도 실망할 필요가 전혀 없다. 우리는 하던 대로 계속 하면 된다. 마음을 다해 힘쓰라. 그것이 *의에 주리고 목마른 것이다.*

그러면 마침내 확실히 배부르게 될 것이다. 진실과 성의를 포기하지 않고 전심으로 찾는다면 실패하는 일은 있을 수 없다. 하나님은 비웃음을 당하지 않는다. 또한 그의 자녀들을 비웃지도 않는다.

긍휼히 여기는 자는 복이 있나니
그들이 긍휼히 여김을 받을 것임이요

이것은 삶의 규칙을 간결하게 요약한 말씀으로, 예수는 나중에 나올 산상수훈(마태복음 7:1~5)에서 이를 더 충분히 개발한다. 현재 상태 그대로도 팔복은 추가적인 설명을 필요로 하지 않는다. 왜냐하면 사용된 단어들이 우리가 일상생활에서 늘 사용하는 평범한 뜻으로 쓰인 것이기 때문이다. 그리고 명제는 있는 그대로 그 의미가 명백하고 확실하며, 행동의 준칙으로서는 단순하고 확고하다.

과학적인 그리스도인이 주목할 필요가 있는 관점은, 늘 그렇듯이, 팔복에 담긴 원리를 캐내어 우리 정신의 자세로 삼아 삶에 실제로 적용하는 데 있다. 문제는 우리가 자신의 생각에 지나치게 관대하고 자비롭다는 점이다. 내면의 생각은 전혀 그렇지 않으면서 겉으로 드러나는 행동은 친절을 가장하여 이루어진다면 이는 두려움에 이끌린 위선이거나 자기를 영화롭게 하려는 욕망, 또는 그와 비슷한 동기에 기인한 것이다. 한마디로 그것들은 가짜다. 주는 자에게도 받는 자에게도 축복을 빌어 주는 행동이 결코 아니다. 나와 같은 동료이자 형제인 인간을 향해 참된 생각을 갖는 것은 그 자체로 상대방에게 영적으로, 정신적으로, 그리고 물질적으로 축복을 빌어 주는 행위라 할 수 있다. 또한 그렇게 함으로써 그런 생각을 하는 자기 자신에게도 동일한 축복을 빌어 주는 셈이다. 그러니 부디 우리 자신이 아니라 우리 형제에 대한 정신적 판단에서 자비로워지자. 알고 보면 우리는 참으로 하나이기에, 형제가 잘못되면 우리가 바른 생각을 함으로써 그를 도울 필요가 더욱 급박해지기 때문이다. 당신은 영적인 생각이 삶에 어떻게 드러나는지를 이해하는 사람이다. 예수 그리스도의 진리의 힘을 아는 사람이다. 그러므로 그렇지 못한 사람들에게 책임이 있다. 깨달은 자라면 그 책임을 회피하지 않고 마음을 다해 감당해야 한다. 따라서 혹 형제의 비행을 알아차리게 되거든 그가 그리스도의 진리를 깨달아 아는, 그래서 자비로운 당신에게 도움을 청하고 있는 것임을 기억하라.

진실로 우리는 하나님의 살아 있는 옷의 각 부분으로서 하나다. 그러므로 당신은 형제에게 행한 그대로 대접을 받을 것이다. 당신이 정말로 도움이 필요한 때를 만나면 당신이 형제에게 행한 것과 똑같은 자비로운 도움을 그 형제에게서가 아니라 더 먼 곳에서 받게 될 것이다. 당신이 베푼 것을 당사자에게서 직접 받게 된다면 가까이 있어 그의 일거수일투족을 알기 때문에 그를 향한 비판과 그로 인한 자책 등으로부터 그를 자유롭게 해 주기도 스스로 용서하기도 힘들지 않겠는가.

마음이 청결한 자는 복이 있나니
그들이 하나님을 볼 것임이요

이 말씀은 풍부한 금언들로 가득한 성경의 놀라운 금언 가운데 하나로, 종교철학 전체를 단 몇 마디로 요약했다고 보아도 좋을 성싶다. 대체로 성경에서는 익숙한 단어라 할지라도 기술적인 뜻으로 사용되는 까닭에 우리가 일상에서 사용할 때보다 더 폭넓게 해석되곤 한다는 점에 유의하면서 하나하나 살펴보도록 하자.

이 절, 마음이 청결한 자가 누릴 복의 약속의 말씀은 무엇인가? 바로 하나님을 보게 된다는 것이다. 물론 우리는, 하나님은 우리 눈에 보이는 형체를 갖고 있지 않다는 것을 안다. 그러므로 여기서 하나님을 '본다'는 것은 물리적인 의미에서 '본다'는 게 아니다. 다시 말하지만 사람이나 사물을 볼 때와 같은 방식으로 하나님을 볼 수 있다는 것이 아니다. 생각해 보라, 만약 우리가 하나님을 사물이나 사람을 보듯 볼 수 있다면 하나님 역시 물리적 한계로부터 자유로운 존재가 아니라는 결론이 도출되지 않겠는가. 따라서 하나님일 수 없을 것이다. 그러므로 여기서 '본다'는 것은 영적으로 보는 것을 의미한다. 그렇다면 일반적인 의미의 '본다'라는 말로 옮길 수 있을 정도의 영적 봄, 즉 영적 인식은 무엇이란 말인가. 이것은 애석하게도 우리에게는 없는, 존재의 참된 본성을 파악하는 능력을 말한다.

우리는 하나님의 세계에서 살지만 하나님의 세계가 어떠한지는 알지 못한다. 천국은 우리와 관계된 모든 것 안에 있다. 하늘 저 먼 어딘가에 우리와는 외따로 떨어져 존재하는 것이 아니다. 그러나 우리는 눈으로 보면서도 그것을 인식할 수 없다. 왜? 우리에게 이 모든 것을 인식하고 경험할 영적 인식이 없기 때문이다. 그러므로 우리는 정작 그 안에 살면서도 하나님의 세계를 알지 못한다. 그러므로 우리가 할 수 있는 건 닫힌 상태의 천국을 말하는 것이다. 천국의 아주 작은 조각, 그 일부를 접촉하고는 이 작은 조각을 우주라고 부르는 것이다. 그러나 그 일부 또한 제대로 보지 못하는 경우가 대부분이다. 천국은 하나님의 현존에 대한 종교적 명명(命名)이다. 천국은 무한하다. 그러나 우리는 삼차원을 넘어서는 사고를 수용할 수 없기에 우리가 인식하고 경험할 수 있는 범주 안에서만 천국을 그릴 수 있을 뿐이다. 천국은 영원하다. 그러나 우리 인식의 범주 안에서 '시간'은 여기에서 이루어지는 연속적 사건의 총체일 뿐이다. 그러므로 '영원'은 우리 '시간'의 범주 안에 담을 수 없는 것이다. 하나님은 신의 마음(Divine Mind)이다. 그 마음 속에는 어떠한 제한도 제약도 없다. 마찬가지로 우리는 '공간'이라는 범주를 통해 사물을 보지만 이는 어찌 보면 사물을 인식하기 위해 어쩔 수 없이 인위적인 제약을 받아들인 것이기에 '공간' 너머를 그리는 창조적 사고는 필연적으로 방해를 받지 않을 수 없다.

천국은 실체의 영역인 영의 영역이다. '시간'의 범주가 적용되지 않을뿐더러 조화가 깨질 일이 없는, 소멸이 일어나지 않는 곳이다. 영원한 선(善)의 영역이다. 그러나 우리 비뚤어진 눈에는 모든 것이 낡고 부패하고 노쇠해져 가는 과정을 겪는 것으로 보일 뿐이다. 일체가 결국은 죽음에 이르려고 태어나며 지기 위해 피어나는 것으로 인식될 뿐이다.

우리는 마치 아름다운 꽃으로 가득한 정원에 들어온 색맹인 사람이나 진배없다. 주변 가득 온갖 색채가 화려하게 펼쳐져 있지만 단지 검은색과 흰색 그리고 회색만을 볼 수 있을 뿐 다채로운 색상을 구별해서 볼 줄 모르기 때문이다. 후각 기능마저 떨어진다면 이 정원에서 우리가 누리는 것이라곤 지극히 작은 부분일 수밖에 없을 것이다. 가지각색 꽃이 만발해 온갖 향기를 뿜어내는 이 아름다운 정원에서 우리가 감각할 수 있는 것은 단지 그뿐일 것이다.

우리 안의 이 한계는 어디에서 연유하는가. 우리는 우리에게 주어진 자유의지를 하나님의 의지에 반하여 우리 뜻대로 사용함으로써 '타락한 인간'에게 허용된 한계 안에 머물게 되고 만 것이다. "하나님은 사람을 정직하게 지으셨으나 사람이 많은 꾀를 낸 것이다." 전도서 7:29 우리의 과제는 가능하다면 빨리 이러한 한계를 극복함으로써 우리가 이 땅에서 사물을 있는 그대로 경험하듯이 천국이 실제로 어떠한지를 인식할 수 있는 지점에 이르는 것이다. 그것이 '하나님을 본다는 것'이 의미하는 바다. 얼굴과 얼굴을 맞대고 보는 것이다. 하나님을 보는 것은 실제 그대로의 진리를 이해하는 것이다. 이것은 무한한 자유와 완전한 축복이다.

"마음이 청결하면 하나님을 볼 것"이라는 이 놀라운 팔복의 말씀 안에서는 이 최고의 과제 — 하나님을 보는 것 — 가 어떻게 완수되었는지, 그리고 그것을 이룬 것이 누구인지 알 수 있다. 그들은 마음이 순수한 자들이다. 반복하지만 우리는 여기서 '순수하다(pure)'와 '순수(purity)'라는 단어가 일반적으로 사용될 때의 의미보다 훨씬 폭넓게 받아들여지고 있다는 점을 이해해야만 한다. 성경에서 순수는 육체적 정결보다 훨씬 더 많은 것을 의미한다. 이 점이 매우 중요하다. 그러므로 이 단어의 완전한 의미에서 순수는 하나님만이 유일한 실제 원인, 유일한 존재의 실제 권능임을 아는 것이다. 산상수훈의 또 다른 곳[6]에서 '성한 눈(the single eye)'이라고 불리는 것이다. 그리고 삶의 만능열쇠(Master Key)다. 이것은 인류가 타락하면서 우리에게 찾아든 온갖 슬픔에서 벗어날 방법이다. 그래서 우리는 이 말씀을 다음과 같이 다른 말로 바꾸어 표현해 보려고 한다.

"하나님을 제일 원인이자 존재의 근거이며 전능하신 자로 아는 이들은 복이 있다. 그 하나님 앞에서, 단순히 이론적이고 형식적인 게 아니라 실제적이고 구체적으로 그리고 전심으로,

---

6 "눈은 몸의 등불이니 그러므로 네 눈이 성하면 온몸이 밝을 것이요." 마태복음 6:22

단지 삶의 어떤 부분만 아니라 온 삶과 사고방식 구석구석에 이르기까지, 생각과 말과 행동을 통해 자신의 의지를 하나님의 완전한 의지에 복종시키는 이들은 복이 있다. 모든 시·공간과 상황 그리고 욕정의 제약에서 벗어나, 하나님의 현존을 영원히 인식하고 누리게 될 것이다."

우리는 성경의 구절을 다른 말로 바꾸어 표현하는 것이 원래 문장의 간결함과 비할 데 없는 은총에 비해 얼마나 어설픈지 모르지 않는다. 그렇더라도 때때로 이해를 돕기 위해 성경의 가장 친숙한 구절을 자신만의 언어로 바꾸어 표현해 보는 것은 각자를 위해 좋은 일이다. 이 방법은 해당 말씀의 의미를 마음속에서 명확하게 하는 데 도움을 줄 뿐만 아니라 종종 이제껏 간과해 온 중요한 의미에 주의를 기울이도록 해 줄 것이다. 예수가 *"마음이 정직하다."*고 말한 것에 주목하라. 성경에서 '마음'이란 단어는 대개 현대 심리학이 잠재의식이라는 이름으로 이해하는, 인간의 심리 상태의 한 부분을 의미한다. 우리가 진리를 받아들이는 데 의식만으로는 충분하지 않기 때문에 이것은 대단히 중요하다. 그 단계에서는 여전히 단순한 의견이다. 잠재의식에 받아들여지고 전체 심리 상태로 완전히 이해되고서야 비로소 그것은 한 사람의 성격 또는 삶에 어떤 차이를 만들어 낼 수 있다. "대저 그 마음의 생각이 어떠하면 그 위인도 그리흔즉."잠언 23:7 "모든 지킬 만한 것 중에 더욱 네 마음을 지키라. 생명의 근원이 이에서 남이니라."잠언 4:23

사람들은 대개 — 특히 배운 사람들은 — 삶이 나아지는 데 실질적으로 별 영향을 주지 못하는 온갖 종류의 지식을 소유하고 있다. 의사들은 위생에 관련된 많은 것을 알지만 그럼에도 불구하고 건강하지 못한 방식으로 살아가는 경우가 많다. 또 오랜 세월 축적되어 온 지혜에 관해서라면 누구보다 잘 아는 철학자라 할지라도 제 삶에서는 거듭 어리석은 행동을 저지르고 우스꽝스럽게 행동하곤 한다. 그 결과 불행해진다. 이러한 지식은 단지 의견에 지나지 않는 지식 또는 머리로만 아는 지식(head knowledge)이라고 불린다. 한 사람에게 진정 변화를 가져오기 위해서는 이 지식이 마음으로 이해하는 지식(heart knowledge) 또는 잠재의식에 새겨진 지식이 되어야만 한다. 현대 심리학자들이 '잠재의식을 재교육'하고자 노력하는 것은 올바른 생각이다. 그들은 아직 그 방법을 찾지 못하였는데, 그것은 과학적인 기도에 의해서 또는 신의 현존을 연습함으로써 이루어질 수 있다.

물론 예수는 이 모든 것을 철저히 이해한다. 우리가 청결한 마음을 가져야만 한다고 강조하는 이유가 바로 그 때문이다.

화평하게 하는 자는 복이 있나니

그들이 하나님의 아들이라 일컬음을 받을 것임이요

여기서 우리는 기도의 기술에 있어서 매우 귀중한 실제적 교훈을 얻는다. 그리고 기억하고 있다면 기도는 우리가 하나님과 교감하기 위해 돌아오는 유일한 방법이다. 화평하게 하는 자가 누릴 이 복의 말씀을 무심히 읽은 독자에게 이 말씀은 그저 의례적인 종교적 일반화의 한 예처럼 들렸을 것이다. 혹 무게를 잡는 훈계조의 진부한 이야기로 들렸을지도 모르겠다. 그런가 하면 말씀이 지나치게 교화를 강요하는 듯해서 말씀을 접할 때마다 편치 않았던 사람들에게는 이 복의 말씀이 호감을 자아내기도 하는 것 같다.

기도는 사실상 무엇보다도 실제적인 행동이다. 기도는 사람을 변화시키는 유일한 것이기 때문이다. 사람이 변한다는 것, 영혼이 변한다는 것이야말로 참 변화다. 이런 종류의 변화가 일어날 때 당신은 이전과는 전혀 다른 사람이 된다. 당신은 남은 삶을 이전에 행하던 방식 ─ 기도하지 않고 살아 왔던 방식 ─ 과는 다른 방식으로 살게 된다. 옛사람을 벗어 버리고 다른 사람이 된다. 처음에는 그 차이가 얼마 되지 않아서 기도한 시간에 비해 턱없이 작게 느껴질지도 모른다. 그러나 차이가 있는 것은 분명하다. 당신이 달라지지 않았다면 결코 기도할 수 없었을 것이기 때문이다. 당신과 함께하는 하나님의 현존을 얼마나 깊이 깨닫느냐에 따라 당신이란 사람에게 일어나는 변화 또한 극적이고 굉장할 것이다. 그 결과 눈 깜박할 사이에 당신의 인생관이며 습관, 그리고 삶 전체, 다시 말해 모든 면에서 완벽하게 변화가 일어날 것이다. 그런 경우가 동서양을 막론하고 '개종'이라 불리며 적당한 사례로서 많이 기록되어 있다. 기도에 의해 일어나는 이 변화가 워낙 급진적인 까닭에 예수는 이를 일러 "다시 태어난다."라고 말하기까지 했다. 마치 다른 사람이 되기라도 한 듯 그 변화가 사람이 새롭게 태어난 것처럼 실제적이라는 것이다.

소리를 내어 기도하든 순전히 생각으로만 기도하든 간에 '기도'는 교감의 한 형태로서 또는 하나님과 교감을 꾀하는 하나의 양식을 포함하는 것으로서 이해되어야 한다. 동의하는 기도와 탄원하는 기도, 모두 이에 포함된다. 그러나 다양한 기도의 형태 가운데서 각자 어떤 것을 가장 좋은 것으로 보고 취하든, 깊은 생각에 잠기는 명상이야말로 기도의 모든 형태 중에 최고봉이라 하겠다.

그럼 기도하지 않을 때 당신이 할 수 있는 것은 무엇인가? 어떤 상황에 처하든 거기서 자신의 모습을 발견하고, 당신이란 사람이 어떤 사람인지를 표현할 수 있다. 주변의 친구들은 위급한 상황이 벌어지면 당신이 어떻게 행동하는지에 대해 많은 말을 전해 줄 수 있을 정도로 당신에 대해 이미 잘 안다고 생각할 게 분명하다. 그러나 당신을 변화시킬 기도는 전혀 새로운 반응이 가능하도록 만들 수 있을 것이다.

성공적인 기도의 핵심 요소는 마음이 참으로 평화로운 상태에 이르는 것이다. 기도를 통해 하나님이 살아 역사하심을 의식함으로써 자기 자신뿐 아니라 다른 이를 치유할 수 있으며, 영혼의 호흡이라 할 영감을 얻고 영적인 성장을 성취할 수 있다. 이 내적인 영혼의 참 평화는 평안의 신비로 알려져 있는바, 평안이 하나님의 현존 — 위대한 흰 보좌를 둘러싸고 있는 유리처럼 잔잔한 바다 — 으로 직행하는 가장 빠르고 확실한 방법임을 가르쳐 주는 데 결코 인색하지 않다. 그렇다고 해서 당신에게 이 평안이 없다면 극심한 곤경에 처하더라도 기도만으로 극복해 나갈 수는 없다고 말하는 것은 아니다. 사실 곤란한 지경에 처했을 때 평안하기란 쉬운 노릇이 아니다. 평안이라는 것 자체가 기도로 이르는 것이요, 다른 사람뿐 아니라 자기 자신을 용서함으로써 얻을 수 있는 것이기 때문이다. 영적 진보는 평안한 가운데 이루어진다. 평안은 말 그대로 영혼이 참으로 고요하고 침착하고 평온한 것이다. 예수는 이 '평화'라는 단어를 통해 누구라도 쉽게 이해할 수 있는, 인간 존재 일반을 관통하는 평화를 말하고 있다.

*화평하게 하는 자*는 바로 참 평화, 평안을 가져오고 또 만드는 사람들이다. 그들이 존재의 내면, 그들의 영혼 안에서 자신들에게 주어진 한계를 극복하고 실제로 평안을 이루어 냈기에 비로소 하나님의 자녀가 될 수 있다는 게 아니다. 그들은 이미 하나님의 자녀들이다. 마음이 이런 상태에 이르는 것은 그러므로 이미 이루었다는 것이 아니라 그들이 목표하는 바다. 예수가 산상수훈, 그리고 여타의 성경 말씀을 통해 곳곳에서 우리에게 준 모든 가르침은 사실 여기에 이르고자 하는 것이다. "평안을 너희에게 끼치노니 곧 나의 평안을 너희에게 주노라. 너희는 마음에 근심하지도 말고 두려워하지도 말라." 요한복음 14:27 마음에 두려움이나 분함 또는 근심이 남아 있다면 평안한 상태 즉 평화로운 상태를 유지하기가 쉽지 않다. 또 이루려고 노력하더라도 불가능하다.

평안은 참으로 집중에 이르도록 해 주는 요체다.

물론 *화평하게 하는 자*가 되는 것은 일반적인 의미에서 볼 때도 다투는 사람들 사이에서 중재하는 훌륭한 일이다. 그러나 우리 모두 잘 아는 바대로, 중재는 실로 어려운 활동이다. 다투는 사람들 사이에 끼어드는 것만으로도 쉽지 않을뿐더러 실제로 그렇게 한 결과 상황이 좋아지기보다 더 나빠지기가 쉽다. 의견이라는 것은 어떤 상황에서 사람들이 행하는 노력을 헤아리는 것이나 다름없다. 그런데 어찌 된 일인지 은근히 나쁜 쪽으로 그럴싸하다. 그러므로 당신이 다툼에 개입해 한창 논란 중인 문제에 대해 양자가 새로운 관점을 갖게 하려고 시도하는 것은 잘하는 일이다. 그러나 그렇지 않고 각자 자기 이익에 부합하는 선에서만 타협하려 하거나 무력이나 협박에 의한 강요에 이끌려 절충안만 내는 데 그친다면 표면에 부각된 다툼은 어찌어찌 봉합될지 모르지만, 양쪽 모두 만족하지도 용서하지도 않았기 때문에 그곳에 평화란 없다.

그러나 기도의 권능을 이해하게 된 사람이라면 빈번한 소란과 온갖 다툼의 현장에서도 진실한 방법으로 이를 가라앉히고 해결할 수 있을 것이다. 목소리를 높여 말하지 않고서도 가능할 것이다. 사랑과 지혜가 가진 권능을 묵상함으로써 소란을 거의 알아차릴 수 없을 정도로 희미하게 잠재울 수 있을 것이다. 묵상은 다툼을 소멸시킨다. 장기적으로 볼 때 당사자들에게 최선일 해결책이 조용한 목소리로 발해진 이 단어, 평화의 영향력 아래 찾아질 것이다.

의를 위하여 박해를 받은 자는 복이 있나니

천국이 그들의 것임이라

나로 말미암아 너희를 욕하고 박해하고

거짓으로 너희를 거슬러 모든 악한 말을 할 때에는

너희에게 복이 있나니

기뻐하고 즐거워하라 하늘에서 너희의 상이 큼이라

너희 전에 있던 선지자들도 이같이 박해하였느니라

예수의 가르침의 본질적 성격에 관해 우리가 알고 있는 관점에서 보면 우리를 향한 하나님의 의지가 올바른 생각, 또는 '정의'를 경작하여 조화, 평화, 기쁨을 얻는 것이라는 말은 아주 놀라운 진술이다. 예수는 우리 아버지이신 하나님이 우리에게 당신의 왕국을 주기를 기뻐한다는 것을 반복해서 말한다. 우리가 그것을 받는 방법은 평안을, 또는 영혼의 평화를 경작하는 것이다. 그러므로 이를 좇아 *화평하게 하는 자*들은 온유함 가운데 기도함으로써 번성하게 되고, 땅을 물려받으며, 슬픔이 변하여 기쁨이 된다. 또한 예수의 가르침을 따라 아버지께 무엇을 구하든지 구한 그것을 받게 된다. 그렇지만 우리는 여기서 올바른 생각의 결과로 박해를 받는 축복 또한 누려야 한다. 이때 '정의'는 결국 우리가 승리하리란 사실을 의미하는 것이다. 그러므로 비난받고 매도당해도 그 때문에 기쁘고 즐거울 수 있다. 우리뿐 아니라 예언자들과 위대한 선지자들도 이로 인해 고난을 겪었다.

이 모든 것은 매우 놀라울뿐더러 완전히 옳다. 이때 우리는 박해의 원인이 다른 누구도 아닌 오직 우리 자신에게 있다는 것을 이해해야만 한다. 박해자는 외부에 있는 게 아니다. 우리 자신, 우리 내면 깊은 곳에 이상과는 거리가 먼 못난이가 있다. 박해의 원인은 거기 있다. 그러므로 우리가 자신의 내면을 들여다보고 의롭기가 얼마나 어려운지, 의로운 생각을 한다는 게 얼마나 힘든지 발견할 때, 두려움과 분노 또는 낙담을 못 이겨 어떤 상황과 어떤 사람 또는 우리 자신에 관한 잘못된 생각들을 고집하려는 강한 유혹에 처할 때, 그때 우리는 *의를 위하여 핍박을 받는 자*다. 그리고 이것은 우리에게 행운이요 축복의 조건이다. 어찌 되었든 종국에는 영혼이 참으로 성장할 계기가 될 것이기 때문이다.

우리는 의를 위하여 핍박을 받는 과정에서 오로지 영적인 해결책을 찾고 과학적인 기도에 힘쓰고자 하나 우리 안의 못난이는 끊임없이 육(肉)을 좇아 살던 옛사람이 생각하던 대로 생각하고 판단하려 하므로, 내부의 가르침을 좇으려는 우리 영혼은 못난 자기 자신과 실랑이를 벌일 수밖에 없다. 못난이는 여전히 옛날 방식대로 생각하는 것에 집착하고, 우리를 박해하고 매도한다. — 결국 이 지난한 실랑이에서 살아남아 자기 자신과의 싸움에서 승리자가 된 모든 위대한 예언자와 선지자들은 그들 자신의 본디 속성에 간힌 못난이, 옛사람 아담에게 그렇게 박해받았다. 예수 자신도, "모든 일에 우리와 똑같이 시험을 받았다."히브리서 4:15 적어도 한 번 이상 이 '박해'를 당했다. 특별히 겟세마네 동산에서, 그리고 또 여러 차례 십자가상에서. 조만간 이 못난 자아와 전투를 치르고 우리 또한 더나아질 것이다. 하여 상대적으로 말하면 박해를 받는 것은 굉장한 축복이다.

그러나 박해라 해도 위와 같이 자기 자신에게서가 아니라 타인에게서 받는 박해일 경우 거기서는 어떤 유익함도 건질 수 없다는 것에 유의하라. 고난에 적절히 대응함으로써 우리 자신에게서 어떤 교훈을 발견해 내는 것이 아닌 한 시련으로부터 얻을 수 있는 것은 아무것도 없다. 우리가 고난과 어려움을 겪는 것은 삶을 대하는 우리 자세와 태도 및 사고방식 등이 정화될 필요가 있다는 신호다. 언제든 당신이 보는 것은 당신 자신이 갖고 있을 뿐만 아니라 주장하는 생각이기 때문이다.

나약하고 허영심 많고 자의식 강한 사람들은 이 부분에 심각한 위험이 있다. 왜냐하면 사람들은 그들이 대접받고자 원하는 대로 그들을 대접하지 않기 때문이다. 왜냐? 그럴 만한 가치가 있는지가 판단 기준이기 때문이다. 어떤 이들은 종종 자신들이 영적으로 우월하여서 '박해를 받는다'는 주장을 펼친다. 때문에 터무니없는 오만을 부린다. 이것은 참으로 애처로운 오류다. 산상수훈이 설명하고자 하는 삶의 위대한 법칙의 결과로, 우리는 어떤 때에라도 우리 자신에게 속한 것만을 얻을 수 있고, 누구도 우리가 그것을 얻지 못하게 막을 수 없다. 그래서 모든 박해와 장애는 전적으로 우리 안에 있는 것이다.

순교가 고수하고 있는 감상적인 정서에도 불구하고 순교에는 어떠한 덕도 없다. 진리를 충분히 이해했다면 순교자는 그런 경험을 견딜 필요가 없었을 것이다. 예수는 '순교자'가 아니었다. 십자가를 피하고자 했다면 얼마든지 스스로 구해 낼 수 있었다. 그러나 누군가 실제로 죽어야만 했고 죽음을 넘어서 승리하는 것이 필연이었다. 그는 우리를 위해 증거가 되어야 했다. 그러므로 예수는 의도적으로 그의 방식대로 십자가의 죽음을 선택한 것이다. 그것은 순교가 아니다.

우리는 어떤 시대 어떤 순교에 대해서도 어떤 식으로든 순교의 길을 간 이들의 놀라운 용기와 헌신 그리고 영웅적인 자기희생은 폄하해서는 안 된다. 그러나 우리는 그들의 이해가 불완전했다는 것 또한 볼 수 있어야만 한다. 때문에 그들에게는 순교 외에 다른 선택이 없었다고 말해서는 안 된다. 이와 관련하여 당신이 순교에 주의를 기울인다면, 많은 이들이 그랬던 것처럼 지고의 선으로 여긴다면, 당신이 주의를 기울인 다른 것들에 대해서와 마찬가지로, 당신 자신도 거기에 이르려고 할 것이다. 우리는 그들이 성취한 도덕적이고 영적인 경지를 부러워한다. 그러나 동시에 우리는 만약 순교자들이 그들의 적을 충분히 사랑했다면, 다시 말해 과학적 의미에서 그들의 적이 내포하고 있는 진리를 꿰뚫어 볼 수 있었더라면, 로마 제국의 압제자 네로조차도 그들의 감옥 문을 열어 주었을 것이며 종교재판의 광신자들 또한 그들을 처벌하는 근거를 다시 한번 생각했을 것이라는 사실을 알아야 한다.

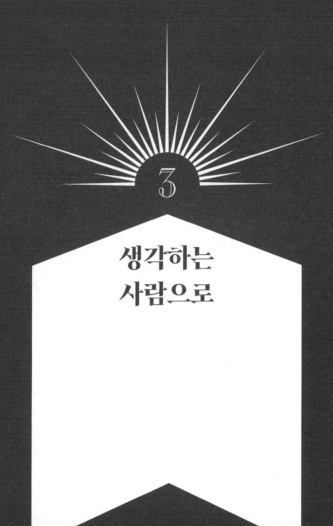

3

생각하는
사람으로

너희는 세상의 소금이니

소금이 만일 그 맛을 잃으면 무엇으로 짜게 하리요

후에는 아무 쓸데없어

다만 밖에 버려져 사람에게 밟힐 뿐이니라

너희는 세상의 빛이라

산 위에 있는 동네가 숨겨지지 못할 것이요

사람이 등불을 켜서 말 아래에 두지 아니하고 등경 위에 두나니

이러므로 집 안 모든 사람에게 비치느니라

이같이 너희 빛이 사람 앞에 비치게 하여

그들로 너희 착한 행실을 보고

하늘에 계신 너희 아버지께 영광을 돌리게 하라

내가 율법이나 선지자를 폐하러 온 줄로 생각하지 말라

폐하러 온 것이 아니요 완전하게 하려 함이라

진실로 너희에게 이르노니 천지가 없어지기 전에는

율법의 일 점 일 획도 결코 없어지지 아니하고 다 이루리라

그러므로 누구든지

이 계명 중의 지극히 작은 것 하나라도 버리고

또 그같이 사람을 가르치는 자는

천국에서 지극히 작다 일컬음을 받을 것이요

누구든지 이를 행하며 가르치는 자는

천국에서 크다 일컬음을 받으리라

내가 너희에게 이르노니

너희 의가 서기관과 바리새인보다 더 낫지 못하면

결코 천국에 들어가지 못하리라

옛사람에게 말한 바 살인하지 말라

누구든지 살인하면 심판을 받게 되리라 하였다는 것을

너희가 들었으나 나는 너희에게 이르노니

형제에게 노하는 자마다 심판을 받게 되고

형제를 대하여 라가(Raca)라 하는 자는 공회에 잡혀가게 되고

미련한 놈이라 하는 자는 지옥 불에 들어가게 되리라

그러므로 예물을 제단에 드리려다가

거기서 네 형제에게 원망 들을 만한 일이 있는 것이 생각나거든

예물을 제단 앞에 두고 먼저 가서

형제와 화목하고 그 후에 와서 예물을 드리라

너를 고발하는 자와 함께 길에 있을 때에 급히 사화하라

그 고발하는 자가 너를 재판관에게 내어 주고

재판관이 옥리에게 내어 주어 옥에 가둘까 염려하라

진실로 네게 이르노니

네가 한 푼이라도 남김이 없이 다 갚기 전에는

결코 거기서 나오지 못하리라

또 간음하지 말라 하였다는 것을 너희가 들었으나

나는 너희에게 이르노니 음욕을 품고 여자를 보는 자마다

마음에 이미 간음하였느니라

마태복음 5:13~28

너희는 세상의 소금이니

소금이 만일 그 맛을 잃으면 무엇으로 짜게 하리요

후에는 아무 쓸데없어

다만 밖에 버려져 사람에게 밟힐 뿐이니라

너희는 세상의 빛이라

산 위에 있는 동네가 숨겨지지 못할 것이요

사람이 등불을 켜서 말 아래에 두지 아니하고 등경 위에 두나니

이러므로 집 안 모든 사람에게 비치느니라

이같이 너희 빛이 사람 앞에 비치게 하여

그들로 너희 착한 행실을 보고

하늘에 계신 너희 아버지께 영광을 돌리게 하라

마태복음 5:13~16

이 놀라운 구절은 물질에 매인다는 게 어떤 것인지 이해하기 시작한 사람들, 그리고 존재의 본성에 영적으로 눈뜨기 시작한 사람들에게 예수가 전하는 말씀이다. 예수는 하나님 또는 선의 완전함을 이해하는 사람들, 그리고 진리의 면전에서

악이 얼마나 무력한지 깨닫은 사람들에게 이 말씀을 전해 주려 했다. 예수는 그런 사람들을 *세상의 소금이요 세상의 빛이라고* 묘사한다. 그 수가 많을 수 있지만, 그렇다고 해서 그들이 진리를 이해한다고 주장할 수 없는 건 아니다. *그들은 진리에 일치하는 삶을 산다.* 사실 가능하다. 오히려 너무 쉬워서 중요한 규칙들이 참임을 받아들이고 그 아름다움을 사랑하기 어려울 정도다. 때문에 각자의 삶에서 꾸준히 실천하지 못하는 경우가 많은데, 이것은 위험천만한 태도다. 그야말로 소금이 그 맛을 잃는 경우에 해당하기 때문이다. 그 결과 아무 쓸데없어 밖에 버려져 사람에게 밟힐 뿐이다.

만약 당신이 예수의 가르침을 이해하고 또 받아들인다면, 그리고 매일의 삶에서 그 가르침을 실천하려고 애쓴다면 당신은 *세상의 소금*이라 불릴 만한 사람이 될 것이다. 예수의 가르침에는 없으나 당신 안에는 있는 이기심, 자만, 허영, 육욕, 독선, 질투, 자기연민, 분노, 비난, 기타 등등이 남김없이 파괴되기를 원한다면, 더는 그것들이 받아먹고 무럭무럭 자랄 만한 것을 주지 않음으로써 죽음에 이를 때까지 굶기는 방법을 써서 소탕할 수 있을 것이다. 당신의 의로운 생각을 당신과 함께하는 주변의 모든 사람 또는 사물 — 특별히 당신이 싫어하는 사람들과 사물들 — 로 충실히 확장해 간다면 당신은 *세상의*

소금이라 불릴 만한 사람이 될 것이다.

참으로 이렇게 살고자 한다면 현재 당신이 처한 상황이 어떠하든 하등 문제가 되지 않는다. 또한 지금까지와는 다른 당신의 선택과 태도 때문에 맞서 싸우는 게 얼마나 힘들든 문제가 되지 않아야 한다. 결국은 승리할 것이다. 당신은 삶에서 승리의 증거를 갖게 될 것이다. 가능한 이른 시간 내에 승리의 증거도 증거려니와 매우 적극적이고 일반적인 의미에서 아픔이 치유될 것이고 차츰 주변에 영향을 끼치게 될 것이다. 이는 인류에게도 축복이다. 당신이 헤아리지 못하는 시간, 알지 못하는 장소의 남녀 모두에게 축복이다. 당신이 결코 들어 본 적 없는 이름의 사람뿐만 아니라 당신에 대해 들어 본 적 없는 사람들에게도 당신은 *세상의 빛*, 그 울림만큼이나 놀랍고 멋진 빛이 될 것이다.

당신 영혼의 상태는 늘 삶에 결과로 드러난다. 끊임없이 방출하고 있지만 눈에는 보이지 않는 영향으로 나타난다. 자신의 본성을 영원히 거부할 수 있는 것은 없다. 이것은 우주의 이치요 천리다. 에머슨[7]은 말했다. "그렇게 크게 외쳐서는 당신이 하는 말을 듣게 할 수 없습니다." '동네'는 여기서 의식을 나타

---

7   랠프 에머슨(Ralph Waldo Emerson). 미국 사상가 겸 시인

낸다. 그리고 '언덕'이나 '산'은 기도 또는 영적 활동을 의미한다. "내가 산을 향하여 눈을 들리라. 나의 도움이 어디서 올까." 시편 121:1 "여호와께서 집을 세우지 아니하시면 세우는 자의 수고가 헛되며." 시편 127:1 기도 위에 세워진 영혼은 숨겨질 수 없다. 기도자의 삶을 통해 영혼은 밝게 빛난다. 영혼은 완전한 침묵 속에서 말한다. 최상의 과제를 수행하면서도 자신을 의식하지 않는다. 단지 여기 있음으로, 특별히 노력하지 않아도 주변 모든 이를 치유하고 또 축복한다.

다른 사람에게 당신이 깨달은 영적 진리를 받아들이도록 절대 강요하지 말라. 단지 사람들이 당신의 행동을 지켜보고 어울리면서 좋은 영향을 받게끔 살라. 당신에게서 뿜어져 나오는 평화와 기쁨이 그들에게도 가닿을 수 있게 살라. 언젠가는 그들이 당신이 가진 놀라운 것을 자기들에게도 나누어 달라 청하면서 달려올 것이다. "내가(그리스도의 진리가) 땅에서 들리면 모든 사람을 내게로 이끌겠노라." 요한복음 12:32 그러므로 깨달은 말씀대로 사는 것은 산 위에 있는 동네가 숨겨지지 않는 것처럼 당신 영혼 또한 참으로 그 빛을 발하게 하는 것이다. 그것은 황금의 동네요, 하나님의 동네이기 때문이다. 또한 이것이 하늘에 계신 아버지를 영화롭게 하도록 당신의 빛을 비추는 것이다.

내가 율법이나 선지자를 폐하러 온 줄로 생각하지 말라

폐하러 온 것이 아니요 완전하게 하려 함이라

진실로 너희에게 이르노니 천지가 없어지기 전에는

율법의 일 점 일 획도 결코 없어지지 아니하고 다 이루리라

그러므로 누구든지

이 계명 중의 지극히 작은 것 하나라도 버리고

또 그같이 사람을 가르치는 자는

천국에서 지극히 작다 일컬음을 받을 것이요

누구든지 이를 행하며 가르치는 자는

천국에서 크다 일컬음을 받으리라

내가 너희에게 이르노니

너희 의가 서기관과 바리새인보다 더 낫지 못하면

결코 천국에 들어가지 못하리라

마태복음 5:17~20

참된 기독교 정신은 삶에 긍정적인 영향을 준다. 기독교 정신이 우리 삶에 작동하기 시작하면 더욱 폭넓고 알차고 풍요로운 삶이 된다. 결코 우리 생활에 제약을 가하고 생활의 즐거

움을 바감하고자 하는 것이 기독교 정신의 본뜻이 아니나. 그러므로 당신은 진리의 지식을 받아들임으로 인해 얻은 소중한 가치를 잃을 수가 없다. 당신이 지금껏 고수해 온 것들은 차라리 없어져야 더 행복해질 수 있는 것들이다. 그러니 이제 그것들을 희생함으로써 참으로 가치 있는 것들을 잃어버리지 않도록 하라.

사람들이 잘못 알고 있는 것 가운데 하나님을 아는 지식이 자라 가면 우리가 누리던 것들을 더 많이 포기해야 하고, 시간이 지나고 나면 그렇게 포기한 것으로 인해 후회하게 될 거라는 통념이 있다. 한 여자가 다음과 같이 말했다. "종교는 나이가 좀 더 든 다음에 가져야겠다고 생각해요. 지금 우리 나이는 한창 즐겨야 하는 때잖아요." 그렇지만 이것은 전체적인 관점을 놓친 것이다. 하나님을 아는 지식이 자라 갈수록 우리는 이기심과 두려움, 그리고 얼마간의 제약은 필요하다는 믿음 등에서 벗어나 자유로워야 한다. 무엇보다도 우리 스스로 허락한 믿음의 권위 외에는 여하한 악이나 권력이라 할지라도 그것이 존재한다고 생각하거나 참아 내야 한다고 여겨선 안 된다.

그러므로 하나님을 가까이하게 되었다고 해서 "즐거운 인생이여, 이제 안녕."이라고 말해야 한다고 생각하는 것은 잘못이다. 오히려 이루 헤아릴 수 없는 기쁨과 행복을 누리게 될 것이다. 영적으로 성장하면 더는 우리를 기쁘게 해 줄 쾌락을 좇아 여기저기 욕망이 이끄는 대로 찾아다니는 행동을 하지 않게 될 것이다. 그런 쾌락은 진리의 말씀을 따르는 자가 좇을 만큼 가치 있는 것이 아니다. 참된 삶을 살게 되면서 사라지는 것들 가운데 가치가 없는 유일한 것이라 할 수 있다. 새로운 빛 안에서 그런 쾌락과는 비교도 안 될 정도로 멋진 보상이 삶의 매 순간 펼쳐질 것이다. 그녀의 세상은 완전히 새로운 면모를 갖추게 될 것이다.

반면에, 만약 누군가가 진리에 너무 경도된 나머지 '존재의 진리(the Truth of Being)'에 대한 지식을 아는 것으로 자신이 도덕법 '위에' 군림할 수 있을뿐더러 도덕법을 어길 권리마저 가진다고 생각한다면, 그는 자신의 비극적 실수를 금방 알아차리게 될 것이다. 영적인 지식을 더 많이 알아 갈수록 도덕법을 어길 때 스스로 부과하는 처벌은 더욱 극심해질 것이다. 그리스도인은 삶의 모든 측면에서 도덕률과 관련하여 다른 사람들보다 훨씬 더 민감하고 도덕률을 준수하는 데 훨씬 더 많이 주의해야 한다. 사실상 모든 참된 영적 이해는 필연적으로 특정한 종교적 진보 또한 수반하게 되어 있다. 그런데 이 진리를 이론적으로만 받아들이면 오히려 도덕적 부주의로 — 비행을 저지를 위험에 가까운 정도로 — 흐르게 된다.

그러므로 당신이 최선의 삶을 실기 위해 성식하려고 애쓰지 않는 한 참된 영적 진보는 있을 수 없다. 또한 참된 영적 지식이라면 우리 삶에서 올바른 행동과 손잡지 않고 따로 제 갈 길을 갈 리가 없다. "율법의 일 점 일 획도 결코 없어지지 아니하고 다 이루리라."는 말씀에서, "점(jot)"은 히브리어 알파벳에서 가장 작은 글자인 "유드(yod)"를 의미한다. "획(tittle)"은 히브리어 글자들을 서로 구분하는 작은 박차(拍車)들과 그림자 중 하나다. 율법의 글자뿐만 아니라 그 글자의 미세한 부분에 이르기까지 모두 지켜져야 한다는 생각을 담은 것이다. 단순히 보통의 도덕성이 아니라 가장 높은 수준의 명예를 예시한다고 할 수 있다.

서기관들과 바리새인들은 자신들이 율법을 잘 안다고 여겨 스스로 지도자이자 선생으로 자처하며 저지르는 허위와 위선의 결점을 지니기는 했으나, 대부분 누구보다도 엄밀하게 율법을 준수하려는 열의로 도덕적인 삶을 이끄는 훌륭한 사람이었다. 그러나 안타깝게도 그들은 율법의 자구(字句)에만 매몰되어 율법이 문자적 의미 그대로 지켜져야 한다고 주장했다. 때문에 읽히는 바대로 그들의 의무를 엄격하게 수행해 나갔다. 그러면서 도처에서 종교적 형식주의자들이 지닌 숙명적 나약함을 내비치며 영적 자만과 독선을 저질렀다. 그러나 그들은 이러한 실수들을 전혀 의식하지 못했다. 이렇게 의식하지 못하는 것이야말로 영혼의 질병이 지닌 사악함이다. 그들은 자신이 이해한 대로 충실히 율법을 지키려고 애썼다. 예수는 서기관들과 바리새인들이 어찌 되었든 누구보다도 율법을 준수하려 애쓴다는 것을 알았기에 그 점에 있어서는 그들을 칭찬했다. 때문에 자신을 따르는 사람들과 제자들에게 그들이 하는 만큼도 하지 못한다면 영적 진보를 이루려는 노력 또한 헛수고가 될 것임을 경고한 것이다. 영적인 성취와 율법 준수, 다시 말해 도덕적 행위는 손에 손을 맞잡고 같이 가야 하는 것이다. 함께 하지 않는다면 하지 않는 것이나 마찬가지다.

참된 영적 능력과 이해가 성장하면서 당신은 많은 외적 규칙과 규제들이 점점 불필요해진다는 것을 알게 될 것이다. 그러나 이는 당신이 이들 규칙과 규제를 초월하였기 때문이지 결코, 절대로, 당신이 이들 아래로 떨어졌기 때문이 아니다. 당신이 진리를 이해하게 됨으로써 외부의 규칙과 규제에 더는 의존할 필요가 없게 된 경지를 영적 성인식(Coming of Age)이라 한다. 당신은 이제 영적으로 어린아이가 아니므로 이전까지는 필수불가결 요소인 것만 같았던 외부의 감시를 더는 필요로 하지 않게 될 것이다. 더욱 순수하고 참되고 자유롭게 살 수 있을 것이다. 덜 이기적일 것이다.

단순한 예를 들어 보겠다. 영적인 성장의 어떤 단계에 들어선 사람들이 있다. 그들은 특별한 영적 조치를 취하지 않아도 금세 평온을 회복하고 맑은 정신 상태를 유지하게 된다. 다시 말해 이 단계에서는 더는 손목시계를 들여다보며 몇 시인지 확인하는 수고를 굳이 하지 않아도 약속 시간을 지키는 데 별문제가 없을뿐더러 의무감에 얽매이지 않고서도 얼마든지 하루 일정을 수행할 수 있게 된다. 그런데 당신 친구 중 하나가 — 평소 이런 당신을 잘 알고 당신이 이른 경지를 부러워하며 당신을 따라 하고 싶어 하던 친구가 — 자기도 더는 시계 같은 데 의지하지 않겠노라 선언한 뒤 손목시계도 차지 않고 약속 시간도 확인하지 않고 있다가 종종 약속 장소에 늦게 나타나기 시작하더니, 급기야 하루 일정을 망치고 결국에는 그런 걸 배워 흉내 내려고 의도하지도 않았던 사람들의 편의마저 어지럽히는 결과를 초래한다.

요약하자면 이런 것이다. 어떤 사람은 영적으로 시계를 내놓을 준비가 되면 자연스레 더는 시계에 대해서 생각하지 않고도 적절한 때에 그에 맞는 행동을 하고 있는 자신을 발견하게 되는 반면에, 어서 시계를 버려야지 맘먹고 그를 따라 하는 사람이 있다면 오히려 그 사람은 약속에 매번 늦고 마는 자신을 발견하게 될 것이라는 얘기다. 그가 아직 준비가 덜 되었다는 증거라고 하겠다. 그러므로 그가 속한 단계에선 시계를 차고 다니며 제시간에 맞춰 일하는 것이 바람직하다. 그는 자신의 삶에서 정말 문제가 되는 사안에 집중하고 최선을 다해서 이를 해결하는 데 힘을 쏟아야 한다. 그렇게 함으로 계속해서 죄를 이겨 내고 자기 자신과 다른 사람들을 치유하며 지혜를 위해 일해야 한다.

우리 삶에는 참으로 다양한 과제가 주어져 있다. 이것은 삶의 중요한 주제들과 함께 가야 한다. 각 사람에게 열리는 영적 단계는 서두른다고 빨리 들어설 수 있는 것도 아니요, 강요한다고 해서 오는 것도 아니다. 때가 이르면 구근이 꽃을 피우는 것처럼 각 사람에게 합당한 좋은 때에 맞춰 자연스럽게 이르는 것이다. 성장기의 어린이를 보고 있으면 나이 먹는 것이 곧 몸이 자라는 것이듯 영적인 나이 또한 나이 먹는 것이 곧 자연스러운 성장으로 이어져야 한다. 영이 눈떠 자라기 시작하면 누구나 자신의 영적 단계가 어디쯤 이르렀는지를 보여 줄 수 있어야 한다. 이것을 두 눈 사이 이마에 두고 마음의 문설주에 쓰라. *당신이 어디 있는지를 밝히라.* 당신의 이해를 넘어서는 것을 보여 주려고 찾아 헤매는 것은 영적인 게 아니다. 영적인 발달은 성장의 문제이기 때문에 맘먹는다고 쉬이 되지도, 다급해한다고 빨리 되지도 않는다. 영적인 것들에 전심으로 주의를 집중하라. 일상의 삶을 충실히 살면서 늘 깨어 있으라. 그러다 보면 어느 날, 의식적으로 서두르려 하지 않았는데도 영혼이 자라는 속도를 발견하고 스스로 놀라게 될 것이다.

단순한 예를 하나 들어 보자. 당신이 길거리에서 동맥이 절단돼 피를 쏟아 내고 있는 남자를 발견했다고 가정해 보자. 전문가에게서 속히 응급조치를 받지 못한다면 아마도 이 남자는 몇 분 이내에 사망할 것이다. 이런 상황에서 어떻게 해야 하는가? 우리의 영적인 태도는 어떠해야 하는가? 분명하고 단순하다. 즉시 무슨 일이 일어났는지를 파악하고, 하나님의 무소부재하신 진리를 깨달아 다른 뺨을 돌려 대야만 한다. '이런 경우 예수라면 어떻게 했을까'를 생각하는 것이야말로 다른 뺨을 돌려 대는 것이다. 당신이 예수라면 했을 행동을 받아들여 그대로 따라 할 수 있다면 절단된 동맥은 즉시 치료될 것이다. 더는 손 쓸 필요조차 없을 정도로. 그러나 우리는 그렇게 믿을 수가 없다. 믿기 힘들다. 믿어지지 않는다. 이것이야말로 당신이 어디에 있는지 알려 주는 지표다. 영적인 단계가 무엇을 의미하는지 이제 이해하기가 훨씬 더 쉬워졌을 것이다. 그러므로 당신은 즉시 임시변통으로 지혈대를 만들어 사람의 생명을 구하는 소위 상식적인 단계들을 밟아 나간다.

이해를 돕기 위해 예를 하나 더 들어 보자. 길을 가는데 아이 하나가 운하에 떨어졌다. 이때 당신이 취할 적절한 행동은 '말하는 것'이다. 다시 말하지만 당신에게 영적인 힘이 충분하다면 즉시로 안전해진 아이를 볼 수 있을 것이다. 그러나 만약 그렇지 않다면 아이를 구하는 데 무엇이 가장 나은 방법일지 상식 차원에서 생각하고 행동을 취하려 할 것이다. 기도를 할 수도 있겠지만 필요하다면 다이빙을 해야 할지도 모르겠다. 이로써 당신이 어디 있는가를 알 수 있다.

그러나 심각한 도덕적 결함, 그리고 심지어 습관적으로 저지르는 심각한 죄에 대해서도 인식하고 있으면서, 동시에 영적인 성장 또한 원하는 사람이라면 어떻게 해야 할까? 그는 자신의 행동을 개혁할 때까지 영적인 지식을 위한 물음을 포기해야 할까? 결코 그렇지 않다. 사실상 영적인 성장 없이 도덕적으로 자신을 개선하려는 시도는 결국 실패로 끝난다. 링컨의 격언을 빌려 말하자면, 자기 신발 끈을 붙잡고 일어날 수 없듯이 죄인이 자기 힘으로 자신을 개혁할 수 없다. 그러므로 자신을 의지한다면 겪게 될 결과는 뻔하다. 실패를 반복함으로써 계속된 실망으로 인해 실의에 빠지거나 아마도 어떤 식으로든 선한 일을 하는 데 결정적으로 절망하는 것이다.

그런 사람에게 유일한 방법이 있다면 정기적으로 기도하는 것이다. 특히 유혹이 코앞에 다가와 있다면 더욱 기도해야 한다. 하나님 앞에 성공에 대한 책임감을 모여 느끼기 위해 그리하라. 몇 번을 거듭 실패하더라도, 다시 기도할 수 있다면 그래야만 한다. 특별히 우주의 원리와 존재의 이치를 이해하고 과학적으로 기도한다면, 악이 그 힘을 잃고 특정한 죄로부터 자유로워진 자신을 곧 발견하게 될 것이다. 과학적으로 기도한다는 것은, 하나님이 그를 도우며 유혹은 그에게 맞설 만한 힘을 지니지 못했다는 것을 알고 기도하는 것이며, 자신의 실제 본성이 영적이고 완전하기를 늘 요청하고 있다는 것을 계속해서 긍정하는 것이다. 이것은 단순히 하나님의 도움을 청하는 것보다 훨씬 강력하다.

이런 방식으로 도덕적 갱생과 영적 진보는 손에 손을 맞잡고 간다. 그리스도인이라면 완전무결한 삶을 살아야 한다고 요구하는 게 아니다. 어떻게 그럴 수 있겠는가. 요구할 수 있는 것은 정직과 완전을 지향하는 진정한 노력이다.

옛사람에게 말한 바 살인하지 말라

누구든지 살인하면 심판을 받게 되리라 하였다는 것을

너희가 들었으나 나는 너희에게 이르노니

형제에게 노하는 자마다 심판을 받게 되고

형제를 대하여 라가라 하는 자는 공회에 잡혀가게 되고

미련한 놈이라 하는 자(Raca)는 지옥 불에 들어가게 되리라

그러므로 예물을 제단에 드리려다가

거기서 네 형제에게 원망 들을 만한 일이 있는 것이 생각나거든

예물을 제단 앞에 두고 먼저 가서

형제와 화목하고 그 후에 와서 예물을 드리라

마태복음 5:21~24

====================

초기의, 그리고 낮은 단계에 머물던 인간의 의식을 대상으로 삼아야 했던 구약은 필연적으로 외부의 것을 고려할 수밖에 없었다. 인간 외면 즉 행동의 진화는 밖에서 시작하여 안으로 들어오고, 인간 내면 즉 본질적 영혼의 성장은 안에서 시작되어 밖으로 나가기 때문이다. 사람은 오직 외부에 주목함으로써 거기서 결과뿐 아니라 그렇게 된 원인을 찾으려 든다. 그런 과정이 반복되다 보면 진리가 서서히 그 모습을 드러내고 비로소 깨닫게 된다. 결과 즉 외부로 드러났다는 것은 그 내부에 그렇게 만든 원인이 있는 것이다. 이 단계까지 이르면 사람은 비로소 하나님을 찾기 시작한다. 그래서 구약은, 적어도 문

자적으로는, 인간 외면 즉 행위에 따른 종교의식과 동일시되며, 의식이 지켜지는 것으로 만족한다. "살인하지 말라."는 말 그대로 사람을 죽이지 않아야 한다는 것이다. 우리는 이 법을 지킨다. 살인을 저지르고 싶은 마음이, 적을 미워하는 마음이 여전히 불 일 듯하는 데도 불구하고 우리는 이 말씀을 따른다. "도둑질하지 말라."는 말은 이웃의 재산을 불법적으로 취하지 않아야 한다는 것이다. 우리는 이 말에 관하여 어떻게 느끼든 개의치 않고 법을 따르려고 해 왔다.

예수는 인류 역사 가운데 가장 중요한 단계인 다음의 위대한 한 발을 떼도록 이끌어 왔다. 어찌 보면 이 한 걸음은, 우리가 이 발걸음이 가진 의미를 명확하게 이해할 수 있다면, 우리의 모든 한계를 극복하고 넘어서는 마지막 걸음일 수도 있다. 그리스도 메시지의 본질이라 할 산상수훈의 전체 마음(heart)은 바로 그 단계가 필요함을 역설한다고 할 수 있다. 겉으로 보기에 법을 잘 따르는 듯 보이는 것만으로는 이제 더는 충분치 않다. 무엇이 진정 본질적인 것인지를 이해해야 한다. 그러나 지금은 만약 우리가 영적으로 성인식을 치르고자 한다면 우리에게 주어진 율법과 계명을 행동으로 따르는 것뿐만 아니라 우리 안의 속사람 또한 변해야 한다.

옛 율법은 "살인하지 말라."고 말한다. 그러나 예수는 말한다. 죽이고자 하는 마음을 품는 것만으로도, 형제에게 화난 마음을 먹는 것만으로도 하늘나라에 들어갈 수 없는 충분한 이유가 된다고. 옛 율법은 원시적이고 야만적인 사람들이 수틀린다고 마구잡이로 살인을 저지르지 못하게 만드는 분명한 효력을 발휘했다. 그러나 사람으로 하여금 분노를 다스리고 조절할 수 있는 자기 통제력을 키우는 데 도움을 준 것은 아니다. 하나님에 대해 이야기한다고 해서 하나님을 경험할 수 있는 것은 아니다. 치유하고 싶은 마음이 있어도 영적인 힘을 발휘할 수 없다. 형제를 원망하고 책망하는 마음을 내 안에서 없애 버리지 못한다면 하나님을 경험할 수도 없고 영적인 능력을 발휘할 수도 없다. 우리 안에 이런 마음이 제거되지 않고 여전히 남아 있다면 아직도 영적 진보를 이룰 준비가 되지 않은 것이다. 당신의 기도는 그 효력이 미미할 것이다.

단언하건대 이것이야말로 기도에서는 더 큰 사랑, 더 큰 능력을 말하면서 영적으로 앞서 있다는 사람들이, 여전히 자기 자신을 돌아보고 스스로 비판하고 비난하는 생각들로부터 자유롭기 위해 그와 같은 지난한 수고를 해야 하는 이유다. 그들은 안다, 이제 더는 원망할 수도 분노할 수도 없다는 것을. 때문에 그들은 원망하고 분노하느라 시간을 낭비하지 않는다.

분노와 원망, 다른 사람을 벌하려는 욕망, 또는 그가 벌 받는 것을 보고 싶은 욕망, 이런 욕망이 마음에 자리하도록 내버려 둠으로써 결국은 실제로 그렇게까지 하고 마는 것, 이 모든 것은 영적인 능력과 성장을 가로막는, 결코 뚫고 나가지 못할 철 통같은 장애물을 만든다. 예수는 다음과 같이 이를 극화해 우리가 잘 이해하도록 돕는다. 어느 날 당신이 예물을 준비해 제단으로 향하는 길에 문득, 당신을 거스른 형제와의 일이 생각났다. 그러면 예물을 드리러 가던 길을 돌이켜 그 형제를 찾아가는 것이 먼저 해야 할 일이다. 예물을 내려놓고 돌아가서 형제와 화해하라. 그런 후에 다시 돌아와 예물을 드리라. 그래야만 비로소 당신의 예물이 받아들여질 것이다.

성전에 다양한 종류의 예물 ─ 수소와 암소부터 비둘기에 이르는 동물뿐 아니라 향과 같은 보다 간편한 것들, 그리고 이러한 물건들을 살 수 있을 만한 돈 ─ 을 가져가는 것은 우리 모두 아는 것처럼 관습이었다. 이제 새로운 법 아래서 우리의 제단은 우리 자신의 의식이다. 그리스도의 은혜 안에서 우리의 예물은 우리의 기도와 행함이다. 그러므로 우리가 드릴 '번제할 희생물'은 내버려야 마땅할 우리 내면의 잘못된 생각들이다. 이것들을 모두 태워 버려야 한다. 그래서 예수는 말한다. 기도하려 하다가 형제에 대해 갖고 있는 잘못된 생각들과 안 좋은 감정들이 떠오르거든 그가 나를 어떻게 생각하든 간에 개의치 말고 내 안의 적대적인 생각을 바로 멈추라고. 생각하는 대상이 개인이든 집단이든 무엇이 되었든 거기서 적대적인 의미를 제거해야만 한다. 그로써 다시 우리의 영적인 온전함이 이음매가 없는 옷처럼 회복되어야만 한다.

예수는 이 놀라운 교훈을 세 단계를 거쳐 다음과 같이 세운다. 첫째로 형제에게 화가 난 사람은 위험에 처하게 된다. 둘째로 복수심에 불타 보복하겠다는 마음으로 형제를 적대하는 것은 매우 위험하다. 마지막으로 그 또한 분명 하나님이 창조하신 자이거늘 형제를 대할 때 마치 울타리 밖에 머무는 사람인 것처럼 낮춰 보는 행동은 우리 자신의 영적 열매를 더는 기대할 수 없게 만드는 어리석은 짓이다. 이런 의미에서 사람을 가리켜 '라가(Raca)' 즉 '바보'라 하는 것은 그에게서 기대할 수 있는 좋은 것이라곤 도무지 없다는 뜻이나 마찬가지다. 위와 같이 행동한다면 우리에게 매우 심각한 결과가 초래될 것이다.

영적인 목적을 위해 단연 가장 훌륭한 팔방미인 격이라 할 권위 있는 킹제임스버전의 성경을 찬찬히 들여다보라. 이 책에 심각한 실수가 있었는데 개정판에서는 교정되었다. 예수의 이 말씀을 전하면서 "형제에게 *아무 이유 없이* 화가 난 사람"이라고 옮긴 것이다. 이건 정말이지 터무니없다. 정신이 온전한 사람이라면 아무리 하찮고 엉뚱해 보일지라도 그 때문이겠

거니 할 만한 이유조차 없이 화가 나겠는가. 물론 예수는 어떤 상황 때문에 그럴 만한 이유가 있어서 화가 난 것이라 할지라도 위험에 처하게 된다는 말이었지만 말이다.

너를 고발하는 자와 함께 길에 있을 때에 급히 사화하라

그 고발하는 자가 너를 재판관에게 내어 주고

재판관이 옥리에게 내어 주어 옥에 가둘까 염려하라

진실로 네게 이르노니

네가 한 푼이라도 남김이 없이 다 갚기 전에는

결코 거기서 나오지 못하리라

마태복음 5:25~26

이 구절에서 최고의 실제적 중요성은 예수가 "살펴보고 기도하라."는 명령을 포함한 가르침을 강조하는 데 있다. 사달이 벌어지기 전에 먼저 태클을 걸라. 즉시 대처하는 것이 어려움을 극복하는 관건이다. 마찬가지로 우리 마음에 바르지 못한 게 분명한 생각이 불쑥 들어서는 것이 느껴지거든 그 생각이

거기서 둥지를 틀 때까지 가만 지켜보고 있지 말고 즉시 내쫓는 것이 중요하다.

군인들은 이 '즉시'의 중요성을 잘 안다고 볼 수 있다. 군대가 확 트인 평원을 가로질러 행진하는 동안은 그들을 흩어 놓고 쳐부수기가 어렵지 않다. 그러나 일단 군대가 진영을 세우느라 땅을 파고 참호를 구축하고 나면 그들을 제거하기가 어려워진다. 그러므로 악이 들어와 아예 자리를 잡고 눌러앉으려고 하기 전에 그럴 기회조차 주지 말고 당신 앞에 그것이 모습을 드러내는 순간 그 즉시 쫓아내야 한다. 받아들이기를 거부하고 물리쳐야 한다. 어떻게? 조용히 진리를 긍정하고 그 뜻에 따르겠노라 작정하는 것이다. 그러고 나면 곧 악한 생각이 아무 힘도 행사하지 못하는 것을 발견하게 될 것이다. 아주 잠깐은 적이 땅을 차지한 것처럼 보일 수도 있다. 그러나 초기에 당신이 먼저 태클을 걸었다는 점을 기억하라. 적은 맥을 못 추고 이내 사라질 것이다. 당신은 승리를 거두고 살아남을 것이다.

만약 그렇게 하지 않고 그것에 관하여 *계속 생각함*으로써 당신 정신 속에 받아들여 그것이 — 옳지 않은 생각, 곧 악이 — 자리 잡을 시간을 충분히 주게 된다면 이후 그것을 제거하기가 대단히 어려울 것이다. 안타깝게도 우리 대부분은 말씀을 듣고 바로 깨닫기보다는 비싼 비용을 치르고서야 비로소 깨닫는다. 앞서 말한 것처럼 일단 과학적으로 기도하기를 배우고 나면 이 과정이 다소 쉬워질 것이다. 그러나 아무튼 우리가 받아들여 주었기 때문에 이미 입지를 강화해 묵을 대로 묵은, 옳지 않은 생각들을 그 자리에서 몰아내기란 쉽지 않은 노릇이다.

예수는 어떤 중요한 것을 이해시키고자 할 때 주변 사람들의 일상으로부터 생생한 예를 가져오곤 했다. 당시에 법은 채무자에게 매우 혹독했다. 혹 빚이라도 지게 되면 채무자는 가능한 한 빨리 채권자와 합의해야만 했다. 물론 오늘날에도 채무자라면 어떻게 해서라도 법정에 가게 되는 일은 피하는 게 좋다. 추가적 비용이 발생하기 때문이다. 이런 추가적 비용은 원래의 빚에 더해지게 되는데, 법정에서 시간을 오래 끌면 끌수록 변호사 비용이며 재판 비용, 그 외에도 여러 가지 돈이 들어간다. 이 모든 비용이 본래의 빚 위에 고스란히 쌓인다고 보면 된다. 사실 이 사례들이 말해 주는 건 법적인 절차 안에 포함된 비용이란 것이 어쨌든 실제로 본래의 빚을 넘어설 정도로 발생한다는 것이다.

살다 보면 일상의 삶에서 다양한 어려움을 접하게 되는데, 처음 그 모습을 드러낸 어려움은 대개 그것과 관련해서 우리가 생각을 잘못해 일어나며 거듭 반복되곤 한다. 마치 전체 빛이 명확해지기까지 우리가 결코 자유로울 수 없는 것처럼. 그러므로 돌이켜 보면 처음 상대방과 조건을 정할 때, 다시 말해 즉시 우리가 생각을 올바로 가져갔다면 이렇듯 어려움과 관련해서 '비용'이 발생하지 않아도 되었을 것이다. 결과적으로 힘들이지 않고 초기에 쉽게 처리할 수 있었을 것을 비싸게 비용을 지불해 가며 어렵게 배운다고 할 수 있다.

어느 날 보니 재채기를 하고 있다. "에이, 또 감기에 걸렸구나, 이를 어쩌지." 이 상황에서 사람들은 으레 '감기에 걸렸다는' 생각 속에 들어앉는다. 그러고는 감기에 걸리면 겪게 될 이런저런 고통과 불편들을 떠올리며 정신 속에 하나하나, 감기로 인해 벌어질 고난이 땅을 파고 주저앉을 기회를 준다. 병에 걸렸다는 것을 알게 되면 일반적으로 사람들은 생각에 골몰한다. 특별히 이 상황과도 같이 감기에 걸렸다고 생각되면 더욱 쉬지 않고 계속해서 마음껏 이런저런 생각에 골몰하곤 한다. 그러다 보니 감기 기운이 좀 있다 싶으면 '언제 걸린 거지?' 생각하느라 며칠이 간다. "아하, 그래. 화요일에 창문을 열어 두었을 때 걸린 게 분명해." "수요일이었던가? 그때 만난 친구가 감기에 걸린 것 같다고 했지, 아마." 기타 등등. 생각은 꼬리에 꼬리를 물고 이어진다. 그런 다음에는 소위 해결책이라는 것을 떠올린다고 또 며칠이 긴다. 그러나 사실 내심으로는 아무 소용도 없다는 것을 잘 알고 있다. 실제로 한 번 감기에 걸리면 낫기까지 며칠이 가는지에 대해 참 말들이 많은데, 여러 가지 이유로 대개 10일에서 14일 정도를 잡는다. 감기가 우리 몸에 머무는 기간인 셈이다. 어떤 경우에는 이보다 더 길어지기도 하는데, 감기에 따라오는 이차적 질병들이 발생, 결합하면서 고질로 자리 잡기 때문이다. 기관지에 염증이 생기거나 일시적으로 귀가 안 들리기도 하고 소화불량이 생기기도 한다. 이 모든 일이 어떤 과정을 거쳐 이루어지는지 잘 들여다보면, 원인에 따라 차례로 나타나는 자연스러운 결과들의 이행 과정을 알 수 있다.

진리를 전체적으로 조망할 수 있는 지식을 가진 사람이라면 얼마간 이 방식을 생각한 후에 그가 할 수 있는 최선으로 자기 자신을 영적으로 상대하기 시작할 것이다. 아마 처음에는 그도 이미 저지른 실수가 더욱 커지는 것을 막지 못한 채, 적이 참호를 파고 진지를 구축할 기회를 내주고 말았을 것이다. 감기를 다루는 것이야말로 최고 난제였을 것이다. 만약 처음 실수가 드러났을 때 그것을 의식하고 즉시 대처할 수 있었다면 실수가 확대되는 일은 없었을 것이다. 콧물이 나는 것 같다거나 오싹 한기를 느낀 것 같다거나 할 때, 다시 말해 감기에 걸릴 것

같은 순간을 바로 포착할 수 있었다면, 즉시 감기가 들어오지 않도록 조치를 해 건강을 유지했을 것이다. 누가 이 땅의 주인 인지를 분명히 밝히고 진리를 확고히 해서 불과 얼마 안 되는 시간 안에 문제가 더 커지기 전에 해결할 수 있었을 것이다.

이와 똑같은 규칙이 또 다른 형태의 잘못된 생각에도 적용 된다. 일에서나 가정에서나 어려움은 정확히 같은 방식으로 다루어져야만 한다. 아침에 일어나 우편물을 열었는데 거기서 직장 일과 관련해 나쁜 소식을 발견한다고 가정해 보자. 당신 이 가진 돈의 거의 전부를 예치한 은행이 파산했음을 전하는 소식일 수도 있다. 이런 경우 대부분 어떻게 대처하는가? 아마 도 최악의 상황을 받아들이고 시간이 얼마가 지나든 계속해서 그 일을 곱씹을 것이다. 이 상황에서 사람들은 대개 온종일, 아 마도 밤을 꼬박 새워 가며 그 일을 생각하고 또 생각할 것이다. 마침내는 온통 그 생각만으로 머릿속이 가득 채워지기에 이를 것이다. 그러고는 다른 사람들과 극히 세부적인 것에 이르기 까지 상의하고 이 상황이 앞으로 몰고 올 파장, 겪을 수밖에 없 을 온갖 종류의 고난과 어려움을 반복해 떠올릴 것이다. 이 모 든 것에 더해 많은 경우, 이 상황에 책임을 질 위치에 있는 은 행 관료들을 비롯해 그 밖의 다른 사람들을 향하여 분노와 비 난을 퍼부을 것이다. 이제 아주 조금만 생각해 보아도 이 모든 것이 필연적으로 어떤 결과를 낳을 수밖에 없는지 잘 알게 될 것이다. 분명 고난은 점점 더 가중될 것이다. 그리고 그것으로부터 빠져나오기가 점점 더 어려워질 것이다.

물론 그런 경우에 예수 그리스도의 가르침을 받은 사람이라면 얼마 걸리지 않아 그의 마음을 온통 점령하고 있는 이 모든 생각을 몰아내고 존재의 참된 법(the true law of being)에 관한 지식으로 채워 넣을 것이다. 그러나 때로 진리의 빛 아래서 이들 문제에 침착하게 대처하려고 발을 떼기도 전에 갑작스럽게 몰아친 강풍 앞에서 그만, 정신을 차리고 배운 대로 행동에 옮겨야 한다는 경계경보를 울릴 타이밍조차 놓쳐 버릴 수 있다. 이렇게 대처가 늦어지면 어려움은 매번 심해질 것이다.

예수에 따르면 우리가 취해야 하고 또 취할 수 있는 가장 적절한 행동은 그의 도움을 바라며 하나님에게 나아가는 것이다. 우리를 옭아맨 고난이 우리에게 제안하는 것들을 받아들이기를 거부하면서 하나님만 바라고 나아가는 것이다. 말 그대로 우리 의식이 억울함과 두려움에 휩싸여 잃어버린 것들만 자꾸 떠올리며 위험으로 치닫는 것을 단호히 거부하면서 말이다. 이렇게 꾸준히 마음이 평안해지기까지 진리의 빛 아래서 착실하게 일하다 보면 어느새 어려움에서 벗어나 있는 자신을 보게 될 것이다. 이러저러한 방법으로 고난이 물러가고 행운이 찾아올 것이다. 파산했던 은행이 이른 시일 안에 회복될지도 모른다. 한 사람의 기도가 은행을 살리지 못할 이유가 어디 있는가. 꼭 은행이 되살아나는 방법을 통해서가 아니더라도 은행에 넣었다 잃어버린 꼭 그만큼의 돈, 또는 그보다 더 많은 금액이 전혀 기대하지 않은 곳에서 이런저런 모양새로 들어올지도 모른다. "누구든지 주의 이름을 부르는 자는 구원을 받으리라." 로마서 10:13

물론 상황이 다르고 그에 따른 어려움이야 다르겠지만 우주의 조화가 존재의 참된 법이었던 이래로 진리는 어디에나 똑같이 적용되기에, 온갖 분쟁, 언쟁, 오해 또한 처음 당신이 그것을 감지한 그 순간부터 이와 똑같은 방식으로 다루어져야 한다.

또 간음하지 말라 하였다는 것을 너희가 들었으나
나는 너희에게 이르노니 음욕을 품고 여자를 보는 자마다
마음에 이미 간음하였느니라

마태복음 5:27~28

이 잊을 수 없는 구절에서 예수는 진리 중의 진리를 말한다. 이 진리는 너무도 근본적이어서 오히려 세상이 아직 알아채지 못하는지도 모른다. 정말로 중요한 것은 생각이다. 사람들은 자신들이 율법을 잘 알뿐더러 율법을 지켜야 한다고 생각하므로 이에 합당하게 기대된 바대로 행동한다. 이때 자기 생각이나 느낌은 중요한 고려 대상이 아니다. 지극히 사적인 것일 뿐이라고만 생각한다. 그러나 우리는 이제 산상수훈의 가르침을 통해 밖으로 드러난 행동은 우리 생각의 결과물이라는 것을 안다. 그리고 우리는 조만간 우리가 하나의 유형으로 굳어질 정도로 습관화한 생각이 행동으로 옮겨진 표현을 발견하게 될 것이다. 우리는 이제 과학적인 기독교 정신(Scientific Christianity)의 빛 안에서 생각은 문자적으로 사물이라는 것을 이해한다. 우리가 어떤 행동을 하느냐는 우리가 우리 마음의 무대에 떠오르도록 허용한, 어떤 종류의 생각을 하느냐에 달려 있다. 그릇된 생각은 그릇된 행동만큼이나 파괴적이다.

이 부인할 수 없는 사실의 논리적 결과는 매우 놀랍다. 만약 이웃의 돈을 탐하는 생각을 마음에 품었다면 아직 돈궤에 손을 집어넣지는 않았다 하더라도 당신은 마음에선 이미 도둑이다. 이웃의 돈 생각이 마음에서 떠나지 않는다는 건 어찌 보면 언제 도둑질을 할 것인가 묻고 있는 셈이기 때문이다. 마찬가지로 만약 누군가를 증오하기 시작했다면 실제로는 살인을 저지르지 않았더라도 당신은 마음에선 이미 살인자인 셈이다. 또한 마찬가지로 마음속으로 한 간음은 결코 내면의 부도덕한 생각이 실제 행동으로 외부에 표현되지는 않더라도 영혼을 타락시킨다. 성욕, 질투, 앙갚음 등을 마음에 품는다는 것은 영혼이 이를 허락하도록 한 것이다. 영혼이 동의하고 허락하는 것, 그것은 외부로 드러나 행동으로 구체화되었든 아니든 간에 죄의 사악한 면이다. "모든 지킬 만한 것 중에 더욱 네 마음을 지키라. 생명의 근원이 이에서 남이니라." 잠언 4:23

4

악에
대적하지 말라

만일 네 오른 눈이 너로 실족하게 하거든 빼어 내버리라

네 백체 중 하나가 없어지고

온몸이 지옥에 던져지지 않는 것이 유익하며

또한 만일 네 오른손이 너로 실족하게 하거든 찍어 내버리라

네 백체 중 하나가 없어지고

온몸이 지옥에 던져지지 않는 것이 유익하니라

또 일렀으되 누구든지 아내를 버리려거든

이혼 증서를 줄 것이라 하였으나

나는 너희에게 이르노니

누구든지 음행한 이유 없이 아내를 버리면

이는 그로 간음하게 함이요

또 누구든지 버림받은 여자에게 장가드는 자도 간음함이니라

또 옛사람에게 말한 바 헛 맹세를 하지 말고

네 맹세한 것을 주께 지키라 하였다는 것을 너희가 들었으나

나는 너희에게 이르노니 도무지 맹세하지 말지니

하늘로도 하지 말라 이는 하나님의 보좌임이요

땅으로도 하지 말라 이는 하나님의 발등상임이요

예루살렘으로도 하지 말라 이는 큰 임금의 성임이요

네 머리로도 하지 말라

이는 네가 한 터럭도 희고 검게 할 수 없음이라

오직 너희 말은 옳다 옳다, 아니라 아니라 하라

이에서 지나는 것은 악으로부터 나느니라

또 눈은 눈으로, 이는 이로 갚으라 하였다는 것을

너희가 들었으나

나는 너희에게 이르노니 악한 자를 대적하지 말라

누구든지 네 오른편 뺨을 치거든 왼편도 돌려 대며

또 너를 고발하여 속옷을 가지고자 하는 자에게

겉옷까지도 가지게 하며

또 누구든지 너로 억지로 오 리를 가게 하거든

그 사람과 십 리를 동행하고

네게 구하는 자에게 주며

네게 꾸고자 하는 자에게 거절하지 말라

또 네 이웃을 사랑하고 네 원수를 미워하라 하였다는 것을

너희가 들었으나

나는 너희에게 이르노니

너희 원수를 사랑하며

너희를 박해하는 자를 위하여 기도하라

이같이 한즉 하늘에 계신 너희 아버지의 아들이 되리니

이는 하나님이 그 해를 악인과 선인에게 비추시며

비를 의로운 자와 불의한 자에게 내려 주심이라

너희가 너희를 사랑하는 자를 사랑하면 무슨 상이 있으리요

세리도 이같이 아니하느냐

또 너희가 너희 형제에게만 문안하면

남보다 더 하는 것이 무엇이냐

이방인들도 이같이 아니하느냐

그러므로 하늘에 계신 너희 아버지의 온전하심과 같이

너희도 온전하라

마태복음 5:29~48

만일 네 오른 눈이 너로 실족하게 하거든 빼어 내버리라

네 백체 중 하나가 없어지고

온몸이 지옥에 던져지지 않는 것이 유익하며

또한 만일 네 오른손이 너로 실족하게 하거든 찍어 내버리라

네 백체 중 하나가 없어지고

온몸이 지옥에 던져지지 않는 것이 유익하니라

마태복음 5:29~30

우리가 진정으로 문제 삼아야 하는 유일한 것이 있다면 그 것은 바로 우리 영혼의 온전함이다. 그러므로 영혼이 온전하다면 이미 모든 것을 가진 것이다. 영혼이 얼마나 중요한지를 어떻게 하면 우리로 하여금 깨닫게 할 수 있을까, 어떻게 하면 잊지 않고 기억하게 할 수 있을까, 예수는 그의 가르침을 통해서 우리에게 그 중요성을 일깨우기 위해 한 번 들으면 결코 잊히지 않을 정도로 격렬한 표현까지 써 가며 깊은 인상을 심어 주려고 안간힘을 썼다. 또한 어떻게 하면 우리 영혼이 온전함에 이를 수 있는지 지도하려고 애썼다. 그는 한 사람의 영혼이

온전해지기까지 희생을 각오하지 않을 수 없다고 주장한다. 때문에 영혼이 온전해지기를 방해하는 것이라면 무엇이 되었든 포기해야만 한다. 어떤 대가를 치르더라도 영혼은 온전히 지켜져야 한다. 영혼이 온전해야 다른 모든 것, 이를테면 활동, 건강, 번영 등 우리 삶이 비로소 온전해진다. 그러므로 영혼이 온전해지는 데 필요하다면 오른 눈을 희생하는 것이 더 낫고, 오른손을 잘라 버리는 것이 더 낫다. 그렇게 함으로써 영혼의 중요성을 명확하게 이해할 수 있을 뿐만 아니라 결코 잊지 않게 될 것이다.

하나님과 만나는 데 아무 문제가 없어지려면 영혼이 온전해야 한다. 영혼이 온전하지 않고서는 하나님을 참으로 만날 수 없다. 우리가 잘라 냄으로써 없애야 할 것들은 때로 죄일 수도 있고, 용서하지 않아 그대로 남아 있는 묵은 원한일 수도 있으며, 이 세상 것을 향한 여전한 탐욕일 수도 있다. 무엇이 되었든 잘라 내야만 한다. 차라리 이런 것들은 영혼에 해가 된다는 게 너무도 분명해서 파악하는 데 별문제가 되지 않는다. 그러나 알아채기 어려운 것들이 있다. 자기애, 독선, 영적 자만과 같은 것이다. 이것들은 알아내기도 어려울 뿐만 아니라 다스리기도 매우 어렵다. 그렇더라도 찾아서 잘라 내야만 한다. 때로 직업으로 삼은 일, 또는 사람들과의 친교, 또는 어떤 특정한 모임에 가입되어 있다는 사실 등이 방해물로 작용할 때가 있다. 그런 경우라도 우리는 망설여서는 안 된다.

또 일렀으되 누구든지 아내를 버리려거든
이혼 증서를 줄 것이라 하였으나
나는 너희에게 이르노니
누구든지 음행한 이유 없이 아내를 버리면
이는 그로 간음하게 함이요
또 누구든지 버림받은 여자에게 장가드는 자도 간음함이니라

마태복음 5:31~32

당시에 이혼은 랍비 법에 따르면 매우 사소한 이유만으로도 용인되었다고 들었다. 사정이 그렇다 보니 더는 배우자와 관계가 좋았던 예전처럼 살기 힘들어졌거나 같이 살고 싶지 않은 사람들은, 쉽게 파경에 이르고자 오히려 부부 사이에 발생한 당면 문제를 외면하고 그로부터 멀리 벗어나려는 경향이 있었다. 그러고는 또 다른 짝을 찾아 나서 행운을 꾀하곤 했다.

그러나 행복은 이런 식으로는 얻어질 수 없다. 문제가 있는 게 분명함에도 바로 보지 않고 외면하는 한 당신은 결코 그 문제에서 벗어날 수 없다. 상대를 바꾼다고 해서 문제가 해결되는 게 아니다. 잠시 해결된 것처럼 보일 수 있지만 상황만 달라졌을 뿐 문제는 여전하므로 언제든 불쑥 어디선가 튀어나와 또다시 길을 가로막을 것이다. 그러므로 과학적인 해결은 당신이 있는 그곳에서 영적인 처방을 내리고 과학적인 기도를 통해 어려움에 정면으로 맞서는 것이다. 이것은 결혼과 관련한 문제에서도 동일하게 적용된다. 사실 다른 어떤 종류의 문제보다도 더욱 맞춤하게 적용된다. 우리 누구도 완벽하지 않다. 부부 사이에 잘잘못을 따지기로 들면 비행을 저지른 당사자보다는 그렇지 않은 쪽이 분명 결함이 더 적다고 할 수 있을 것이다. 그러나 어쨌든 두 사람 모두 서로를 알려고 — 그리스도의 진리 아래서 상대방에 관해 영적인 데 이르기까지 — 함으로써 지금까지 성공적인 결혼생활이 되도록 힘껏 노력해 왔을 게 분명하다. 그러므로 만약 피해를 본 배우자가 상대방에게서 변함없이 그리스도의 진리를 찾을 수 있다면 대부분의 경우 행복한 해결을 볼 수 있을 것이다. 이와 같은 사례 몇을 알고 있는데, 문제에 봉착해 결혼이 파국을 향해 가고 있는데도 해결의 실마리를 찾지 못하던 부부에게서 만족할 만한 결과를 이루어 낸 경우들이었다. 문제를 영적인 시각에서 접근하기 시작하고 몇 달 후에 이렇게 말한 여자도 있었다. "내가 이혼하려고 했던 남자는 사라졌다. 내가 결혼한 남자가 돌아왔다. 우리는 다시 완벽하게 행복하다."

사업이 잘 안된다고 집을 옮기듯 여기서 저기로 장소를 이동하는 것이 능사가 아니다. 잘 안되는 결과를 놓고 우리 내면으로 눈을 돌려 의식에 변화를 가져오려고 노력하지 않는 한 달라질 것은 없다. 그러나 우리는 형태만 달리할 뿐 근본적인 변화는 시도하지 않고 여전히 그 조건들을 다시금 반복한다. 그러다 보니 이혼 또한 처음 한 번이 어렵지 거듭 반복하게 되는 것이다. 우리 내면의 의식이 변하지 않았는데 사람이 바뀐다고 만족할 수 있으리라 생각했다면 오산이다. 그래서 대체로 이혼하고 재혼하는 이들은 시작할 때와 똑같은 불만족으로 끝나게 되기 쉽다. 그러므로 진리는 이렇게 말한다. "네가 있는 그곳에서 기도로 너의 문제와 정면으로 맞서 싸우라."

그럼에도 불구하고 결혼을 유지하기 위해서 남녀가 서로에게 기대할 수 있는 것에는 한계가 있게 마련이다. 그뿐인가, 예외의 경우에 해당하겠지만 해결하지 않고 그대로 두는 방식도 있다. 그러나 이것은 옳지 않을뿐더러 단지 마지막에 가서야 어쩔 수 없이 취할 해결책이어야만 한다. 우리가 아는 예수는 우리 삶의 구석구석을 모르는 분이 아니었다. 그럼에도 세세한 것에 이르기까지 엄중한 규칙을 세워 옥죄려 하지 않았다. 예수는 상위의 원리가 올바르다면 하위의 규칙들은 실패 없이 자연스레 그에 맞춰 갈 수 있다는 것을 알고 있었다. 확신하건대 예수는 인간의 문제를 다루는 데 지극히 실제적이고 상식적인 방법으로 어떤 특별한 경우에도 우리가 지혜롭고 자비로운 결정을 내릴 수 있도록 했다.

간음하다 잡힌 여인이 예수 앞에 끌려왔다. 이 경우 모세의 법을 따르자면 그녀는 죽을 때까지 돌에 맞아야 했다. 예수가 살던 시대에도 이 법은 여전히 집행되고 있었다. 그런데 예수에 의해 이번 집행은 평화롭게 묵살되고 간음한 여인은 용서를 받았다. 성경에 엄연히 간음한 여자를 돌로 치라고 기록되어 있는데도 불구하고 말이다.

이런 문제를 맞닥뜨리고도 도대체 자기 자신의 행동을 돌아본다거나 의구심을 품는 일이라곤 없는 사람들은 단순한 해결책만을 가지고 있을 뿐이다. 그들은 그저 하라는 대로 할 뿐이다. 따라서 그들에겐 지침이 중요하다. 그들은 분연히 주장한다. 하나님의 지혜가 이 문제에서도 그들이 이해할 바를 이해하게 하고 해야 할 행동을 지시하며 어디로 가야 할지를 보여줄 거라고. 때문에 하나님이 그들을 어디로 이끄실지 분명히 알게 되기까지 그들은 확고한 걸음을 떼지 못한다.

우리가 아는 대개의 규칙은 일반적으로 살아가는 데 선하게 작동하는 조건들이다. 그러니 조화롭지 않은 것들과 결별하거나 단절하려고 애쓰지 말라. 영적인 해결책을 따르고 있는 게 분명하다면 당장 잘 풀리지 않더라도 시간을 두고 지켜보라. 그것이 앞서 이혼의 위기를 맞아 문제를 영적인 시각에서 풀어 보려고 시도한, 그리고 종국에는 "내가 이혼하려고 했던 남자는 사라지고 내가 결혼한 남자가 돌아왔다."고 말할 수 있게 된 여자가 이루어 낸 일이다. 그녀의 사례야말로 영적인 방식으로 문제를 해결할 수 있다는 것을 완벽하게 입증했다고 할 수 있다.

또 옛사람에게 말한 바 헛 맹세를 하지 말고

네 맹세한 것을 주께 지키라 하였다는 것을 너희가 들었으나

나는 너희에게 이르노니 도무지 맹세하지 말지니

하늘로도 하지 말라 이는 하나님의 보좌임이요

땅으로도 하지 말라 이는 하나님의 발등상임이요

예루살렘으로도 하지 말라 이는 큰 임금의 성임이요

네 머리로도 하지 말라

이는 네가 한 터럭도 희고 검게 할 수 없음이라

오직 너희 말은 옳다 옳다, 아니라 아니라 하라

이에서 지나는 것은 악으로부터 나느니라

마태복음 5:33~37

도무지 *맹세하지 말라*는 말씀은 예수의 가르침에서 가장 중요한 관점 가운데 하나다. 어찌 보면 단순하다. 우리는 맹세하지 않아야 한다. 당신은 앞으로 있을 미래의 행동을 미리 저당 잡히지 않아야 한다. 반드시 해야 하는 행동을 정하지도, 절대 해서는 안 되는 행동을 정해 놓지도 않는 것이다. 그것이 내일에 해당하는 것이든 내년에 해당하는 것이든 지금으로부터 30년 후에 해당하는 것이든 말이다. 당신은 어떤 방식으로든 오늘이라 하는 날에, 내일에 대한 당신의 믿음이나 행동을 미리 확정 지어 달라고 구하지 않아야 한다. 왜냐하면 "한 날의 괴로움은 그날로 족하기"마태복음 6:34 때문이다.

당신이 하나님과 직접적이고 감격적인 접촉을 갖기를 끊임없이 구하는 것이야말로 예수의 가르침의 핵심에 해당한다. 성령의 역사하심이 당신을 통해 끊임없이 나타나기를 구하라.

이를 위해 당신 자신이 늘 열린 통로로 발견되기를 구하라. 그런데 만약 미리 앞서서 내일 또는 내년 또는 당신의 남은 삶의 어느 때에 해야 할 것과 해서는 안 되는 것, 믿어야 할 것과 믿어서는 안 되는 것, 생각해야 할 것과 생각해서는 안 되는 것, 있어야 할 것과 있어서는 안 되는 것을 정해 결심함으로써, 특히 맹세의 형식에 담아 당신의 의지를 엄숙하게 밝힘으로써 이 결심을 분명히 해 두고자 한다면, 당신은 성령이 당신을 통해 역사하시도록 자신을 열어 놓는 게 아니다. 당신의 맹세는 성령을 닫힌 문밖에 세워 두는 셈이다. 하나님의 인도하심과 하나님의 지혜를 받고 싶다면 마음을 여는 것이 절대적으로 필요하다. 왜냐하면 당신이 구하는 지혜가 당신의 개인감정이나 의견 등과 일치하지 않는 경우가 자주 발생하기 때문이다. 그러므로 내일을 위해 영혼과 관련한 맹세를 하고 서약을 하는 것은 더는 하나님의 인도하심과 지혜를 구하지 않는다는 신호를 보내는 것이나 마찬가지인 행동이다. 성령은 우리가 원하지 않고 지지하지 않는 가운데 행동하지 않는다. 사실상 이것은 성경이 말하는 성령을 거스르는 죄 — 연약한 마음을 가진 자에게 많은 공포심을 불러일으키고 있는 — 를 범하는 것보다 덜할 게 없는 것이다. 그런데 이 성령을 거스르는 죄에 대해서는 매우 일반적인 오해가 있는 것 같다.

그럼 성령을 거스르는 죄는 무엇일까? 성령을 거스른다는 것은 성령이 우리 영혼 안에서 활동하지 못하도록 막는 어떤 행동을 가리킨다. 우리 영혼에 그리고 우리 영적인 삶에 하나님의 활력을 불어넣어 주는 행동을 가로막는 것이다. 이런 행동을 하게 되면 영적 침체를 겪는 벌칙이 뒤따른다. 영적인 침체에서 벗어나려면 성령이 우리 안에서 운행할 수 있게 해야 한다. 사실 그것만이 유일한 해결책인데 이런 활동을 가로막는 죄를 저질렀으니 어찌 보면 이 잘못은 그 자체로 진퇴양난에 빠지게 만드는 셈이다. 결과적으로 이러지도 저러지도 못하는 교착 상태에 놓이게 되는 참으로 잔인한 처벌이다. 그러므로 이와 같은 잘못이 거듭 반복되다 보면 결코 빠져나올 수 없을 게 분명하다. 그런 까닭에 이 죄는 용서받을 수 없다고 하는 것이다. 사실 당사자가 자신의 태도를 바꾸지 않는 한 어떤 문제도 근본적으로는 해결되지 않는다. 자기 독선과 영적 자만에 빠져 하나님 앞에서 자신을 드러내는 데 실패함으로써 영적 침체에 빠지는 것 또한 이와 다르지 않다. 태도를 바꾸는 것이 우선이다.

물론 우리는 이 땅에 살면서 여러 가지 업무와 관련해 서명, 다시 말해 맹세에 해당하는 약속을 자주 하게 된다. 예를 들어 다음과 같은 일, 집을 임차하는 일, 어떤 서비스에 동의한다고 서명하는 일, 동업, 기타 등등. 그러나 이것은 "도무지 맹세하지 말라."는 예수의 가르침이 의미하는 맹세와는 성격이 다르다고 보아야 할 것이다. 더구나 이 말씀은 법정에서 하게 되는 선서와 같은 맹세의 행위를 하지 말라는 것이 아니다. 이외에도 우리는 숱하게 사람과 사람 사이에서 벌어지는 온갖 거래에서 법적인 절차의 하나로서 서약하곤 한다. 이는 사회 질서를 위해 옳고 또 필요한 일이다. 산상수훈은 영적인 삶을 고찰한 것이다. 영적인 것이 상위요, 모든 것을 조정하기 때문이다. 그러므로 예수의 영적 가르침을 이해하고 이를 실천하는 사람이라면 쌍방이 계약한 명예로운 합의를 깰 위험이 없을 것이다. 그는 이상적인 임차인이요 바람직한 사업 파트너이며 법정에서는 누구보다도 신뢰할 수 있는 증인일 것이 분명하다.

많은 교회가 여전히 목사를 모시고 싶어 하며 성직 서임 아래 머물고자 한다. 대체로 신자들은 아직도 어리고 미성숙한 마음을 갖고 있어서 교회의 권위와 목사의 지도를 엄숙히 따르고 순종하며 또 그렇게 하겠노라 맹세할 것이다. 그들은 자신들의 미래를 위해 특정 종파의 교리를 지지하고 신봉하는데, 웬만해선 철회하지도 않는다고 보면 된다. 이것은 바로 예수가 특별히 강조하면서 결코 하지 말라고 소원했던 것이다. 때문에 열린 마음을 유지하기 위해 우리는 날마다 기도해야 한다. 날마다 계몽되어야 하고 날마다 위두하심을 받아야 한다. 그래야만 나이가 들더라도 성장하지 않고 옛것에 머물러 기존의 생각들을 고수하려 드는 잘못을 범하지 않을 수 있을 것이다. 그래야만 틀린 것이 있으면 고치고 생각의 지평을 더욱 넓혀 나갈 수 있을 것이다. 날마다 기도하는 것은 날마다 죽기 위함이다. 우리는 날마다 죽을 것이다. 하여 내일은 더 크고 더 현명하고 더 좋은 사람이 되어 있을 것이다.

어떤 종교 운동들은 조직의 구성원이 공유할 수 있고 공유해야만 하는 내부 규정집과 같은 것을 필요로 한다. 대개는 문서화된 것으로서 항구적이고 강제적인 성격을 띤다. 그러나 이는 매우 치명적이다. 우리가 앞서 본 바, 자동으로 성령의 행동을 가로막는 것이기 때문이다. 이런 관점에서 보면 슬프게도 이제 막 세워진 최첨단의 교회들도 오래된 교회들만큼이나 영적이지가 않다. 그러므로 중요한 것은 이것이다. 당신은 영혼과 관련해서 어떤 행동을 해야 할 순간에 항상 그리고 완전히 자유로워야만 한다. 그래야만 하나님의 지혜가 언제든 당신을 이끌 수 있다. 그래야만 기도하고 있을 때나 그렇지 않을 때나, 이 방식으로 기도하고 있을 때나 저 방식으로 기도하고 있을 때나, 이 목적을 위해서거나 저 목적을 위해서거나, 어떤 책을 읽든, 어떤 교회를 섬기든, 어떤 모임에 나가든, 당신은 언제 어디서나 하나님의 인도하심을 느낄 수 있다.

영혼이 죽은 교사들은 학생들이 자기가 골라 주는 책이 아닌 종교 서적을 읽지 못하게 한다. 그들은 학생이 무엇을 읽고 무엇은 읽지 말아야 하는지를 정해 주면서도 그것이 얼마나 큰 잘못인지를 깨닫지 못한다. 이것은 영혼의 생명에 맞서는 '끔찍한' 범죄다. 더는 이보다 적절한 단어를 찾을 수 없을 정도로 끔찍한 범죄 행위다.

엄격한 규칙을 만들어 내지 말라는 규칙이 정작 적용되어야 할 가장 중요한 대상은 우리의 기도하는 방법이다. 기도하고 헌신하는 데 따르는 행동 규칙을 만들어 이를 지키려는 사람이 많다. 그러나 이것들은 조만간 영혼을 파괴할 것이 분명하다. 기도를 항상 「주의 기도」로 시작하는 사람이 있는가 하면 시편으로 시작한다는 사람도 있고 그 밖의 다른 것으로 시작한다는 사람도 있다. 무엇이 되었든 기도는 이렇게 시작한다는 원칙을 세워 두는 행위는 옳지 않다. 어떤 방식이든 모두 잘못이다. 기도에 방식이라는 게 있어야 한다면 그것은 오로지 기도하는 순간 내 영혼이 성령의 인도하심을 받아 성령에 이끌림을 느끼며 기도해야 한다는 그것뿐이다. 이렇게 기도하는 것이야말로 마음에서 우러난 기도다. 이렇게 기도할 때 당신 영혼에 '주어진' 생각이 곧 능력을 가져온다. 이렇게 얻은 '주어진' 생각이야말로 당신이 고심을 거듭해 짜낸 생각보다 열 배는 더 능력 있을 뿐만 아니라 삶에 그 열매를 맺는다.

그러므로 반드시 기억해야 할 것은 영혼이 활동하는 데 엄격한 규칙을 세우는 것만은 피해야 한다는 점이다. 그것이 규칙이어서가 아니라 엄격하기 때문에 피하라는 것이다. 기도하는 데 어떤 종류의 형식이든 절차가 있는 것은 좋다. 오늘 당장 어떻게 해야 할지 잘 모르겠다 싶을 때 어제 하던 방식으로 돌아가 다시 해 볼 수도 있다. 그리고 사실 대개의 초심자는 한동안 아무것도 정해진 게 없는 것보다는 무엇이 되었든 정해진 절차를 필요로 한다. 때문에 요점은 우리 영혼이, 성령이 인도하시고자 하는 그 순간을 놓치지 않고 포착하는 데 있다. 그러려면 준비가 되어 있어야 하는데 이를 방해하는 것이 바로 형식의 엄격함이다.

때로 사람들은 열심히 기도하는데도 아무 결과도 보이지 않는 상황에 처할 때가 있는데 — 사실 있는 정도가 아니라 많은데 — 이런 경우 대개 기도가 오래되어 곰팡내가 날 정도로 진부한 형식들에 매몰되어 버린 것이 원인일 때가 많다. 그러므로 혹 당신이 이런 상황에 처하거든 영감을 위해 가만히 자신의 내면을 들여다보고 정신적인 것을 타진해 보라. 그런 뒤 처음 떠오르는 생각을 사용하라. 또는 무작위로 성경에 손을 집어넣어 어떤 말씀이든 꺼내 보라.

이 부분은 특정한 사건, 조건, 문제 등이 발생했을 때, 우리가 이들 특정한 사건이며 조건, 그리고 문제에 대한 해결책을 찾기 위해 직접 나설 필요가 없다는 것을 가르친다. 당신은 이 어려움들 속에서 자기 자신을 볼 수 있어야 한다. 당신 영혼의 조화와 자유를 위해 기도해야 한다. 그리고 그것을 얻게 될 것을 기대해야 한다. 그것들이 일어날 정확한 순서까지 선택할 수 있게 되기를 원하라는 게 아니다. 또는 그 일들이 일어날 방법을 선택하라는 게 아니다. 특정한 방식의 해결책을 얻어 내겠노라 굳게 결심한다면 아마도 바라던 대로 얻게 될 것이다. 이제껏 고수해 온 당신의 특정한 사고방식을 따른 것일 가능성이 크겠지만 말이다. 그러나 이런 식으로 의지력을 사용하는 것은 당신을 어려움에 처하게 할 게 거의 분명하다. 당신은 자신의 방식을 갖게 되겠지만 매우 후회하게 될 것이다.

"오직 너희 말은 옳다 옳다, 아니라 아니라 하라."는 말씀에서 옳다, 옳다, 그리고 아니라, 아니라는 과학적인 기도에서 각각 '동의'와 '부인'이라고 불리는 것이다. 이것은 진리와 조화 그리고 하나님의 무소부재하심에 동의하는 것이요, 실수와 한계를 범하는 어떤 힘을 부인하는 것이다.

또 눈은 눈으로, 이는 이로 갚으라 하였다는 것을

너희가 들었으나

나는 너희에게 이르노니 악한 자를 대적하지 말라

누구든지 네 오른편 뺨을 치거든 왼편도 돌려 대며

또 너를 고발하여 속옷을 가지고자 하는 자에게

겉옷까지도 가지게 하며

또 누구든지 너로 억지로 오 리를 가게 하거든

그 사람과 십 리를 동행하고

네게 구하는 자에게 주며

네게 꾸고자 하는 자에게 거절하지 말라

마태복음 5:38~42

예수는 모든 선생 중에 가장 혁명적이다. 그는 자기 가르침을 받아들인 사람들로 세상을 뒤집어엎는다. 그러므로 한 번 예수 그리스도의 메시지를 받아들이고 나면 다시 이전으로 돌아가는 일은 일어나지 않는다. 가치관이 송두리째 변한 까닭에 모든 가치가 근본적으로 변화한다. 이제껏 시간과 에너지를 쏟아 가며 공을 들이고 수고한 일들이 더는 가치 있게 느껴지지 않는다. 살아가는 동안 눈길 한 번 주지 않고 그저 스쳐 지나가게 둘 일들이 있는 반면 참으로 문제 삼아야 할 것들도 있음을 알게 된다. 그리고 그것이 얼마나 소중한 것인지도 알게 된다. 예수와 비교한다면 우리가 소위 혁명가라, 과격한 급진주의자라, 역사의 개혁가라 부르던 사람들은 그저 표면에 흠집을 낸 정도에 불과한 것으로 보인다. 어찌 보면 그들은 본질이라고 볼 수 없는 삶의 외적인 것들을 다시 배열하는 데 그쳤지만 예수는 그것들의 뿌리로 내려가서 근원을 공격함으로써 가치의 전복을 꾀한 셈이다.

옛 율법은 어느 정도의 질서를 유지하도록 디자인되었으나 거칠어서 정교하게 다듬어졌다고 보기 힘든 면이 있다. 그러나 개화(開化) 이전의 사람들 관점에서라면 아무 준거도 없는 무정부 상태보다는 이런 법이라도 있는 게 나았을 것이다. 옛 법에 따르면 눈은 눈으로 이는 이로 갚는다. 사람이 사람에게 어떤 행동을 가할 때는 자기 자신 또한 동일한 고통을 겪게 될 게 분명한 처벌의 방식 또한 달게 받아들일 각오를 해야 한다. 법은 사람을 죽인 자에게 그도 또한 죽을 것을 명한다. 다른 사람의 눈을 빼낸 자에게 정의를 집행하는 사람은 그의 눈도 빼내라 한다. 누구를 다치게 하거나 불구로 만들었다면 그렇게 한 자 역시 동일한 고통을 겪어야 마땅하다는 것이다. 그래도 이 정도의 법규라면 그중 괜찮은 편에 속한다. 정의가 무엇인지 그 개념조차 이해할 수 없을뿐더러 넘치는 혈기와 욕구를 어떻게 제어해야 할지 갈피를 잡지 못하는 사람들에게 효과적인 행동 제어의 방법을 제시한다는 게 쉽지 않을 터, 각각의 행위에 대한 처벌을 정하더라도 이를 구체화하는 상상력을 기대할 수 없는 상황에서 이들 법규는 의심할 바 없이 거의 모든 경우에 원초적인 본능을 다스리는 데 나름의 효과를 거두었다고 보인다. 그런데 세월이 흘러 야만의 시대가 가고 문명사회가 도래했다. 이제 이 원초적인 법규는 공공의 의견에 따라 서서히, 적어도 누가 봐도 더는 야만적으로 보이지는 않는 정도로 변모했다.

공공의 정의에 대해서는 위와 같이 진행되었다. 그러나 사적인 삶의 경우, 고대의 법규가 실제로 폭력적 처벌을 조장하지는 않았지만 사람들의 마음과 정신을 지배하고 있었다. 그리고 현재에 이르기까지도 여전히 지배력을 행사하고 있다고 말해도 과장은 아닐 것이다. 우리는 상처를 받거나 불의한 일을 당하거나 용인할 수 없는 일을 목격하게 되면 복수를 생각한다. 어떻게 하면 복수할 수 있을까 궁리하고 자나 깨나 복수를 꿈꾼다. 복수를 향한 욕망은 이렇듯 우리가 스스로 그것을 없애 버릴 때까지 계속 우리 안에 자리한다. 베이컨은 "복수는 가혹한 정의"라고 말했다. 정의에 대한 목마름이 있는 사람이라면(참된 정의는 성스러운 조화의 한 부분이기 때문에 어떤 단계의 사람이든 누구나 보이는 겉모습 뒤에 감춰진 하나님의 영적 조화에 대한 직관적인 인식을 가지는 것으로 보인다.) 균형을 회복하는 적절한 방식은 자기 것으로 대가를 지불하는 것이라고 느낀다.

그러나 이것이야말로 세상에서 공적이든 사적이든 모든 갈등과 불화의 뿌리에 있는 치명적인 오류이며, 개인 간의 다툼이나 가족 간의 불화, 그리고 국제적으로 벌어지는 전쟁의 직접적인 원인이다. 그러므로 우리는 어떻게 하면 좀 더 과학적인 그리스도인이 될 것인가를 연구하면서 이에 대해 배워야만 한다. 되갚아 주려는 마음은 꽤 많은 경우 건강을 해치는 원인으로 작용한다. 살면서 겪는 어려움들도 가만 들여다보면 여기서 연유했을 때가 많다.

이제 예수는 이것을 역전시켜 누군가 우리를 해할 때 되갚거나 복수할 방법을 찾는 대신에 정반대로 행동하라고 말한다. "당신을 해코지한 그를 용서하고 그를 자유롭게 해 주라." 그 이유가 무엇이든 얼마나 자주 반복되는 일이든 당신은 예수의 가르침을 따라 그를 용서해야 한다. 그를 놓아주어 가게 해야 한다. 그렇게 해야만 당신이 자유로울 수 있다. 그렇게 하는 것만이 당신이 자기 영혼의 주인이 되는 방법이다. 악을 악으로 갚는 것은 폭력에 폭력으로 답하는 것이요, 증오에 증오로 맞서는 것이다. 악을 악으로 갚는 것은 결국 당신의 삶뿐 아니라 당신 형제의 삶까지도 핍진하게 만들고 말, 결코 끝나지 않을 악순환을 시작하는 것이다.

이 위대한 우주를 설명하면서 아시아의 빛[8]인 붓다는 말했다. "증오는 계속해서 증오를 낳는다."라고. 그의 말은 이전 수 세기 동안 진리였다. 그리고 이제 세상의 빛인 예수는 그의 가르침 맨 앞에 그것을 놓았다. 왜냐하면 이것이 인간을 구원할 주춧돌이기 때문이다.

"악에 대적하지 말라."는 이 교의(敎義)는 위대한 형이상학적 비밀이다. 이 말을 이해하지 못한 세상 사람들에게는 아마도 도덕적 자살처럼 들릴 것이다. 공격에 맞서 제대로 대항 한 번 해 보지 못한 채 허약하게 굴복하는 것으로만 보일 것이다. 그러나 예수 그리스도의 계시의 빛으로 보면 이 교의, 곧 가르침은 영적인 전략의 최고봉이다. 어떤 상황에서든 적대감을 불러일으키는 것은 악한 것이 당신에 맞설 힘을 키우게 하는 것이나 마찬가지다. 그러나 이 가르침을 따라 정신적으로 저

---

8 영국 시인 에드윈 아놀드(Edwin Arnold)의 책 『아시아의 등불(The Light of Asia)』에 나오는 말

항하지 않음으로써 악한 것이 더는 그 힘을 행사하지 못하도록 막을 수 있다. 그리고 얼마 지나지 않아 악은 당신 앞에서 결국은 무너져 내리고 말 것이다.

예수는 이제껏 보아 온 바대로, 우리 안의 의식과 생각과 믿음, 이 모두를 우리 삶에 일어나는 문제들의 원인으로 꿰뚫어 보고 우리 내면의 상태와 그 결과로써의 삶의 문제를 연관 지어 파악한, 참으로 위대한 형이상학자다. 하지만 예수는 그러니 이렇게 행동하라는 세부적 가르침을 주지는 않는다. 따라서 여기서 예로 든, 법에 고발하는 행위나 속옷과 겉옷을 빌려 주고 빌리는 행위, 그리고 뺨을 돌려 대는 행위는 구체적 사례가 아니라 우리 내면의 *정신 상태*를 나타내는 상징들이라고 할 수 있다. 그러므로 문자적 의미로 좁게 한정 지어 해석해서는 안 된다. 때문에 이 말씀은 어려운 텍스트를 대충 얼버무리고 넘어가거나 회피하려는 노력이 거둔 결과 정도로 받아들여져서는 안 된다. 사실 우리는 깊이 생각하지 않고서도 대개, 생각이 올바르면 행동이 잘못될 리 없다고 여기지 않는가. 따라서 외부 동기로 촉발되어 일어나는 행동을 모두 올바른 행동이 되게 만들 수 있는, 어디에나 딱 들어맞는 행동 지침이란 것이 있을 수 없을 뿐만 아니라 어떤 경우에는 올바른 만큼이나 다른 경우에는 잘못되기도 쉽다는 것을 잘 안다.

때문에 우리는 생각이 올바르다면 행동이 잘못될 리 없다는 사실을 계속 기억해야만 한다. 그리고 외부의 동기로부터 촉발되어 일어난 단순한 행동은 어떤 상황에서 옳을 수 있는 것만큼이나 잘못될 수 있다는 사실 또한 기억해야 한다. 옳은 행동이란 이런 것이라고 딱 잘라 말할 수 있는 완벽한 일반 규칙은 없기 때문이다. 이런 때에는 이렇게 행동하는 것이 옳고 저런 때에는 저렇게 행동하는 것이 옳다고, 때에 맞는 올바른 행동을 말해 줄 수 있는 선생은 없다. 이 땅에서 사는 동안 앞으로 일어날 일을 예견한다는 것은 너무도 복잡다단해서 가망이 없는 노릇이기 때문이다. 예를 들어 세상에 나와서 겪은 실낱같은 경험만 가지고도 누가 돈을 꾸어 달란다고 해서 분별없이 돈을 빌려주는 행위가 얼마나 지혜롭지 못한지는 잘 안다. 대개 이런 식으로 돈이 오가고 나면 돈을 빌려준 사람뿐 아니라 빌려 간 사람에게도 이익을 주지 못할뿐더러 실제로 해를 끼치게 된다. 그러므로 대부분의 경우에 한 대 맞은 후 계속해서 다른 뺨도 돌려 대라는 것은 문자적으로 양쪽 모두에게 결코 해롭지 않을 테니 그리 하라는 게 결코 아니다. 우리는 여기서 특히 성경에 나오는 한 사건에 주목해야 하는데, 빌라도의 방에서 예수 자신이 얻어맞았을 때 그는 결코 이 말씀대로 하지 않았다. 이와는 반대로 그는 오히려 적에게 위엄을 갖추고 상대했다. 그러므로 다른 뺨도 돌려 대라는 이 가르침은 잘못을 범했을 때 생각을 변화시키는 것을 가리키는 것으로 보아야 한다. 실수로부터 돌이켜 진리에 서라는 것이다. 대체로 그것은 마치 마술처럼 일어난다.

만약 누군가 당신을 괴롭힐 때 그와 그의 괴롭힘을 생각하는 대신에 즉시 당신의 주의를 하나님에게로 돌려 하나님에게 집중하거나 참 영적 자아에 집중하면, 정말로 이같이 하면, 당신은 그의 행동이 마술에 걸린 것처럼 이내 변하는 것을 발견하게 될 것이다. 이것은 골치 아픈 사람을 다루는 비결이다. 예수는 이 비밀에 통달했다. 그러므로 이제 골칫거리인 사람을 만나거든 그가 아니라 당신 내면으로 주의를 돌려 당신의 생각을 변화시키려고 해 보라. 이로써 그를 변화시킬 수 있을 것이다. 당신의 생각이 곧 당신이 보는 것이기 때문이다. 이것이야말로 참된 복수다. 수천 번 아마도 수백만 번 시도되어 오는 동안 제대로 시행되었을 경우 결코 실패하지 않았던 방법이다. 그것이 마치 시계태엽 장치가 작동하는 방식처럼 따라 움직이는 것을 보면 매우 놀랍다. 만약 누군가 방문을 열고 들어서거나 사무실이나 가게로 불쑥 들어오는데 마치 문제를 일으키려고 하는 사람처럼 보이더라도 즉시 당신의 주의를 그 사람이 아니라 하나님에게로 향하게 하라. 당신의 타고난 기질

대로 하자면 위험하다고 생각해 단지 상황만을 보고 공격적인 자세를 취하려 하거나 도망칠 생각에 잔뜩 위축될 수 있겠으나, 얼른 이 말씀을 떠올리고 공격적으로 되거나 위축되는 대신에 당장 하나님에게 집중하라. 얼마 지나지 않아 그 사람의 얼굴에서(얼굴뿐 아니라 마음에서부터도) 서서히 두려움이 사라지는 것을 보게 될 것이고 이를 보며 내심 기쁘고 흐뭇할 것이다. 그러고 나면 그를 슬쩍 한 번 보고서도 어떻게 도울 수 있을지 알게 될 것이다. 이 모든 변화는 당신이 스스로 영적인 처방을 내리고 이에 따르는 동안에 일어난 것이다. 그러므로 존재의 진리 아래서 자기 자신과 상대방을 주의 깊게 들여다보는 잠깐의 연습만으로도 얼마든지 할 수 있다.

창문 밖에서 뭔가를 수리하느라 분주한 두 남자의 이야기를 우연히 듣게 된 여자가 있었는데, 듣다 보니 점점 짜증이 나기 시작했다. 두 남자는 그녀가 가까이 있다는 것을 통 모르는지 마음껏 욕설을 지껄이고 있었기 때문이다. 순간 그녀는 분노에 휩싸여 마음이 온통 그 두 사람을 경멸하는 데 기울었다. 그러다 문득 이 말씀을 기억하고 즉시 하나님의 현존으로 주의를 돌려, 모든 사람 안에 있는 것처럼 그 두 사람 안에도 있는 하나님에게 집중하기 시작했다. 그녀는 그들 안에 거하는 예수에게 경의를 표했다. 그러자 거짓말처럼 즉각적으로 욕설이

멈췄다. 그녀의 표현 그대로 옮기면 '마치 칼로 자른 듯' 그쳤다. 그녀는 놀라운 경험을 통해 훌륭한 증거를 가지게 된 셈이다. 아마도 두 남자는 실제로 영적으로 고양된 게 분명하다. 이후에는 이런 비속한 언어를 더는 쓰지 않게끔 영구적으로 교화가 이루어졌을 수도 있다.

세월이 얼마나 흘렀든 진리에 종사해 온 우리는 모두 이와 유사한 조화 회복의 사례를 더 많이 인용할 수 있을 것이다. 예수께서 가르치신 이 단순한 방법을 써서 갈등과 다툼 및 분열 등으로부터 갑작스럽게 회복된 경험을 누구나 하나쯤 가지고 있지 않을까 싶다. 이것이 바로 '다른 뺨을 돌려 대는' 방법이다. 나도 몇몇 사례를 보았는데, 싸우던 남자들도 있었고 또 다른 두 경우에는 아이들에게 일어난 변화가 있었다. 지켜보던 사람 하나가 '다른 뺨을 돌려 대는' 방법을 사용하자 마법에라도 걸린 듯 싸움이 그쳤다. 대상이 동물일 경우엔 이 처방이 훨씬 더 쉽게 반응을 이끌어 내고 보다 극적인 효과를 보인다. 나는 두 경우를 보았다. 개들이 으르렁대며 격렬하게 싸우고 있었고 둘을 떨어뜨려 놓으려는 어떤 노력도 먹히지 않았는데, 이 방법을 적용하자 하나님이 지은 모든 피조물 안에 들어 있는 하나님의 사랑이 실제 평화를 가져오는 것을 목격했다. 한 경우에는 몇 분 정도가 걸렸고 다른 경우에는 순식간에 그렇게 되었다.

때때로 당신은 회사 안에서 왠지 대화가 부정적으로 흐르는 것을 발견하곤 할 것이다. 안 좋은 이야기들이 오가고 그 자리에 있지도 않은 사람을 비난하거나 헛소문이 떠도는 등, 어느 날엔가 그런 환경 가운데 놓인 당신 모습을 발견하게 될지도 모른다. 그럼에도 다양한 이유로 인해 이런 상황을 개선하기가 쉽지 않을 것이다. 그러나 그대로 두고 볼 수만은 없다고 생각하거나 어떻게든 해 봐야겠다고 느낀다면, 이때 시도해야 할 것이 바로 앞서 배운 '다른 뺨을 돌려 대는' 방법이다. 이 영적 처방을 활용함으로써 피해자들뿐만 아니라 가해자들까지, 쌍방 모두를 도울 수 있을 것이다.

그가 당신의 겉옷까지도 가지게 하라. 또 그와 함께 십 리를 동행하라. 이 말씀은 외관상 악조건으로 보이는 가운데 무저항의 원리를 더욱 강조하는 극적인 표현들이다. 같은 인간으로서 할 수 있는 한 공감하는 태도로 만나라, 완전히 본질적인 것을 제외한 모든 관점에 대해서 양보하라, 나머지는 참 생각 또는 예수로 보완하라. 결코 실수에 굴복하지 말라. 비난받아야 할 것은 죄지 죄인이 아니다.

또 네 이웃을 사랑하고 네 원수를 미워하라 하였다는 것을

너희가 들었으나 나는 너희에게 이르노니

너희 원수를 사랑하며

너희를 박해하는 자를 위하여 기도하라

이같이 한즉 하늘에 계신 너희 아버지의 아들이 되리니

이는 하나님이 그 해를 악인과 선인에게 비추시며

비를 의로운 자와 불의한 자에게 내려 주심이라

너희가 너희를 사랑하는 자를 사랑하면 무슨 상이 있으리요

세리도 이같이 아니하느냐

또 너희가 너희 형제에게만 문안하면

남보다 더 하는 것이 무엇이냐

이방인들도 이같이 아니하느냐

마태복음 5:43~47

원수를 사랑하라, 너희를 박해하는 그들을 축복하라, 너희를 미워하는 그들에게 잘해 주라, 악의에 차서 너희를 이용하고 못살게 구는 그들을 위해 기도하라. "증오는 계속해서 증오

를 낳는다."가 다시 여기의 주제다. 이제 예수는 이 근본적인 진리를 어린아이조차도 잘못 이해하는 일이 없도록 지극히 평범하고 단순한 방법을 제시하여 가르친다. 적을 미워하는 것이야말로 본능에 따른 너무도 자연스러운 감정이겠지만 예수는 그를 사랑하라고 하신다. 미워하는 대신에 사랑하라. 그러면 악담 때문에 당신은 축복을 되돌려 받고 증오 때문에 당신은 선으로 보상받을 것이다. 실제로 당신을 박해하는 사람들을 위해 구체적으로 하나하나 기도하라. 예수는 지적 수준이 낮은 사람이라 하더라도 이해하는 데 문제가 없도록 극히 단순하고 직접적으로 말한다. 그리고 덧붙인다. "당신을 사랑하는 사람을 사랑하는 거라면 그 안에 무슨 특별한 의미가 들어 있다고 할 수 있겠는가?" 아무것도 없다. 누군들 자기를 사랑하는 이를 사랑하지 않겠는가. 그러므로 만약 당신이 영적으로 성장하기를 원한다면 이보다 더 많은 것을 해야 하지 않겠는가. 억울한 감정을 내려놓아야 하고 적대적인 감정을 제거해야 한다. 당신 자신이 먼저 조화롭고 평화로운 상태를 유지하고 이를 충분히 의식할 수 있을 때까지 마음을 변화시켜야한다. 그리고 모두를 향하여 적극적으로 선한 의지를 불러일으킬 수 있도록 늘 깨어 있어야만 한다.

이것은 단지 최상의 방책이기만 한 게 아니다. 산상수훈 전체의 토대요, 영적인 성장에 꼭 필요한 가르침이다. 예를 들어 육체적 건강은 모든 사람을 용서하는 선한 의지가 아니고는 오래도록 건강하게 유지되는 게 불가능하다. 물질의 풍요 또한 영혼이 원한과 비난 등에서 자유롭지 않다면 결국은 사라지고 말 것이다.

사실 영혼의 자유는 영적인 진보를 이루는 데 반드시 필요하다. 영적인 감각이 있는 사람이라면 한두 번의 경험만으로도 이를 쉽게 깨달을 수 있다. 영적인 아이디어라 불리는 것을 이해하는 사람이라면 여기서 실제적인 영적 처방, 또는 과학적인 기도에 들어 있는 훌륭한 교훈을 발견할 수 있을 것이다. 사실 매우 단순하다. 기본적인 사실 ─ 선은 영원하고 무소부재하며 전능한 데 반해 악은 일시적이고 자기 고유성이라고는 없는 하찮은 믿음이며 과학적인 기도에 의해 파괴되고 마는 것이라는 사실 ─ 을 이해하는 것이야말로 영적 이상(spiritual ideal)이다. 그러므로 영적인 처방(spiritual treatment)의 비밀이라고 불리는 것은 단지 실수와 겨루는 소극적인 것이 아니라 더 나은 삶과 능력을 주는 적극적인 것이다. 악한 것을 인정함으로써 그것이 실체를 지니도록 만들어 준 것은 당신 내면에 있는 믿음의 에너지였다. 그러므로 그 기운을 다시 빼내야만 파괴할 수 있다. 당신이 *끊임없이 생각하고 또 생각*

함으로써 일시적으로 영혼을 불어넣어 준 셈이다. 다시 말해 존재하게 해 준 것이다. 고로 이것을 빼내면 다시 무로 돌아가게 된다. 당신은 의식적으로, 그보다 더 자주 무의식적으로 내면의 생각을 통해 실수가 실체를 갖도록 존재를 부여해 왔다. 그러니 이제 더는 그것을 — 실수든 잘못된 것이든 옳지 않은 것이든 악한 것이든 — 생각하지 말라. 문제를 일으키는 것은 항상 생각이다. 생각이 발단이다. 사실 셰익스피어가 말한 것처럼 "선한 것도 악한 것도 없다, 단지 생각이 그렇게 — 선하게 또는 악하게 — 만들 뿐이다." 두려움, 증오, 억울함은 감정에 지나치게 사로잡힌 생각들이다. 때문에 상황이 어려워지거나 일이 힘들어지면 삶의 활기와 기운을 갉아먹어 극복해 나가기가 점점 더 어려워진다. 어려움이 닥치거든 그것을 대면하고 시작이 어디서부터였는지 거슬러 올라가 한번 처음부터 꼼꼼히 살펴보라. 그러나 주의하라. 오래 묵은 것일수록 죽 훑어보다 보면, 예를 들어 당시 있었던 나쁜 일의 세세한 데 이르기까지 기억해 냄으로써 죽어 방치되어 있던 것에 생명을 불어넣는 효과를 줄 수 있다.

이것은 어찌 보면 새로운 종류의 어려움으로, 당신이 기억함으로써 끄집어내 다시금 생각을 통해 당신 자신에게 영향력을 발휘하도록 허용하는 것이나 마찬가지다. 이제 그것은 당신에게서 받은 힘으로 오히려 당신을 쥐락펴락하게 된다. 문제는 바로 그것이다. 문제는 그러므로 사람이나 사물 또는 조건이 아니다. 그것들을 향해 당신이 붙잡고 있는 생각과 믿음이 문제인 것이다. 그것은 다른 사람들에게 작용하는 게 아니다. 당신을 만들고 망치는 것은 당신 자신의 생각이다. 당신의 오늘을 즐겁게 해 준 바로 그 생각이 당신의 내일, 내일의 역사를 쓰고 있다. 바로 그 생각들이 모이고 모여 당신의 내년, 내년의 역사를 쓰게 된다. 이로써 날마다 그날의 경험에 어떻게 반응하고 대처하는지, 즉 그 정신적 태도에 의해 자신의 삶 그리고 운명을 빚는 것이다. 그러므로 올바른 대응은 최고의 삶의 기술이다. 예수는 그 기술의 비밀을 한 문장으로 압축했다. "악에 대적하지 말라."

영적으로 이해하면 악에 대적하지 말라는 말씀은 삶을 성공으로 이끄는 위대한 비밀이다. 이 계명을 정확히 이해하게 되면 당신은 노예 생활이나 다름없는 굴레에서 벗어날 수 있다. 그 옛날 이스라엘 백성들이 이집트 땅 밖으로 이끌린 것처럼 말이다. 마치 새로 태어난 것만 같을 것이요, 영혼 또한 참으로 자유로울 것이다. 한마디로 당신 삶을 꼭대기에서부터 맨 밑바닥까지 다시 일으켜 세운다고 할 수 있다.

원치 않는 환경에 처해 정신적으로 저항함으로써 당신은 스스스로 불러들인 옳지 않고 선하지 않은 것에 더 많은 힘을 부여하고 말았다. 그리고 그 힘은 고스란히 당신을 대적하는 데 쓰이고, 당신이 가진 자원은 서서히 고갈되어 간다. 그러므로 육체적으로 또는 개인적으로, 당신이 하는 일이 어려움에 직면하거든 다른 사람들이 하는 것처럼 해서는 안 된다. 그 길 한가운데 버티고 서서 고집스럽게 그것에 정신적으로 대적하고 있지 말라. 예수의 말씀을 기억하고 가르침을 살펴 *악에 대적하지 말라*. 정신적으로 저항하는 것을 삼가라. 말하자면 그것에게 자기 영혼의 양식을 먹이기를 거부하라. 갑자기 어두운 방으로 밀쳐지면 몸이 어둠에 익숙해지려고 주변에 무엇이 있는지 타진하는 것처럼 정신적으로 하나님의 현존을 타진하라. 당신의 생각을 당신과 함께하는 존재의 임재에 굳건히 세우고 악이 자기 존재를 드러내는 장소 또는 사람 속에 그분의 임재하심을 확실히 하라. *다른 뺨을 돌려 대라*. 이렇게 하면 어떤 어려움이든 — 바람직하지 않은 상황 또는 누군가가 일으킨 말썽들 — 사라지고 마침내는 아무 일도 없었던 것처럼 될 것이다. 당신은 자유로울 것이다. 이것이 원수를 사랑하는 참된 영적 방법이다.

하나님은 사랑이다. 사랑은 하나님이다. 그러므로 무엇보다 강력하다. 이것이야말로 사랑을 과학적으로 적용하는 것이다.

악이 설 수 있는 기반을 아예 없애 버림으로써 악의 조건을 파괴하는 것이다. 만약 사람이 관련되었다면 당신만큼이나 그를 또한 자유롭게 하라. 증오에 증오로 맞서거나 악담을 악담으로 맞받고, 공격당해 두려워 떠는 것은 고난을 가중할 뿐이다. 조그마한 소리를 확성기로 크게 키우는 것이나 마찬가지다. 사랑으로 무장하고 과학적인 방법으로 증오를 대면하는 것이야말로 자유를 향한 그리스도의 왕도다. 이것은 어떤 상황에서도 가장 완벽하게 자기를 방어할 수 있는 최고의 방법이다. 어떤 공격도 막아 낼 수 있을뿐더러 털끝 하나 다치지 않게 해 줄 것이다. 당신을 불사신으로 만들어 줄 것이다.

만약 개인적으로 당신을 아주 불쾌하게 만드는 사람이 있다면 그를 떠올리고 그의 행동을 곱씹음으로써 그에게 저항하지 말라. 악에 대적하지 말라, 당신의 '적' 안에도 예수가 거한다는 것을 깨달아야 한다. 당신이 이를 깨달으면 모든 게 다 잘될 것이다. 그는 당신을 괴롭히는 것을 멈추지 않을 것이다. 자기 태도를 바꾸지도 당신 삶에서 사라지지도 않을 것이다. 게다가 당신이 어떻게 행동하느냐에 따라 앞에서 이미 살펴보았듯 그를 영적으로 살찌울 수도 있다. 만약 나쁜 소식을 접하거든 생각으로 그것에 저항하지 말라. 우리는 존재하는 어디서나 변치 않는 자연과 선의 무궁한 조화를 사용할 수 있다는 점을 깨달아야 하다. 다 잘될 것이다. 하는 일이 잘 안 풀리거나 자신이 불행하다는 생각이 들 수 있다. 그렇더라도 정신적으로 이 상황에 대항하지 말라. 불평불만을 늘어놓거나 자기 연민에 빠지거나 이런저런 비난 등을 쏟아 놓지 말라. 그런 행동으로 얻을 수 있는 것이라곤 또 하나의 실수의 전형을 만들어 내 이를 더욱 강화하는 것일 뿐이다. 그러니 제발 악에 대적하지 말라. 당신을 둘러싸고 성령이 임재하도록 마음을 가다듬고 정신을 집중하라. 살아 계시며 역사하심을 인정하라. 당신이 '나는 스스로 있는 자'라는 이름, 그 단어를 입으로 발할 때 진정으로 모든 조건을 다스릴 수 있게 되기를 요청하라. 그러면 곧 자유롭게 될 것이다.

과학적인 방법으로 원수를 사랑하는 것은 또한 육체가 건강함을 유지하는 열쇠다. 이 열쇠 없이 건강을 유지하는 것은 불가능하다. 육체가 강건할 수 있는 비결은 우리 삶이 하나님의 눈앞에 있음을 깨달아 경건함을 유지하고 사랑을 실천하는 데 있다. 이로써 우리 몸과 마음이 강녕해진다. 무엇이 먼저고 무엇이 나중인지를 알아야 한다. 우리 육체의 건강은 많은 부분 분비샘의 영향을 받는데, 이 분비샘은 전적으로 우리 감정에 좌우된다. 그러므로 건강을 위해서는 무엇보다도 긍정적인 감정을 기르는 것이 필요하다. 물론 이 감정은 잠재의식에 이르

기까지 긍정적일 수 있어야 하며, 이것은 오직 영적인 처방에
의해서만 가능하다.

그러므로 하늘에 계신 너희 아버지의 온전하심과 같이
너희도 온전하라

마태복음 5:48

예수의 이 명령은 성경 전체를 통틀어 가장 놀라운 것 중 하
나다. 그가 말하고 있는 것이 무엇인지 주의 깊게 살펴보라. 그
는 우리에게 온전해질 것을 명하고 있다. 하나님이 온전하시
니 우리도 온전해야 한다고 한다. 우리는 예수가 불가능한 것
을 명령할 리 없다는 것을 안다. 그렇다면 이 명령은 불가능하
지 않다는 말씀이다. 때문에 인간이 하나님과 같이 온전해질
수 있다는 말씀엔 그의 권위가 실려 있다. 그뿐인가, 그가 말씀
하셨으니 우리의 순종으로 곧, 또 분명히, 그리될 것이다. 그러
므로 우리는 이 말씀으로 우리 자신이 누구인가를 더욱 잘 알
게 된다. 우리는 누구인가? 우리는 아무 희망도 없고 상속권마

저 박탈당한 비참하기 그지없는 자들이 아니다. 신학이 우리를, 죽으면 지옥에 떨어져 영원히 계속되는 벌을 받게 되어 있는 자로 아무리 자주 언급하더라도 우리는 영벌(永罰)이 예정된 자가 결코 아니다. 우리는 누구인가? 우리 아버지는 하늘에 있고 우리는 그의 자식이다. 때문에 잠재적으로 하나님처럼 온전해질 가능성을 이미 가지고 있다. 예수는 말씀 중에 고대성경을 자주 인용하곤 하는데, 우리가 누구인지를 알려 주면서 다음과 같이 시편 말씀을 가져온다. "내가 말하기를 너희는 신들이며 다 지존자의 아들들이라." 시편 82:6 그런 다음, 그는 강조의 방식으로 덧붙인다. "성경은 폐하지 못하나니, 하나님의 말씀을 받은 사람들을 신이라 하셨거든." 요한복음 10:35

그러므로 우리가 진실로 하나님의 자녀라면 우리는 영원하고 흠 없이 완전할 수 있다. 악에는 실제적인 힘이 있을 수 없다. 우리를 영원히 노예로 살아가게 만드는 죄 또한 마찬가지다. 이 말은 즉, 올바른 방법을 사용하기만 한다면 우리가 영적 구원을 얻는 것은 시간문제일 뿐이라는 것이다. 그러니 더 이상 지체하지 말고 행진을 시작하자. 지금 이 순간이야말로 일어나야 할 때다. 물질의 덧없음과 한계 그리고 절망의 통곡과 같은 쥐엄나무 한가운데서 예수의 약속과 가르침을 전적으로 신뢰하며 돌아온 탕아처럼, "내가 일어나 아버지께로 가리라."

자신이 무가치하다고 느껴 실망에 빠진 사람들은, 또는 이해할 능력이 안 되는 사람들은 사실상 자신들이 '많이 뒤떨어져 있다'고 느낀다. 그러나 기억해야만 한다. 모든 위대한 영적 교사들이 "천국이 침노를 당하는"[9] 일이 실제로 일어난다는 데 기꺼이 동의한다는 것을.

9   마태복음 11:12 말씀 중에서 부분 인용하고 있다. "세례 요한의 때부터 지금까지 천국은 침노를 당하나니 침노하는 자는 빼앗느니라."

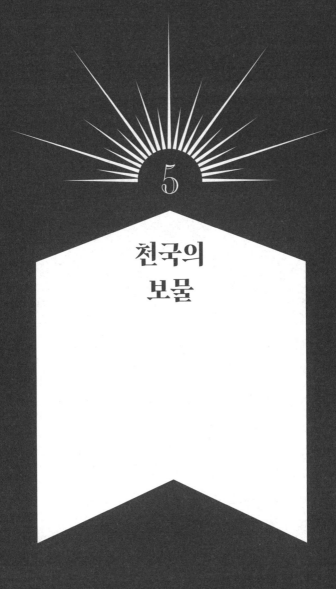

5

천국의
보물

사람에게 보이려고

그들 앞에서 너희 의를 행하지 않도록 주의하라

그리하지 아니하면

하늘에 계신 너희 아버지께 상을 받지 못하느니라

그러므로 구제할 때에

외식하는 자가 사람에게서 영광을 받으려고

회당과 거리에서 하는 것 같이

너희 앞에 나팔을 불지 말라

진실로 너희에게 이르노니

그들은 자기 상을 이미 받았느니라

너는 구제할 때에 오른손이 하는 것을 왼손이 모르게 하여

네 구제함을 은밀하게 하라

은밀한 중에 보시는 너의 아버지께서 갚으시리라

또 너희는 기도할 때에 외식하는 자와 같이 하지 말라

그들은 사람에게 보이려고

회당과 큰 거리 어귀에 서서 기도하기를 좋아하느니라

내가 진실로 너희에게 이르노니

그들은 자기 상을 이미 받았느니라

너는 기도할 때에 네 골방에 들어가 문을 닫고

은밀한 중에 계신 네 아버지께 기도하라

은밀한 중에 보시는 네 아버지께서 갚으시리라

또 기도할 때에 이방인과 같이 중언부언하지 말라

그들은 말을 많이 하여야 들으실 줄 생각하느니라

그러므로 그들을 본받지 말라

구하기 전에 너희에게 있어야 할 것을

하나님 너희 아버지께서 아시느니라

그러므로 너희는 이렇게 기도하라

하늘에 계신 우리 아버지여

이름이 거룩히 여김을 받으시오며

나라가 임하시오며

뜻이 하늘에서 이루어진 것 같이 땅에서도 이루어지이다

오늘 우리에게 일용할 양식을 주시옵고

우리가 우리에게 죄 지은 자를 사하여 준 것 같이

우리 죄를 사하여 주시옵고

우리를 시험에 들게 하지 마시옵고

다만 악에서 구하시옵소서

(나라와 권세와 영광이 아버지께 영원히 있사옵나이다 아멘)

너희가 사람의 잘못을 용서하면

너희 하늘 아버지께서도 너희 잘못을 용서하시려니와

너희가 사람의 잘못을 용서하지 아니하면

너희 아버지께서도 너희 잘못을 용서하지 아니하시리라

금식할 때에 너희는 외식하는 자들과 같이

슬픈 기색을 보이지 말라

그들은 금식하는 것을 사람에게 보이려고

얼굴을 흉하게 하느니라

내가 진실로 너희에게 이르노니

그들은 자기 상을 이미 받았느니라

너는 금식할 때에 머리에 기름을 바르고 얼굴을 씻으라

이는 금식하는 자로 사람에게 보이지 않고

오직 은밀한 중에 계신 네 아버지께 보이게 하려 함이라

은밀한 중에 보시는 네 아버지께서 갚으시리라

너희를 위하여 보물을 땅에 쌓아 두지 말라

거기는 좀과 동록이 해하며

도둑이 구멍을 뚫고 도둑질하느니라

오직 너희를 위하여 보물을 하늘에 쌓아 두라

거기는 좀이나 동록이 해하지 못하며

도둑이 구멍을 뚫지도 못하고 도둑질도 못 하느니라

네 보물 있는 그곳에는 네 마음도 있느니라

눈은 몸의 등불이니

그러므로 네 눈이 성하면 온몸이 밝을 것이요

눈이 나쁘면 온몸이 어두울 것이니

그러므로 네게 있는 빛이 어두우면

그 어둠이 얼마나 더하겠느냐

한 사람이 두 주인을 섬기지 못할 것이니

혹 이를 미워하고 저를 사랑하거나

혹 이를 중히 여기고 저를 경히 여김이라

너희가 하나님과 재물을 겸하여 섬기지 못하느니라

그러므로 내가 너희에게 이르노니

목숨을 위하여 무엇을 먹을까 무엇을 마실까

몸을 위하여 무엇을 입을까 염려하지 말라

목숨이 음식보다 중하지 아니하며

몸이 의복보다 중하지 아니하냐

공중의 새를 보라

심지도 않고 거두지도 않고 창고에 모아들이지도 아니하되

너희 하늘 아버지께서 기르시나니

너희는 이것들보다 귀하지 아니하냐

너희 중에 누가 염려함으로 그 키를 한 자라도 더할 수 있겠느냐

또 너희가 어찌 의복을 위하여 염려하느냐

들의 백합화가 어떻게 자라는가 생각하여 보라

수고도 아니하고 길쌈도 아니하느니라

그러나 내가 너희에게 말하노니

솔로몬의 모든 영광으로도 입은 것이

이 꽃 하나만 같지 못하였느니라

오늘 있다가 내일 아궁이에 던져지는 들풀도

하나님이 이렇게 입히시거든

하물며 너희일까 보냐 믿음이 작은 자들아

그러므로 염려하여 이르기를

무엇을 먹을까 무엇을 마실까 무엇을 입을까 하지 말라

이는 다 이방인들이 구하는 것이라

너희 하늘 아버지께서 이 모든 것이

너희에게 있어야 할 줄을 아시느니라

그런즉 너희는 먼저 그의 나라와 그의 의를 구하라

그리하면 이 모든 것을 너희에게 더하시리라

그러므로 내일 일을 위하여 염려하지 말라

내일 일은 내일이 염려할 것이요

한 날의 괴로움은 그날로 족하니라

마태복음 6:1~34

사람에게 보이려고

그들 앞에서 너희 의를 행하지 않도록 주의하라

그리하지 아니하면

하늘에 계신 너희 아버지께 상을 받지 못하느니라

그러므로 구제할 때에

외식(外飾)하는 자가 사람에게서 영광을 받으려고

회당과 거리에서 하는 것 같이

너희 앞에 나팔을 불지 말라

진실로 너희에게 이르노니

그들은 자기 상을 이미 받았느니라

너는 구제할 때에 오른손이 하는 것을 왼손이 모르게 하여

네 구제함을 은밀하게 하라

은밀한 중에 보시는 너의 아버지께서 갚으시리라

또 너희는 기도할 때에 외식하는 자와 같이 하지 말라

그들은 사람에게 보이려고

회당과 큰 거리 어귀에 서서 기도하기를 좋아하느니라

내가 진실로 너희에게 이르노니

그들은 자기 상을 이미 받았느니라

너는 기도할 때에 네 골방에 들어가 문을 닫고

은밀한 중에 계신 네 아버지께 기도하라

은밀한 중에 보시는 네 아버지께서 갚으시리라

또 기도할 때에 이방인과 같이 중언부언하지 말라

그들은 말을 많이 하여야 들으실 줄 생각하느니라

그러므로 그들을 본받지 말라

구하기 전에 너희에게 있어야 할 것을

하나님 너희 아버지께서 아시느니라

마태복음 6:1~8

산상수훈에서 이 장의 핵심은 특별히 이 절, 은밀한 중에 계신 네 아버지께 기도하라 은밀한 중에 보시는 네 아버지께서 갚으시리라는 이 말씀에 있다. 은밀한 중에, 영어 성경으로 보자면 기도가 드려지는 "은밀한 장소"를 가리키는 이 말은, 하나님 나라 즉 "왕국"의 통제 장소로서 그곳의 중요성이야말로 예수의 가르침의 본질적 요소라고 할 수 있다.

사람은 왕국의 통치자다. 대부분의 경우에 그렇지 않다고 생각되더라도 말이다. 왕국은 그의 삶과 경험으로 가득 찬 세계에 다름 아니다. 성경은 왕과 그들의 왕국에 관한 이야기로 가득하다. 지혜로운 왕이 있는가 하면 어리석은 왕이 있고, 사악한 왕만 아니라 정의로운 왕도 있다. 그런가 하면 승리한 왕과 패배한 왕이 있다. 갖가지 원인으로 그들이 다스리는 왕국은 흥하기도 하고 망하기도 한다. 예수는 왕과 왕국의 비유를 들어 가르치곤 했다. 그는 자주 이렇게 시작한다. "위대한 왕이 있었다…" 이 왕들은 누구인가. 그 하나하나는 참으로 우리, 즉 모든 사람이다. 성경은 이들의 정신적 조망을 다양한 양상에서 공부하는 진정으로 모든 사람의 책이다. 성경은 본질적으로 형이상학 교재다. 어느 모로 보나 영혼을 성장하게 하는 지도서이기 때문이다. 창세기에서 계시록에 이르는 성경의 모든 말씀은 무엇보다도 성장을 위한 것이다. 말하자면 개인의 영적인 깨달음과 관련되어 있다. 당신과 당신의 문제들은 가능한 모든 각도에서 분석된다. 영적인 진리는 인간 본성의 모든 조건, 필요, 그리고 거의 모든 기조를 만족시키기 위해 여러 가지 다양한 방법으로 중요시된다. 때로 당신은 왕이고 어부고 정원사고 베 짜는 사람이고 짐꾼이고 상인이고 고위 성직자고 손님을 초대한 사람들 가운데 우두머리고 또는 거지다.

산상수훈은 당신을 자기 세계의 절대적 지배자, 왕으로 생각한다. 그것이 가장 완벽한 비유이기 때문이다. 존재의 진리를 알게 되면 당신은 비유적 의미에서가 아니라 진실로 삶의 절대적 군주가 될 것이다. 그러므로 당신이 당신 삶의 주인이라면 당신이 삶의 조건을 만드는 사람이고 또 부술 수 있는 사람이다. 건강하게 하는 것도 당신이요, 아프게 하는 것도 당신이다. 어떤 사람을 만날 것인지 어떤 조건을 만들 것인지는 당신에게 달려 있다. 부도 가난도, 평안도 두려움도 당신이 불러들이는 것이다. 이 모두는 전적으로 왕국을 다스리는 당신만의 방식에 따른 것이다. 물론, 세상은 이것을 알지 못한다. 만약 사람의 삶의 조건이 외부 환경 또는 다른 사람에 의해서 대부분 만들어진다고 가정해 보자. 사람들은 항상 예견되지 않은, 결코 예상치 못한 여러 종류의 사건 — 어떤 경우에는 삶에 심각한 불편을 끼치거나 심지어는 삶을 파괴해 버리기까지 하는 — 에 영향을 받기 쉽다고 믿는다. 하지만 존재의 진리는 사실 이와 정반대며, 인류가 이것을 항상 잘못 알고 있었기 때문에 인류 역사는 실수와 고통, 온갖 문제로 가득한 것이다.

원칙이 잘못되어 있다면 어떤 일을 벌이건 불운과 혼란이 따라올 수밖에 없다. 잘못된 전제에서 비롯했으니 잘못되지 않을 수 있겠는가. 이것은 너무도 자연스러운 귀결이다. 고로 자연을 거스르고 자기 본성을 속이며 사는 사람의 삶이 고통으로 점철된 것은 어찌 보면 당연한 이치라 하겠다. 때문에 세상의 구원자 예수는 다음과 같이 말한다. "진리를 알지니 진리가 너희를 자유롭게 하리라." 요한복음 8:32 그것이 예수가 사람을 자유롭게 할 진리를 설명하고 가르치는 데 자신의 공생애를 바친 이유다. 하나님과 사람에 관해 말해 주고 어떻게 살아야 하는가를 가르친 까닭이다.

우리 삶이 고해요 어려움의 연속인 이유가 우리 자신의 잘못된 생각 때문이며 그로부터 야기된 것이 진실이라면, 묻게 된다. 우리의 과거와 현재는 그렇다 치고, 예수를 생각할 때 또 그가 이룬 의식의 단계를 생각할 때, 왜 그는 어려움에 직면했는가? 겟세마네에서의 끔찍한 갈등은 무엇이며 십자가상의 그의 죽음은 또 무엇이란 말인가?

예수의 고난과 어려움은 우리의 그것과는 질적으로 다르다는 것이 내 대답이다. 그가 겪은 고통은 우리 경우와는 달리 그의 잘못된 생각에서 발생한 것이 아니기 때문이다. 그의 의식이 이른 수준을 고려할 때, 원한다면 그는 아무 고통 없이 쉬이 사라질 수도 있었고 조용히 이 모든 상황을 초월할 수도 있었다. 예를 들어 그보다 앞서 그러했던 모세와 엘리야처럼 말이다. 그러나 그는 자신에게 주어진 너무도 끔찍하고 고약한 과제를 해내기로 의도적으로 선택했다. 그의 선택은 인류를 돕겠다는 것이었다. 그러므로 그는 세상의 구원자로 불리게 된다.

이제 우리는 이 왕국을 좀 더 자세히 살펴볼 것이다. 우리는 왕의 궁전이며 정부 부처가 업무를 보는 사무실이기도 한, 우리 자신의 의식, 우리 내면의 정신세계를 발견한다. 이것은 매우 사적인 공간이다. 여기서 처리되는 일들 하나하나는 쉴 새 없이 마음을 종횡무진하는 생각의 소용돌이다. 시편 작가는 이곳을 일러 "지존자의 은밀한 곳"이라고 말했다. 이곳에서 일어나는 일을 아는 이는 오직 우리 자신뿐이다. 그러므로 이곳은 은밀하다. 혼자만의 영토다. 우리에겐 우리가 좋아하는 것을 생각할 능력이 있다. 상대방의 생각 중에는 받아들이고 싶은 생각도 있고 거절하고 싶은 생각도 있을 터, 우리에겐 이 가운데서 취사선택할 능력이 있다. 우리가 이 영토의 주인이다. 우리가 하고 싶은 생각이 무엇이든 다른 사람의 생각에서 받아들인 것이 무엇이든 그렇게 고르고 골라 선택한 생각들은 어떤 것이든 우리 내면에 머물기만 하는 게 아니라 결국은 밖으로 표출되어, 다시 말해 우리 바깥 물리적 세상에서 어떤 것, 또는 어떤 사건으로 표현될 것이다.

그러나 이때 잊지 말고 알아 두어야 할 것이 있다. 당신은 당신에게 있는 생각하는 능력으로 어떤 생각이든 할 수 있지만, 그 생각이 일단 밖으로 드러나 어떤 결과든 일으키고 나면 물리적 세상에서는 이제 그것을 바꿀 능력이 당신에게 없다는 것이다. 그러므로 당신의 선택은 첫째로, 생각이 아직 밖으로 드러나지 않고 내면에 있을 때 그것들을 생각하거나 생각하지 않는 데 있다. 때문에 만약 원치 않는 결과를 맞고 싶지 않다면 당신이 먼저 해야 할 일은 원인이 될 생각을 아예 하지 않는 것이다. 혹 최악이 예상되는 종류의 생각이라면 더더구나 떠올리지 않아야 한다. 엔진이 가동되기를 바라지 않는다면 시동을 걸지 않아야 하고, 종이 울리기를 원하지 않는다면 버튼을 누르지 않아야 하는 것과 마찬가지 이치라 하겠다. 그러므로 당신이 이 근본적인 원리를 참으로 이해하면 이후로는 계속 극도로 주의를 기울여 당신의 생각을 들여다보게 될 것이고 이로써 습관적으로 무엇보다도 먼저 생각을 점검하게 될 것이다.

당신이 의식(은밀한 곳)에서 붙들고 있는 생각이 얼마 지나지 않아 바깥, 즉 당신 삶으로, 당신 몸으로, 또는 어떤 사건으로 표현돼 나오는 것이다. 이를 안다면 당신은 당신을 병들게 할 게 분명한 것을 먹거나 마시려고 하지 않듯이 더는 조화롭지 않은 생각들을 붙들고 있지 않게 될 것이다. 마음에 둔 것은 무엇이든 조만간 경험하게 되어 있다. 이는 물론 당신이 생각한 바로 그 특정한 것이 정확히 그대로 일어난다는 게 아니다.

그러나 때로 그렇기도 하다. 예를 들어 낭신이 늘 아픈 것을 떠올리고 질병에 관해 자주 생각하면 건강이 상하기 쉬워진다. 마찬가지로 가난과 침체에 관해 자주 생각하면 당신 삶에 가난을 불러들이게 된다. 이런저런 골칫거리며 불화, 정직하지 못한 일, 기타 등등에 골몰하면 결국 그것들을 끌어들이게 되는 것이다. 주어진 상황에 벌어진 실제 사건이 모두 우리가 한 특정한 생각의 정확한 복제라고 말하는 게 아니다. 그러나 당신이 하는 일련의 생각들과 대체적인 정신 자세, 그리고 삶의 태도가 원인이 되어 일어난 결과임은 분명하다.

병에 대해서 생각하는 것은 병에 걸리는 두 가지 요인 가운데 하나지만 덜 중요한 요인이다. 더 중요한 요인은 부정적인 혹은 파괴적인 감정들을 품는 것인데, 이 사실은 잘 알려지지 않아서 형이상학을 배우는 학생들도 잘 이해하지 못한다. 하지만 대부분의 질병은 환자가 파괴적인 감정들을 그의 정신에서 떼어 놓지 못하기 때문에 발생한다는 사실은 아무리 강조해도 지나치지 않다. 화, 분노, 질투, 악의 등의 감정을 품게 되면 누구라도 건강이 상할 게 분명하다. 그러한 감정들 하나하나가 지닌 정당성에 대해서는 아무런 말도 하지 않은 것을 기억하라. 그것은 결과와는 아무런 관계가 없다. 그것은 자연법의 문제이기 때문이다.

한 여자가 말했다. "나는 화낼 권리가 있어." 사실 이 말은 화를 내는 데도 자격증이 있어야 한다거나 또는 물리적으로 그럴 만한 일을 당했다는 의미가 아니다. 그러나 그녀가 화가 날 정도로 소홀한 대접을 받은 것만은 분명해 보인다. 때문에 초라한 대접의 희생자로서 그녀가 화난 감정을 붙들고 있는 게 특별히 허용된다는 의미 정도로 해석될 수 있을 것이다. 물론 터무니없다. 실제로 그런 허가를 내주는 사람도 없고 또 받는 사람도 없다. 이런 식으로 마음의 상처에 대해서까지 그럴 만하다는 인정이 이루어지려면 차라리 우리는 조화와 질서가 아니라 혼돈을 택해야 했을 것이다.

당신이 버튼을 누르면, 버튼을 누른 동기가 무엇이든 간에 ── 좋은 것이든 나쁜 것이든, 한 사람의 목숨을 구하는 것이든 살해하는 것이든 ── 종이 울리게 되어 있다. 왜냐하면 그것이 전기의 원리이기 때문이다. 전기가 통하게 하면 버튼은 작동하게 되어 있다. 만약 당신이 치사량의 독을 마신다면 설사 부주의해서였다 할지라도 당신은 죽거나 적어도 몸이 심하게 상할 것이다. 독이란 본래 사람 몸에 그렇게 작용하는 것이기 때문이다. 당신이 그 음료를 독이 아니라 아무 해도 없는 다른 용액으로 잘못 알고 마셨다고 해서 당신 몸에서 독이 아닌 다른 것으로 작용하느냐 하면 그렇지 않다. 원리 또는 자연의 법칙이란 의도를 띠지지 않기 때문에 동기가 무엇이든 혹 실수에 의한 결과라 할지라도 그로 인해 달라질 게 없다. 똑같은 이유로 부정적인 감정들을 의식에 떠올려 붙들고 몰두하는 것은 말썽거리를 불러들이는 행위다. 당신이 그 이유를 무엇으로 정당화하든 그와 무관하게 그것은 버튼을 누르는 것이요, 독을 삼키는 것이다. 같은 이유로, 부정적인 감정을 품는 것은 사서 문제를 불러일으키는 것과 같다. 가장 먼저 육체적으로, 그리고 그 밖의 다양한 문제들로 곧 드러나게 될 것이다. 당신이 보기에 당신이 품은 감정이 아무리 정당한 이유를 가진 것이라 하더라도 결과는 마찬가지다.

언젠가 오래된 수훈 책자 하나를 발견했는데 그것은 프랑스 혁명 시기에 런던에서 배달된 것이었다. 저자는 복음에 대해 극히 피상적인 견해를 가진 사람이었는데 산상수훈을 언급하면서 "도살자 로베스피에르를 증오하는 것은 분명 정당화될 수 있는 것이며 브리스틀의 살인자를 증오하는 것도 마찬가지다."라고 썼다. 이 언명은 너무도 완벽하게, 우리가 고려했던 오류를 보여 주는 예라 할 수 있다. 누군가를 증오하는 것은 증오한다는 바로 그 사실 때문에 자신 또한 결코 즐거울 수 없는 결과에 스스로 내맡기는 셈이다. 증오하고 있는 동안은 당신 또한, 증오의 감정 각각에 "로베스피에르", "톰", "딕", "해리"라고 하는 팻말이 부착되어 있건 아니건 그들 하나하나와 연관된 감정에 묶여 있는 것이다. 사실 로베스피에르라는 사람이 실제로 악마인지 천사인지를 묻는 것은 여기서 하등 문제가 되지 않는다.

누군가를 마음껏 증오하는 것은(그럴 자격이 있는지와는 관계없이, 그렇지 않으면 비난의 대상으로서) 당신 머릿속으로 말썽거리를 불러들이는 것과 똑같다. 증오하는 감정의 강도에 비례해서 당신이 얼마나 많은 시간을 얼마나 자주 할애하는지 모르지만 그것은 결국 증오하는 것일 뿐이다. 그러므로 원리 또는 자연의 법칙이란 동기와 관계없이 누구에게나 차별 없이 동일한 결과를 도출하는 것임을 아는 과학적인 그리스도인이라면 상황에 따라서는 증오가 "정당화될 수 있다."고 여길 리가 없다. 합당한 이유가 있어서 증오하는 것이라 하더라도 그 합당한 이유가 증오하는 마음을 품은 사람에게 일어날 실제적 결과를 피해 갈 수 있게 해 주지는 않는다. 만약 당신이 "이건 로베스피에르에 대한 것이고 이건 브리스틀의 살인자에 대한 것이다."라고 말함으로써 당신 자신을 보호할 수 있다고 생각한다면, 그것은 치사량의 청산가리를 두 번에 걸쳐 삼키는 것이나 마찬가지다. 당신 몸에도 이 독의 효능이 고스란히 미치리라는 점은 의심할 여지가 없다.

예수가 당신이 의식을 가리켜 "은밀한 곳"이라 부른 것은 매우 의미심장하다. 그는 항상 우리에게 안이 밖의 원인이라는 진리를 강조하려고 했다. 안의 조건을 초래한 것은 결코 밖이 아니라는 것 또한 그가 강조하는 점이다. 밖에 일어난 일은 밖의 또 다른 일의 원인이 아니다. 밖의 일은 단지 결과일 뿐이다. 원인과 결과는 '안으로부터 밖으로'다. 이것은 정한 이치, 곧 법, 원리다. 그러므로 한 번 명확하게 밝히고 나면 이론으로는 파악하기가 어렵지 않다. 그러나 실제로 날마다 서두르다 낭패당하곤 하는 일상에서 그 빛을 잃지 않기란 매우 어렵다. 우리는 한 번에 하나에만 의식을 집중하도록 생겨먹어서 말하고 행하는 데 관심이 온통 쏠려 있을 때도 잊지 않고 이 법을 기억해 지키게 되기 힘들다. 하던 대로 생각하는 게 쉽지, 깨달았다 하더라도 달리 생각하고 달리 적용하기가 쉽지 않다. 우리는 실제로 항상 주된 법, 즉 천리(天理)를 잘 잊어버린다. 그러므로 잊지 않기 위해서는 주의를 기울이는 훈련을 통해 습관을 들여야만 한다. 그러지 않고 계속해서 법을 어긴다면, 어기려고 해서가 아니라 잊어버려서 그런 것이라 할지라도, 우리는 계속해서 처벌받을 수밖에 없다.

여기에서 생각할 수 있는 분명한 사실은 은밀한 곳에서의 방침의 변화만이 중요할 뿐 나머지는 모두 중요하지 않다는 것이다. 바르게 생각하라, 그러면 얼마 지나지 않아 밖의 모든 일이 다 잘될 것이다. 안의 생각과 감정은 변화시키지 않고 밖의 변화에만 만족하려고 하다 보면 당신은 얼마 지나지 않아 시간 낭비만 하고 있었음을 알게 될 것이다. 밖만 살피고 안전하다고 스스로 안심시키는 것은 바보의 낙원에서 사는 것처럼 잘못하는 짓이다. 그렇게 살다가는 위선의 나락으로 떨어지고 말 것이다.

태곳적부터 인류는 이 안타깝지만 한심한 착각을 버리지 못하고 간직해 왔다. 밖으로 드러나 보이는 행동은 오히려 쉽다. 안, 즉 내면의 생각이나 감정에 변화가 일어나게 하기가 어려운 것이다. 의식에 쓰이는 예복을 사서 입고, 시간을 정해 외운 기도를 반복하며, 예를 갖춰 정한 시기에 종교의식을 거행하기는 쉽다. 그러나 밖으로 드러나 보이는 행동은 이렇게 한다지만 그러는 사이 우리 내면, 안의 마음은 과연 어떠한가. 마음과는 별개로 얼마든지 팔과 이마에는 바리새인의 성구함을 매달고 옷에는 기다란 술을 달 수 있다. 그러나 쉽게 착용해 보일 수 있는, 밖으로 드러나는 이런 것들과는 달리 내 안의 마음을 정화하는 데는 기도와 자기 수양을 아무리 열심히 하더라도 오랜 시간이, 여러 해가 걸린다. 한 분별 있는 퀘이커 교도가 몇 해 전인가 이런 말을 한 적이 있다. "내가 젊었을 때 우리는 독특한 퀘이커 복킹이나 나른 집단과 구별되는 언어 사용 등의 습속들을 중단했었다. 왜냐하면 우리와 어울리는 사람들이 퀘이커의 이상을 소중히 여기는 것과는 거리가 먼 사람들이라는 것을 깨달았기 때문이다. 그들은 회원이 됨으로써 자기 자녀들이 싼값으로 우리 교육 시설을 이용할 수 있게 되리라는 이점과 혜택에만 관심이 있었다. 속사람은 그대로인 채 단지 단추가 달리지 않고 옷깃이 없는 옷을 사서 입고 자신을 퀘이커의 '친구'로 스타일링하는 것은 어려운 일이 아니다. 대화 중간중간 문법적으로 독특한 어법을 섞어 가며 이야기하는 것으로 환심을 사기는 쉽다. 어려운 것은 그 사람, 그 성격이 진실로 변하는 것이다."

퀘이커교도만 이런 문제에 직면한 게 아니다. 청교도 또한 이 문제를 만나 좌초했다. 청교도인들도 전혀 중요하지 않은 것들의 외적 형식을 강조하기 시작했고, 어기는 자들에게는 민·형사적 처벌을 가하기 시작했다. 행동거지, 옷 입는 방법, 말하는 방법, 구약의 특이한 이름들을 자녀의 이름으로 지어 주는 행위 등과 같이 법 조항을 적용할 수 없는 성격의 문제가 교회 안팎의 삶에서 중요한 평가 기준이 되었다. 마치 이런 하찮은 것들이 영적인 가치라도 지닌 것인 양 여겨지곤 했다. 실제로는 영적인 자만심과 뻔뻔한 위선으로 나아가는 지름길이나 다름없는 것에 불과했음에도 말이다.

생각이 영적으로 승화되면 삶의 양태가 단순해진다. 이전에 중요하게 보였던 많은 것이 이제 더는 중요하지 않고 흥미롭지도 않다는 것을 발견하게 되기 때문이다. 의문의 여지 없이 그는 또한 자신이 점차 만나는 사람들이 달라지고 읽는 책들이 달라지고 시간을 다르게 사용하기 시작한다는 것을 발견한다. 대화 또한 자연스럽게 질적인 변화를 겪는다. "옛것은 지나갔다." "내가 만물을 새롭게 한다." 이것들은 모두 마음의 변화를 따라 일어나는 일이다. 결코 마음의 변화를 앞설 수 없다.

이로써 인기를 얻으려는 행위가 얼마나 어리석은 짓인지를 알 수 있다. 우리에게 이점이 될 수 있다는 인상을 받고 그저 다른 사람의 의견을 따라 하는 행위가 얼마나 헛된 것인지 또한 알 수 있다. 산상수훈을 듣다 보면 자주 보게 되는 것이 있다. 속마음은 그렇지 않으면서도 바리새인 중에서도 바리새인이라는 평판을 얻기 위해 사람이 얼마나 가식적으로 좋은 일을 하는 양 연출할 수 있는지에 관한 것이다. 실제로 영적인 복지로 나아간다는 인상을 주는 뒤죽박죽인 썩어빠진 요소들을 말이다. 예수는 이 장에서 그런 오류를 낱낱이 분석해 폭로하고 있다. 예수는 겉으로 드러난 행동이 가져오는 유일한 보상이 있다면 그것이 외식(外飾)[10]에 지나지 않을지라도 따라오는 청찬이 전부일 거라고 말한다. 의식의 은밀한 곳에서 얻은 것만이 진짜다. 우리가 우리 아버지에게 은밀히 (과학적으로) 기도하면, 그는 우리에게 참된 증거로서 공개적으로 상을 줄 것이다.

예수는 여기서 우리 기도를 '살아 있게' 유지할 필요를 강조한다. 단지 앵무새가 하듯 기계적으로 같은 말을 반복하는 것은 아무 소용이 없다. 기도할 때 우리는 지속적으로 하나님의 영감으로 스스로가 받아들여지고 있는지를 '타진해야' 한다. 물론 기도에 도움을 주는 구절이 있어서 이를 지속적으로 반복하는 것마저 헛되다고 보는 것은 아니다. 기도가 아무 깨달음도 없는 단순한 말의 반복이 되지 않도록 자각하라는 것이다. 예수 자신도 겟세마네에서 그 절체절명의 순간에 당신의 필요에 따라 세 번 반복해 기도하셨다.(마태복음 26:44, "세 번째 같은 말씀으로 기도하신 후") 만약 기도하면서 자신의 상태가 "물에 잠긴 것만 같다."고 느낀다면, 즉시 멈추고 다른 것을 하라. 그런 뒤 다시 돌아와 새로운 마음으로 기도하라.

구하기 전에 너희에게 있어야 할 것을 하나님 너희 아버지

10 겉만 보기 좋게 꾸며 드러냄

께서 아시느니라. 우리는 선(善)을 창조할 필요가 없다. 하나님이 어디에나 있다는 사실로 이미 선의 존재는 입증됐을뿐더러 영원하기까지 하다. 그럼에도 우리는 존재하는 그 선을 드러내야만 하는데 그 방법은 진리가 우리 각자의 삶에서 열매 맺는 것을 통하는 것이다. 이 구절은 우리의 기도가 더는 살아가면서 부딪치는 구체적인 필요 및 특정한 문제들과 관련한 내용이어선 안 된다는 것을 뜻하는 구절이 아니다. 그리스도인이라면 모름지기 사적인 것을 넘어서 공적 일반, 즉 공공의 조화를 위해서 활동해야 한다는 의미로 이 구절을 풀이하는 사람들도 있다. 그러나 이것은 틀린 생각이다. 만약 당신이 전체적인 조화에만 신경 쓴다면 그 결과는 당신 삶의 모든 부분에 고스란히 드러나게 될 것이며, 어떤 특정한 부분의 증진은 너무나 미미한 나머지 무시해도 그만일 정도가 될 것이다. 따라서 제대로 된 방법은 당신의 기도를 지금 이 순간 당신이 원하는 것에 집중하는 것이다.

우리는 그것 자체가 목적인 것을 위하여 기도하지 않는다. 사실 그렇다. 우리에게 없는 것으로 인해 고통받을 때에야 ― 그 결핍이 돈일 수도 지위일 수도 집이나 친구일 수도 있을 텐데 ― 이와 관련해 우리는 영혼에 호소하며 도움을 구한다. 결핍 때문에 내몰려 하는 기도는 결핍에 대한 올바른 이해를 갖게 되기를 간구하는 것이기도 하다. 우리는 우리가 구한 것을 얻음으로써 — 일이 이루어짐으로써 — 그 증거를 갖게 될 것이다. 우리에게 없는 것을 하나님의 사랑으로 채우라. 그러면 비로소 삶이 채워질 것이다. 당신의 기도가 혹 너무 구체적이고 세세하고 사무적이지 않나 싶어 걱정하지 말라. 예수 자신도 그러했다. 우리 누구도 예수보다 덜 모호하고 덜 두루뭉술할 수는 없다.

그러므로 너희는 이렇게 기도하라

하늘에 계신 우리 아버지여

이름이 거룩히 여김을 받으시오며

나라가 임하시오며

뜻이 하늘에서 이루어진 것 같이 땅에서도 이루어지이다

오늘 우리에게 일용할 양식을 주시옵고

우리가 우리에게 죄 지은 자를 사하여 준 것 같이

우리 죄를 사하여 주시옵고

우리를 시험에 들게 하지 마시옵고

다만 악에서 구하시옵소서

(나라와 권세와 영광이 아버지께 영원히 있사옵나이다 아멘)

너희가 사람의 잘못을 용서하면

너희 하늘 아버지께서도 너희 잘못을 용서하시려니와

너희가 사람의 잘못을 용서하지 아니하면

너희 아버지께서도 너희 잘못을 용서하지 아니하시리라

마태복음 6:9~15

─────────────────────────

이것은 모든 기도 중에 으뜸인, 우리가 흔히 주의 기도라고 부르는, 사실상 예수의 가르침을 통틀어 최고의 요약이라 할 기도다. 간결미와 완결성이라는 형식 면에서 그렇다는 게 아니다. 이것이야말로 기독교 형이상학 전반에 대한 요약이다. 나는 이 부분을 이 책의 후반부에서 「주의 기도」라는 제목으로, 소책자 정도의 분량으로 다룰 것이다. 그러므로 여기서는 다음과 같이 말하는 정도로 충분하리라 생각하여 중복을 피하고자 한다.

주의 기도는 하나님과 인간의 본성을 정의 내리고 이 양자의 참된 관계를 설명한다. 우주란 참으로 무엇인가를 말해 준다. 날마다 주의 기도를 상고하며 그것을 지적으로 사용하는 사람들의 빠른 영적 성장을 위한 방법 또한 제공한다.

무엇보다도 영적인 진보를 이루고자 하는 사람이라면 특별히 예수가 용서의 필요성을 얼마나 강하게 강조하는지에 주목하라.

금식할 때에 너희는 외식하는 자들과 같이

슬픈 기색을 보이지 말라

그들은 금식하는 것을 사람에게 보이려고

얼굴을 흉하게 하느니라

내가 진실로 너희에게 이르노니

그들은 자기 상을 이미 받았느니라

너는 금식할 때에 머리에 기름을 바르고 얼굴을 씻으라

이는 금식하는 자로 사람에게 보이지 않고

오직 은밀한 중에 계신 네 아버지께 보이게 하려 함이라

은밀한 중에 보시는 네 아버지께서 갚으시리라

마태복음 6:16~18

금식은 예수가 살던 시대에는 보편적인 관습이었다. 예수는

그 연습을 당연한 것으로 받아들인다.

과학적인 사고를 수용하는 기독교의 관점에서 볼 때 금식은 부정적이거나 잘못된 생각에 대한 절제를 위한 것이다. 그러나 어떤 경우에는 특정한 문제에 관한 생각을 아예 하지 않기 위한 것이기도 하다. 지나치게 골몰하게 된, 그래서 '기도와 단식에 의해서만' 사라지거나 극복할 수 있는 문제들이 있다. 그런 경우 단식은 해당 문제에 확정적이고 최종적인 처방을 주는 데 최고다. 그 문제를 잠시 따로 떼어 놓거나 당신을 위해 누군가가 대신 처리하도록 통째로 내어 준 뒤 그 생각에서 완전히 벗어나게 된다.

육체적 금식은 때로 어떤 문제를 극복하는 데 도움을 주는 것으로 보인다. 특히 '만성적인' 어려움으로 불리는 것들에 그렇다. 물론 금식만 하는 게 아니라 영적 처방이 병행해서 이루어져야 한다. 이것은 아마도 육체가 금식함으로써 정신이 집중하는 강도가 높아질 수 있기 때문이 아닌가 싶다.

18절은 6절을 실질적으로 반복하고 있다는 데 주목하라. 성경이 이런 방식으로 반복을 꾀할 때는 그 부분이 얼마나 중요한지를 암시하는 것이라고 보면 된다.

너희를 위하여 보물을 땅에 쌓아 두지 말라

거기는 좀과 동록이 해하며

도둑이 구멍을 뚫고 도둑질하느니라

오직 너희를 위하여 보물을 하늘에 쌓아 두라

거기는 좀이나 동록이 해하지 못하며

도둑이 구멍을 뚫지도 못하고 도둑질도 못 하느니라

네 보물 있는 그곳에는 네 마음도 있느니라

눈은 몸의 등불이니

그러므로 네 눈이 성하면 온몸이 밝을 것이요

눈이 나쁘면 온몸이 어두울 것이니

그러므로 네게 있는 빛이 어두우면

그 어둠이 얼마나 더하겠느냐

마태복음 6:19~23

누누이 말하지만 은밀한 곳, 기도하게 하심, 성령의 역사하
심, 이들의 본성은 삶의 열쇠로서, 예수는 이 모든 것을 따라
이루어진 어떤 결과들을 계속해서 강조한다. 이들 결과는 가

능하다면 빨리 우리 전체 삶이 새로운 토대에 부합하여 재구성해야 하는 대상들이다. 예를 들면 우리는 이제 우리 밖의 물질이란 단지 *객관화된 생각, 다시 말해 생각이 드러난 결과*일 뿐이라는 것을 이해한다. 그러므로 우리는 돈이든 물건이든 더 많이 가지려 하고 또 거듭 사들이는, 물질적 풍요를 좇는 것의 어리석음을 깨달아야만 한다. 만약 당신이 올바른 의식을 가졌다면, 하나님을 아무 제한 없는 사랑의 공급처로서 제대로 이해한다면, 당신이 어디에 있든 어떤 상황에 처해 있든 돈이 필요하든 물건이 필요하든 그 액수나 수량이 얼마든, 당신은 구하는 것을 얻을 수 있을 것이다. 하나님 나라의 수요와 공급의 원리를 깨달은 이상 당신에게 이제 결핍은 있을 수 없다. 더는 아무것도 부족하지 않다. 반대로, 이것을 깨닫기까지 소유를 향한 욕망으로부터 결코 안전할 수 없다. 은행 예금, 주식, 부동산 등으로 세상의 부를 차지할 수도 있을 것이다. 하지만 당신이 물질과 그것의 공급에 대한 충분한 영적 이해를 하고 있지 못하다면 당신이 소유했다고 생각했던 것들은 조만간 날개를 달고 날아가 버릴 것이다. 사실 영적인 이해 없이 이것들을 안전하게 지킬 방법이란 없다.

가장 '안전한' 금고도 실패할 수 있고 실제로 실패한다. 어떤 재난에도 끄떡없는 안전한 금고란 존재하지 않는다. 주식시장이 예기치 않은 재앙은 겪게 되는 일도 있고 광산이나 유정이 바닥을 드러내거나 천재지변으로 파괴되기도 한다. 새로운 것이 발명되어 선보이고 나면 쉽게 옛것이 붕괴하기도 한다. 철도역이 새로 들어서는가 하면 기존 역사가 문을 닫기도 하고, 기업의 변화무쌍한 흥망성쇠를 짐작하기란 또 얼마나 어려운 노릇인가. 그야말로 확실한 것이라곤 없는 경제 환경 속에서 당신이 가진 재산을 어디에 어떻게 분산해 투자하고 보관하는지 모르지만, 어느 날 예고도 없이 불어닥친 정치적 격변의 소용돌이에 휘말려 하루아침에 물거품처럼 사라지지 않으리라고 누가 장담할 수 있단 말인가. 그러므로 재산을 불리는 데 너무 많은 에너지를 쏟아붓는 것은 한마디로 시간 낭비다. 기회를 잡거나 변화에 적응하는 데 모두 취약하기 그지없을 뿐만 아니라 언제 "좀과 동록" 또는 도둑에게 침범당할지 알 수 없는 게 소위 재산이라는 것이기에 하는 말이다.

그럼에도 사람들이 물질의 재화를 늘리기 위해 들이는 시간과 정성이 지대하다 보니 그 연장선상에서 오히려 과학적인, 다시 말해 이치에 맞는 기도와 명상에 더욱 주의를 기울이게 만들어 주는 측면 또한 없지 않다. 동기는 그렇더라도 기도와 명상에 집중함으로써 일단 의식이 변화하기에 이르면 어찌 되었든 재물과 관련해서 고통을 겪을 가능성으로부터는 확실히 벗어나게 될 것이다.

이 땅에서 사는 동안 우리에게 있어야 할 것이 어떻게 공급되는가에 대해서 밝히 알고, 우리의 필요에 따른 공급의 문제를 영적으로 충분히 이해한다면 당신은 더는 잘못된 투자를 하지 않게 될 것이다. 혹 손실을 겪게 되더라도 어떤 방식을 통해서든 즉시 채워질 것이다. 더는 이로 인해 고통을 겪는 일은 없을 것이다. 일례로 당신 재산이 예금되어 있는 은행이 월요일에 지불이 정지되었다고 하자. 그러면 아마도 그 주가 끝나기 전에 동일한 금액, 적어도 당신이 필요로 하는 금액보다는 많은 액수의 돈이 다른 곳에서 당신에게 들어올 것이다. 물론 당신이 공급에 대해 충분한 영적 이해를 가지고 있다는 전제 하에 그렇다. 어떤 경우에도 풍요의 주인이라는 의식은 가난해질 수 없다. 동일한 원리로 어떤 경우에도 가난의 주인이라는 의식은 결코 부유해질 수 없다.

우리가 완주해야 하는 이 장거리 경주에서는, 누구도 올바른 의식을 갖지 않고서는 무엇 하나 얻을 수 없으며, 똑같은 원리로 누구도 올바른 의식을 가진 자의 소유를 빼앗을 수 없다.

그러므로 당신이 보물을 땅이 아니라 하늘에 쌓아 두는 것은 진정으로 잘하는 일이다. 그것이야말로 영적인 원리를 이해한 것이다. 만약 당신이 안전하기를 원하고 행복해지기를 바란다면서 눈을 내면이 아닌 밖을 향하게 하고 쉬이 변하고 사라질 것에 마음을 둔다면, 당신은 하나님을 첫째 자리에 둔 것이 아니다. 만약 당신이 하나님을 당신 삶에서 첫손으로 꼽는다면 어떤 일로도 걱정 근심에 눌릴 일은 없을 것이다. *네 보물이 있는 곳에 네 마음도 있을 것이기* 때문이다.

같은 주제에 대해 더 자세하게 논의하면서, 예수는 이제 새로운 기본 위에 선 사람들은 그렇지 못한 사람들에게 계속해서 발생하는 사소한 근심거리와 걱정 즉 갖가지 유혹에서 자유롭다고 말한다. 예를 들어 식단과 관련한 문제들도 생각을 바르게 하기 시작하면 모두 해결될 것이다. 새 삶을 살기로 작정한 사람이라면 아마도 먹는 게 짐스러울 정도가 되지 않고서야 음식이 입속으로 들어갈 때마다 매번 무엇을 먹을지에 관심을 쏟거나 하지는 않을 것이다. 그에겐 먹는 것이 자연스러울 터, 보통의 평범한 음식을 생기는 대로 자연스럽게 먹을 뿐이다. 바른 생각이 몸에 배면 특별히 애쓰지 않아도 다이어트도 절로 하게 되어 있다. 때문에 어느 날부터인가 평소 먹는 음식량보다 더 많이 먹고 있다는 걸 깨닫게 되면 그는 날마다 기도하는 가운데 지혜와 인도하심을 구함으로써 덜 먹게 되기를 기도할 것이고, 혹 충분히 먹고 있지 않았다는 걸 발견하면 우리 몸에 필요한 만큼 적정 분량의 음식을 먹을 수 있기를 기도할 것이다.

같은 원리가 일상의 삶 곳곳에 모두 적용된다. 만약 당신이 날마다 올바른 방식으로 당신 자신을 위해 기도한다면, 삶에서 그다지 중요하지 않았던 것들이 점차, 별 탈 없이, 저절로, 제자리를 찾아가는 것을 발견하게 될 것이다. 늘 사소한 일에 둘러싸여 하나하나 일일이 제자리를 찾아 주던 때를 떠올리고 비교해 보면 새로운 영적 기초를 토대로 한 삶의 변화가 당신을 얼마나 자유롭게 했는지에 새삼 놀라고 또 감사하게 될 것이다. *만약 네 눈이 성하면 온몸이 밝을 것이다.* 이것은 모든 진리의 집대성이다. 참으로 그 눈, 즉 *영혼이 성하면 온몸, 즉 온 삶이 밝을 것이다.*

눈은 영적 감각, 영의 인식을 상징한다. 당신이 어디에 주의를 기울이느냐, 바로 그것이 삶을 지배한다. 관심이 열쇠다. 당신의 자유의지는 당신이 주목하는 데 놓여 있다. 당신이 확고부동하게 변함없이 주목하고 관심을 기울이는 그것이 삶으로 들어와 삶을 지배하고 좌우할 것이다. 만약 당신이 어떤 것에 특별히 계속해서 주의를 기울이지 않으면 ─ 사실 많은 사람이 대개 그렇다 ─ 불확실성과 긴장감을 제외하고는 어떤 것도 특별히 당신 삶으로 들어오지 않을 것이다. 그러므로 당신은 마치 표류하는 통나무와 같을 것이다. 만약 온 관심이 눈에 보이는 바깥세상 — 본성상 끊임없이 변화무쌍한 — 에 가 있으면 당신은 불행해질 것이다. 가난해지거나 병에 걸려 고통을 받게 될지도 모른다. 반면에 당신이 하나님에게만 집중한다면, 하나님의 영광을 가장 먼저 생각하고, 하나님의 뜻을 실천하는 것이 당신 삶의 최우선 과제가 된다면, 당신 눈은 성하고 온몸은 빛으로 가득할 것이다.

한 사람이 두 주인을 섬기지 못할 것이니

혹 이를 미워하고 저를 사랑하거나

혹 이를 중히 여기고 저를 경히 여김이라

너희가 하나님과 재물을 겸하여 섬기지 못하느니라

그러므로 내가 너희에게 이르노니

목숨을 위하여 무엇을 먹을까 무엇을 마실까

몸을 위하여 무엇을 입을까 염려하지 말라

목숨이 음식보다 중하지 아니하며

몸이 의복보다 중하지 아니하냐

공중의 새를 보라

심지도 않고 거두지도 않고 창고에 모아들이지도 아니하되

너희 하늘 아버지께서 기르시나니

너희는 이것들보다 귀하지 아니하냐

너희 중에 누가 염려함으로 그 키를 한 자라도 더할 수 있겠느냐

또 너희가 어찌 의복을 위하여 염려하느냐

들의 백합화가 어떻게 자라는가 생각하여 보라

수고도 아니하고 길쌈도 아니하느니라

그러나 내가 너희에게 말하노니

솔로몬의 모든 영광으로도 입은 것이

이 꽃 하나만 같지 못하였느니라

오늘 있다가 내일 아궁이에 던져지는 들풀도

하나님이 이렇게 입히시거든

하물며 너희일까 보냐 믿음이 작은 자들아

그러므로 염려하여 이르기를

무엇을 먹을까 무엇을 마실까 무엇을 입을까 하지 말라

이는 다 이방인들이 구하는 것이라

너희 하늘 아버지께서 이 모든 것이

너희에게 있어야 할 줄을 아시느니라

그런즉 너희는 먼저 그의 나라와 그의 의를 구하라

그리하면 이 모든 것을 너희에게 더하시리라

마태복음 6:24~33

많은 그리스도인이 이러한 사실들을 이론적으로만 받아들일 뿐, 막상 실제로 적용해야 할 순간에 이르면 정말이지 내키지 않아 한다. 이 망설임은 항상 모순과 나약함 속에서 숱한 어려움에 직면하게 만들곤 했다. 차라리 영혼이 아니라 물질에 기초한 삶을 사는 사람들이 더 나은 시간을 보내는 것 같다. 적어도 그들은 자신들이 삶의 기초로 삼은 것과 최고로 치는 것에 일치하는 삶을 사는 것처럼 보인다. 그들이 이해한 바대로 게임을 즐기면서 말이다. 그러므로 때로는 이것을 토대로 삼고 때로는 저것을 토대로 삼으려 들면 두 주인을 섬기려고 하는 것이다. 물론 가당치 않다. *너희가 하나님과 재물을 겸하여 섬기지 못한다.*

사람은 본질적으로 영적이다. 하나님의 형상대로 지음 받은 우리가 아니던가. 그러므로 하나님의 이미지와 동일한 토대, 즉 우리가 서야 할 곳은 그 영적 토대 외에 다른 것일 수 없다. 결코 이와 다른 것을 물려받을 수가 없다. 공중의 새와 들의 백합화는 자기 본질에 충실하다는 점에서 인간에게 놀라운 교훈을 제공한다. 그들은 자신의 참된 본성을 철저하게 표현한다. 그들은 자기다운 삶을 완벽히 살아낸다. 그들은 인간의 삶을 뒤틀리게 만드는 걱정과 근심을 알지 못한다. 여기서 언급된 백합화는 야생 양귀비를 가리킨다. 산들바람에 한들한들 춤을

추며 흔들거리는, 들에 핀 양귀비를 본 사람이라면 누구나 우리 존재가 나면서부터 가졌던 권리인 양, 마음속에 예수가 가졌던 쉼과 자유와 기쁨의 감각을 알아채고 고마움을 느낄 것이다.

물론 인간인 우리가 공중의 새나 들의 백합화가 타고난 삶의 방식을 그대로 따라야 한다는 뜻이 아니다. 우리는 분명 새나 꽃보다 상위 범주의 창조물이다. 교훈은 이것이다. 공중의 새가 새 자신인 것처럼 들의 백합화가 백합화 자신인 것처럼 그렇게, 우리도 우리 자신으로 살아야 한다는 것이다. 사람이 사람다운 요소에 맞춰 살아야 한다는 것이다. 참사람다운 요소는 무엇인가? 지금 여기 살아 계신 하나님이다. 오거스틴은 말했다. "당신은 우리를 당신 자신을 위해 만드셨습니다. 그래서 우리 마음은 당신 안에 있기까지는 쉼을 얻지 못합니다." 사람은 하나님 안에서 살고 움직이고 존재한다는 진리를 우리가 받아들일 때, 새나 꽃이 *자신들의* 조건인 진리를 받아들인 것처럼 완벽히 그리고 의문의 여지 없이, 우리는 그들이 한 것처럼 쉽고 철저하게 사람다운 삶을 살아 낼 수 있다.

만약 이 아름다운 비유들을 영적인 비유가 아니라 말 그대로 받아들여서 양귀비 꽃밭 한가운데서 하나님의 극적인 기적을 기다릴 정도로 멍청한 사람이 있다면, 그는 곧 경험을 통해 그 길이 잘못되었음을 깨닫게 될 것이다. 사람은 식물이나 다른 동물보다 훨씬 많은 능력을 가지고 있으므로 기도와 명상이라는 자신의 영역에서 쉬지 않고 깨어 있음으로써 그것들의 지혜와 영광을 모방할 수 있다. 영적인 기초는 자유방임을 의미하지 않는다. 이것은 심화된 행동을 의미하는데, 물질적 영역이 아니라 영적인 영역에서의 심화된 행동이다. 이것이 하나님의 나라를 구하는 자가 취할 유일한 방법이며, 필요한 것은 모두 자연스레 이를 뒤따라오게 될 것이다.

만약 당신이 걱정되고 혼란스러운 상태거나 매우 낙심해 있다면 그때가 바로 정신적으로 양귀비들 사이에 누워야 할 시점이다. 소란스럽지 않게 조용히 성경을 읽거나 변화가 일어날 때까지 쉬지 말고 기도하라. 변화는 당신 내면에서 일어날 수도 있고 외부 상황에 발생할 수도 있다. 이런 방식으로 대처하는 것은 결코 *자유방임주의*가 아니다. 쉬지 않고 기도하는 것은 결코 아무 행동도 취하지 않는 게 아니기 때문이다. 영국에 사는 한 여자가 얼마 전 희망이라곤 보이지 않는 완전한 파멸에 빠졌다. 온통 뒤죽박죽인 상황에 처한 그녀에게 나는 바로 이 방법을 권유했다. 나에게 설득당한 그녀는 정신적으로 모든 짐을 내려놓았다. 그리고 '사태가 더욱 악화될 것이 분명한데도 그냥 그대로 내버려 둔 채' 이삼일 동안 조용히 성경을 뒤적이면서 평화와 행복을 기도했다. 일주일도 지나지 않아 모든 일이 마법처럼 깨끗이 해결되었다. 파멸에서 빠져나오기 위해 뒤얽힌 상황 한가운데서 그녀가 한 일이라곤 어떤 실제적인 행동도 취하지 않고 다만 기도하고 성경을 읽은 것뿐이다.

필요한 것을 얻기 위해 우리가 취할 수 있는 정상적인 방법은 아마도 사업을 하거나 직업을 구하는 것이다. 참된 공급처를 이해한 사람이라면 행복하고 만족스럽게 좋은 일을 하고 그 보상을 받을 수 있을 것이다. 과학적인 기도, 다시 말해 원리를 깨달아 그것에 맞게 드리는 기도는 우리로 하여금 그런 자리에 가게 해 준다. 그러므로 현재 우리가 있는 자리가 행복하게 일할 수 있는 곳이 아니라면 과학적으로 기도하라. 참된 자리를 바로 알고 날마다 봉사할 기회를 구하면서 기도하다 보면 시간이 지나면서 차츰 지금보다 더 나은 자리로 나아가게 될 것이다. 물론 누구나 필연적으로 '일하러 나갈' 필요가 있다는 의미는 아니다. 집에서 가사를 돌보는 것 또한 가치 있고 중요한 일이다. 그런가 하면 세상에는 돈을 벌 필요를 넘어선 사람들도 있다. 이익 창출과는 거리가 먼 문학이며 예술 그리고 그 밖의 다른 활동에 종사하는, 이 사회에 꼭 필요한 사람들도 있다. 그러므로 분명한 것은 돈을 벌 필요가 없을 정도로 많은 돈을 갖고 있든 돈과는 상관없는 일에 종사하든 영적 토대 위에 선 사람이라면 적어도 게으름뱅이의 삶을 살지는 않을 것이라는 점이다.

때로 생계 걱정하지 않고 오직 영적인 활동만 하게 해 달라고 구하는 희한한 사람들 얘기를 듣게 된다. 친척이나 친구나 혹 주변에 누군가가 너무 영적이어서 일하러 갈 생각을 하지 않는다면 그냥 나태함 가운데 그대로 놔두었으면 한다. 누구 말을 듣고 돌이킬 수 있는 결심이 아닌 것으로 보이기 때문이다. 이 태도는 그만큼 분명하다. 그가 깨달은 것이 정상적인 일을 하지 않게 만들기에 충분하다면 공급 또한 그것이 가능하게 자동으로 이루어질 것이다. 자부심을 품고 독립적으로 훌륭한 삶을 살 수 있을 것이다. 그러나 이것은 모두에게 적용 가능한 것은 아니다. 다른 사람 덕택에 사는 사람이거나 빚이 있는 사람이라면 더욱 그러하다. 만약 '비우기'란 말의 힘을 실험해 보고 싶다면 실제로 그렇게 해 보는 수밖에 없다. 이 실험을 하는 진짜 유일한 방법은 "입증하거나 굶어 죽거나" 그대로 놔두는 것이다. 그럼에도 누군가의 도움을 은밀히 원하고 있다면, 당신은 하나님의 말씀에 의지하고 있는 것이 아니다. 과학적 사고를 중시하는 기독교인이라면 누구나 합당한 만큼의 부를 소유하게 되어 있고, 그 합당한 정도는 이 땅에서 편안하고 안전하게 살아가는 데 아무 문제가 없으리만치 충분하다. 그러나, 오로지 하나님의 말씀을 통해서 이를 진실로 입증할 수 있게 되기까지는, 당신은 자신의 방법으로 제 위치를 찾고 성공하려 해야 할 것이다.

이 장에서 예수는 우리가 생각하는 것만으로 우리 키를 한 자도 더할 수 없다는 것을 말한다. 이것은 예수가 이미 여러 방식으로 언급한 위대한 진리를 말하는 또 하나의 방식일 뿐이다. 우리는 다시 태어날 수 없다. 당신은 당신이다. 생각이 지닌 힘을 알게 되었다고 해서 당신이 생각만으로 이렇게 생겨먹은 당신을 다른 모습으로 바꿀 수는 없는 노릇이다. 왜냐하면 당신은 생겨먹은 그대로의 당신이기 때문이다. 사람들이 말하듯 당신은 오로지 다른 사람이 되어야만 "무언가 이룰 수 있다." 그리고 다른 사람이 되는 것은 오로지 신의 현존을 깨달음으로써만 가능하다.

그러므로 내일 일을 위하여 염려하지 말라
내일 일은 내일이 염려할 것이요
한 날의 괴로움은 그날로 족하니라

마태복음 6:34

과학적인 기도 안에서 우리는 대개 현재시제로 활동한다. 과학적인 기도를 관통하는 생각은 기도하는 사람의 의식을 조절하는 데 있다. 그러므로 현재일 수밖에 없다. "지금을 붙잡는 것은 시간을 받아들이는 것이다. 지금을 붙잡는 것은 그날을 구원하는 것이다. ─ 보라, 지금은 은혜받을 만한 때요. 보라, 지금은 구원의 날이로다." **고린도후서 6:2**

미래와 관련된 문제가 지금 당신 앞에 놓였다고 가정해 보자. 예를 들어 6개월 후에 큰 시험을 앞두고 있다거나 다음 주쯤 여행을 떠날 예정이어서 지금 몹시 불안하다. 이제 당장 해야 할 일은 무엇인가. 앞으로 있을 일을 위하여 지금 현재시제로 기도하는 것이다. 그때가 될 때까지 불안해하며 그 일이 일어나기까지 초조하게 기다리지 말라. 지금 그 일을 시작하라. 지금 그 일과 관련해 내면의 의식을 현재시제로 조정하라. 미리 앞서서 영적인 조치를 해 두려고 애쓰지 말라. 이것은 성공적일 수 없다. 그 일은 분명 미래의 일이겠지만 당신이 그것을 지금 생각하고 있다는 사실은 그 일이 의식에서는 현재라는 의미다. 생각은 '지금 여기'이므로 그 일은 현재시제로 다루어질 수 있고 다루어져야만 한다. 같은 방법으로 과거의 일도 처리할 수 있다. 분명 과거에 일어난 일인데도 그 일이 아직도 당신을 걱정하게 만든다면 현재시제로 그 일을 다시 다룸으로써 그 문제를 해결하도록 하자. 과거의 일인 것을 알고 있다 하더라도 그것을 떠올리고 생각하는 행위는 지금 여기서 일어나고 있기 때문이다. 그러므로 과거의 일도 미래의 일도 지금 여기서 일어나고 있는 것처럼 다뤄야 한다. 기억하라. 하나님은 우리가 시간이라고 부르는 것 밖에 있다. 그러므로 그의 거룩한 임재로 인해 이루어지는 치유 행위는 그 한 날에 온전히 적용된다. 하나님은 우리가 시간이라 부르는 것의 바깥에 존재하심을 기억하라. 하나님의 성스러운 현존이 일으키는 아름다운 치유의 힘은 시간을 뛰어넘어 적용된다.

부디 잊지 말고 항상 기억하라. 당신 자신과 관련해 당신에게 꼭 필요한 오직 하나의 생각은 바로 현재의 생각이다. 어제의 생각도 작년의 생각도 지금 문제가 된다고는 볼 수 없다. 왜냐하면 당신의 현재 생각이 올바르기만 하다면 지금 여기서 모든 것이 다 올바르게 될 것이기 때문이다. 그러므로 내일을 준비하는 최고이자 최선의 방법은 오늘 당신 내면의 의식을 평화롭고 조화롭게 만드는 것이다. 그러고 나면 다른 것들 또한 모두 이를 따라 조화롭게 풀릴 것이다.

그러나 절대로 근심 걱정을 하게 만드는 골칫거리를 찾아 기도하면서 남김없이 처리하겠노라 작정하고 마음속을 캐러 들어가지 말라. 언젠가 그것들이 자연스럽게 떠올라 당신 주의를 끝내 되거든 그때 충실하게 다루면 된다. 그때가 비로소 감춰진 것들이 돌보아져야 할 때다.

같은 의미에서 과학적인 기독교는 다음 단계, 사후의 세계 등에 대해 많이 생각하라고 권하지 않는다. 그러한 집착은 이 생애, 하루하루의 문제에서 도피하는 데 지나지 않기 때문이다. 오늘 우리 앞에 주어진 문제를 회피하거나 미루지 말고 지금 여기서 마주하고 해결해야 한다.

우리가 곱씹어 생각해야 할 것은 죽음이 아니라 삶이다. 삶에 집중하고 '지금 여기'를 있는 힘껏 살라.

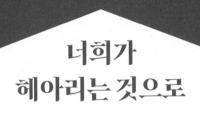

6

너희가
헤아리는 것으로

비판을 받지 아니하려거든 비판하지 말라

너희가 비판하는 그 비판으로 너희가 비판을 받을 것이요

너희가 헤아리는 그 헤아림으로 너희가 헤아림을 받을 것이니라

어찌하여 형제의 눈 속에 있는 티는 보고

네 눈 속에 있는 들보는 깨닫지 못하느냐

보라 네 눈 속에 들보가 있는데

어찌하여 형제에게 말하기를

나로 네 눈 속에 있는 티를 빼게 하라 하겠느냐

외식하는 자여 먼저 네 눈 속에서 들보를 빼어라

그 후에야 밝히 보고 형제의 눈 속에서 티를 빼리라

마태복음 7:1~5

산상수훈의 이 장은 다섯 개의 짧은 절로 구성되어 있다. 액면 그대로 인류에게 주어진 가장 충격적인 말씀이라고 하기엔 결코 길지 않다. 이 다섯 절은 이제까지 모든 철학자, 신학자, 석학이 우리에게 전해 준 것들보다 더욱 다음 항목들 ― 인간의 본성, 삶의 의미, 행동의 중요성, 삶의 기술, 행복과 성공의 비밀, 곤란을 겪지 않는 방법, 하나님에게 나아가는 방법, 영혼의 해방, 세상의 구원 ― 에 대해서 말해 준다. 이 다섯 절은 위대한 천리(天理)를 설명하는 것이기에 대단히 중요하다. 우리에게도 그렇지만 아이에게는 더욱 중요하기 때문에 학교나 대학에서 가르치는 다른 것보다 더욱 이 다섯 절의 의미를 배워야만 한다. 그러나 이토록 중요한 것임에도 사실 어떤 배움의 장소에서도 가르쳐진 바 없을뿐더러 어떤 도서관에서도 읽힌 바 없고 어떤 실험실에서도 연구된 바 없다. 사람이 살아가는 데 이토록 중요한 정보들이 말이다. 만약 "이 한 권 안에 모든 것이 들었으니 나머지 책들은 전부 태워 버려라."라는 광신적인 말을 정당화하는 게 가능하다면 그것은 바로 이 문장들에 해당하는 것이리라.

비판을 받지 아니하려거든 비판하지 말라. 너희가 비판하는 그 비판으로 너희가 비판을 받을 것이요, 너희가 헤아리는 그 헤아림으로 너희가 헤아림을 받을 것이니라. 보통의 사람이

이 말이 이미를 조금이라노 이해하고 이 말을 사실로 받아들이고 정말로 믿는다면, 즉시 그의 삶 전체에 머리부터 발끝까지 일대 혁신이 일어날 것이다. 너무나 짧은 시간에 안팎이 뒤집힌 게 아닐까 할 정도로 변한 그의 행동을 보고 가까운 친구들조차 그를 알아보기가 힘들 것이다. 이 말의 의미를 이해하는 사람이라면 그가 내각의 수상이든 보통의 평범한 사람이든 간에 이 깨달음으로 인해 자신뿐 아니라 많은 사람을 위해 세상을 변화시킬 수 있을 것이다. 그것은 컴퓨터 게임에 빠져드는 것 이상으로 전염성이 강하기 때문이다.

우리는 열린 마음으로 이 산상수훈을 읽고 또 읽으면서 거듭 놀라지 않을 수 없다. 이토록 도전적인 말씀이 어떻게 지금까지 기독교인들에 의해서 그토록 실천되지 않을 수 있었단 말인가. 완전히 무시되어 왔다고밖에 볼 수 없다. 우리가 이미 알고 있는 바, 사실 이 말씀은 예수에 의해 공중 앞에서 선포된 이래 지금까지 수도 없이 들어온 말이요, 읽어 온 말이 아니던가. 수백만 아니 수천만 그리스도인들에 의해서 말이다. 그럼에도 도무지 가능할 것으로 보이지 않는 말씀이다. 자신의 삶과 행동이 누군가에 의해서 비판받기를 원하는 이가 어디 있겠는가. 그렇다고 비판도 하지 않고 헤아리지도 않고 어떻게 살 수 있단 말인가. 우리 누구도 이 단순한 삶의 법칙을 피해 갈 수 없다.

삶의 법칙은 단순하다. 우리가 다른 사람들을 향하여 생각하고 말하고 행동하는 것처럼 그렇게 다른 사람들도 우리를 향하여 생각하고 말하고 행동한다는 것이다. 그러므로 어떻게 행동하든 우리가 행한 대로 고스란히 돌려받을 수밖에 없다. 우리가 누군가에게 한 행동이 조만간에 또 다른 곳에서 또 다른 누군가를 통해 우리에게 되돌아온다고 보면 된다. 우리의 행동이 좋은 것이면 그만큼의 좋은 것으로 돌아올 것이고 나쁜 것이면 그만큼의 나쁜 것으로 돌아올 것이다. 이것은 우리가 한 행동을 똑같은 사람에게서 똑같은 행동으로 되돌려 받게 된다는 의미가 아니다. 대개는 그렇게 돌려받게 되지 않는다. 다른 시간대 또는 다른 장소에서 일어나기도 하고, 종종 세월이 한참 지난 후에 일어나기도 하며, 이전 행동에 대해서는 전혀 알 리 없는 사람에게서 꼭 그만큼의 행동으로 되돌려 받기도 한다. 그러나 분명한 것은 우리 입 밖으로 나간 모든 불친절한 말이며 다른 사람에 대해 늘어놓은 험담 등이 반드시 우리에게로 똑같이 불친절한 말과 험담이 되어 되돌아온다는 것이다. 당신이 속인 모든 시간이 당신을 속일 것이다. 당신이 한 모든 거짓말이 당신을 향한 거짓말이 되어 돌아올 것이다. 의무를 게을리한 것, 책임을 회피한 것, 권한을 잘못 사용한 것,

기다 등등. 당신이 한 행농이 모두 고스란히 되돌아와 당신을 해코지할 때 그저 고통을 겪음으로써 그 값을 치르는 방도 외에 달리 피할 길이 없을 것이다. *너희가 헤아리는 그 헤아림으로 너희가 헤아림을 받을 것이니라.*

이제, 말 그대로 참된 존재로서 이 모든 것을 깨달은 사람들만이 그들의 행동에 심오한 영향을 미친다는 것이 명백하지 않은가? 그러므로 더 많은 사람이 이 말씀을 이해할 수 있다면 실제로 국회에서 통과된 법이나 판사와 치안판사에 의해 부과된 형벌보다 더욱 범죄를 감소시키고 지역사회의 일반적 도덕 수준을 높일 수 있지 않을까? 사람들은 해서는 안 되는 행동인 줄 알면서도 한번 유혹에 빠지면 쉽게 생각해 버리는 경향이 있다. 그래서 이러저러한 방법을 써서 법망을 피하거나, 순경에게서 도망을 치거나, 여타 권위의 손아귀에서 미끄러지듯 빠져나갈 수 있으리라고 생각한다. 또한 사람들은 용서받을 수 있기를 바라며, 상대방에게 복수할 힘이 없기를 기대하며, 자신들이 잊혔기를 희망하고, 아예 들키지 않았기를 기도한다. 그러나 사람들이 이 말씀, 이 응보(應報)의 법칙이 곧 우주의 이치, 즉 천리라는 것을 이해한다면, 중력의 법칙이 그러하듯이 사사로운 것이 아닐뿐더러 변치 않는다는 것을 안다면, 대상이 사람이든 기관이든 가리지 않고 어디나 적용되며 딱히

악의를 가지고 있지 않듯 동정하지도 않는다는 것을 안다면, 그들은 다른 사람을 옳지 않은 방법으로 대하기 전에 두 번은 생각하게 될 것이다. 중력의 법칙은 결코 작동을 멈추지 않을 뿐더러, 자신의 의무를 게을리하지도 경계를 풀지도 지치지도 않는다. 그것은 동정적이지도 않지만 앙심을 품고 보복하려 하지도 않는다. 고로 누구도 그것을 회피하거나 꼬드기거나 매수하거나 위협할 꿈도 꿀 수 없다. 누구나 피할 수 없는 당연한 것으로 받아들이고 그에 맞게 행동하려 할 수밖에 없다. 이 응보의 법칙 또한 중력의 법칙과 다를 바 없다는 것을 받아들여야 한다. 물도 가만두면 조만간 수평을 이루듯 다른 사람에게 하는 우리의 행동 또한 결국에는 우리에게서 나가서 우리 자신에게로 되돌아온다.

어떤 기독교인들은 이 응보의 법칙에 대해 알고 나면 이것은 불교나 힌두교에 해당하는 말씀이지 기독교의 말씀은 아니지 않은가 지적하고 반대 의사를 표하며 받아들이고 싶어 하지 않는다. 그렇다, 이는 불교의 법칙이고 말씀이며 힌두교에서 가르치는 것이다. 참으로 지혜롭게도 이것은 자연의 법칙이기 때문이다. 때문에 서방에서보다 동양에서 더 잘 이해된다는 것 또한 사실이다. 그렇다고 해서 동양이 소유한 가르침이라고만 할 수는 없다. 정통 기독교회가 예수 그리스도의 가르침 가운데 매우 중요한 이 말씀을 사람들에게 명확하게 밝혀 주는 데 지나치게 게을렀다는 것을 의미할 뿐이다.

어쨌거나 이 응보의 법칙이 기독교의 가르침이 아니라고 말하는 사람들에게 나는 다음과 같이 질문함으로써 대답을 대신하고자 한다. "그러면 마태복음은 기독교의 문서인가 아닌가? 예수는 기독교도인가 불교도인가?" 당신은 예수의 이 응보의 말씀이 좋을 수도 싫을 수도 있고, 원한다면 무시할 수도 있다. 그러나 예수가 이것을 가르쳤다는 사실마저 부정할 수는 없다. 예수는 이런 기미를 예감하기라도 한 듯이 이 말씀만큼은 에둘러 말하지도 않고 직설적으로 그리고 강조해서 말했다. *비판을 받지 아니하려거든 비판하지 말라. 너희가 비판하는 그 비판으로 너희가 비판을 받을 것이요 너희가 헤아리는 그 헤아림으로 너희가 헤아림을 받을 것이니라.*

에드윈 아널드 경(Sir Edwin Arnold)은 「천상의 노래(the song celestial)」에서 천리에 대해서 아름답게 기술하고 있다.

누구에 의해서도 모멸 받지 않으리

파괴하려는 자 잃을 것이요 섬기는 자 얻으리라

숨겨진 선이 평화와 축복으로

숨겨진 악이 고통으로 돌아오리라

이것에 의해 살인자의 칼은 자신을 찌르고
불의한 재판관을 변호할 이 아무도 없으리니
거짓 혀는 제 거짓말로 망하고
도둑과 훼방꾼이 오히려 도둑을 맞으리라

모든 곳을 보고 모든 곳에 표하리니
바르게 하라! 그릇 행한 자 그 값을 치를 것이라
다르마(Dharma) 곧 법이 오래도록 지체하는 듯해도
동일한 응보가 지체하지 않고 오리니

이제 우리는 누군가 우리에게 하지 않았으면 하는 행동은
우리 또한 다른 사람에게 하지 않는 게 좋다는 것을 배웠다. 결
국은 우리 자신에게 동일한 응보로 일어날 것이기 때문이다.
특히 우리보다 약한 이에게 나쁜 행동을 한 경우라면 더욱 그
럴 것이다.

그러나 법, 즉 이치란 것은 모름지기 양방향으로 작동하지
않는다면 빈약한 법이 아니겠는가. 응보의 법칙은 나쁜 쪽으

로민 아니라 좋은 쪽으로도 동일한 효력을 발휘한다. 그러므로 우리가 누군가에게 친절한 말을 들려주고 선을 베풀었다면 마땅히 그에 따른 보응이 있을 것이다. 당신은 같은 방법으로 꼭 그만큼을 되돌려 받을 것이다. 사람들은 자주 — 참으로 지나치리만치 자주 — 그들이 호의를 베푼 사람들의 배은 망덕을 지적하며 불평한다. 그러나 이 불평을 가만 들여다보면 불평하는 사람의 마음이 잘못되었음을 알게 된다. 잘못된 태도에서 비롯된 것이다. 누군가에게 친절을 베풀었는데 그가 고마워하지 않아서 상처받았다면 그건 당신이 상대방에게서 감사하는 마음을 기대하고 있었다는 것을 보여 준다. 이것이야말로 올바르지 못한 태도이다. 다른 사람을 돕는 참된 이유는 우리가 할 수 있는 한 힘껏 지혜롭게 그를 도와야 하는 것이 우리의 의무이기 때문이다. 그것이 사랑을 표현하는 방법이기 때문이다. 사랑은 대가를 바라지 않는 것이요, 의무를 다하는 것이야말로 진정한 보상이다. 이것이 마땅하고 또 올바른 마음가짐이다. 우리가 어떤 마음가짐으로 행동하는가에 따라 우리 행위가 인식되리라는 것을 기억하라. 감사를 기대한다는 사실은 마지못해 한다는 것을 의미한다. 상대방은 무의식적으로 이를 감지하고 모멸감을 느낄 것이다. 이런 행동과 느낌은 사람의 성정이 너무도 불쾌하게 받아들이는 것 중 하나다. 그러니 선한 일을 했거든 빨리 지나가라, 알아주기를 기대하지도 원하지도 말라.

당신이 드린 기도는 어떠한가? 아름다운 생각들인가? 용기를 북돋우는 생각들인가? 당신이 건넨 친절한 말은 그저 의무감에 한 것인가? 당신의 착한 행동은 마지못해 억지로 한 것인가? 여전히 의무감에 그칠 뿐 거기서 벗어나게 되지 않는가? 다른 사람을 향한 우리의 기도, 말, 행동 들은 우리가 지켜야 할 유일한 것들이다. 나머지는 모두 사라져야 마땅하다. 잘못된 생각, 말, 행동 들은 법 아래 있다. 거기 머물 뿐이다. 그러나 선한 것은 영원히 계속되고 변치 않으며 시간이 지나도 그 빛을 잃지 않는다.

생각이 지닌 힘을 이해하게 된 과학적인 그리스도인이라면 이제 이 법이 참으로 적용되는 생각의 영역에서 말씀대로 실천하려고 할 것이다. 그렇게 하노라면 깨닫게 될 것이다. 다른 사람에 관하여 생각을 올바르게 가지려고 노력하는 것이 곧 자기 자신에 관하여서도 올바른 생각을 갖게 만든다는 것을. 하나님에 관한 바른 생각, 인간에 관한 바른 생각, 자기 자신에 관한 바른 생각, 이것이 곧 율법이요 선지자다. 그러므로 참으로 다스림이 일어나야 할 곳은 바로 우리 내면의 골방이다. 오늘도 우리는 그 은밀한 곳에서 깨달은 이 말씀을 지키려고 마

~~음을 더해 주의를 기울인다. 판단하지 말라.~~

기독교를 과학적으로 이해한 바탕에서의 황금률은 이것이다. 다른 사람을 생각할 때는 그들이 당신을 어떻게 생각해 주었으면 하는지 당신이 바라는 그대로 생각하라. 우리가 이미 아는 지식의 빛 안에서 이 규칙을 지키는 것은 대단히 엄숙한 의무다. 그러나 사실 이 황금률을 따르는 것은 그보다 더 많이 명예에 빚진 것이다. 명예의 빚은 법이 강제할 수 없는 의무다. 오히려 빚진 자의 자기 존중 그리고 예의처럼, 명예에서 놓여나는 것에 의지한다고 할 수 있다. 우리가 어떻게 생각하는지를 누구도 알 수 없고 증명할 수도 없기에, 우리는 어떤 재판소에서도 우리 생각에 대해서는 책임을 지지 않는다. 그러나 모든 재판소 중에서도 가장 높은 재판소가 있으니 그곳은 결코 실수하지 않는 곳이다. 그곳에서 결정하면 누구도 판결로부터 도망칠 수 없다.

배움에 열려 있는 그리스도인이라면 위대한 법 즉 천리란 무엇이며, 그 법이 어떻게 작동하는지를 이해했을 것이다. 이 장에서는 이제 예수에 의해 훌륭하게 요약된, 위대한 법을 넘어 다음 발걸음을 떼야 한다. 그리스도라는 이름으로 위대한 법조차도 넘어서는 것이 어떻게 가능한가를 이해해야 하는 것이다. 성경에서 "그리스도"라는 용어는 한 사람 예수를 가리키는 말이 아니다. 그것은 어떤 것에 관한 절대적이고 영적인 진리를 가리키는 말로 간략하게 설명 가능한 기술적인 용어다. 진리를 아는 것은 치유하는 것이다. 진리를 알면 치유가 일어난다. 어떤 사람, 어떤 조건, 어떤 상황에 관하여 이 진리를 안다는 것은 아는 만큼 즉시로 치유한다는 것이다. 이것이 영적 치유의 본질이다. 그러므로 치유의 역사는 넓은 의미에서 예수가 우리를 위해 한 특별하고 비할 데 없는 그 일 — 세상에 와서 우리를 구원한 역사 — 을 제외하고서는, 우리 그리스도인에게서 동일하게 일어나야 하는 것이다. 예수 그리스도(어떤 것에 관한 참 생각인)를 생각할 때마다 육체적이고 도덕적이고 지적인 치유가 일어나야 마땅하다.

둔하고 어리석은 사람에게 지적인 치유가 일어나면 사리에 밝아지고 총명해질 것이다. 만약 학교에 다니는 학생이라면 지적인 치유의 효과가 너무도 극명한 나머지 마법이라고밖에 표현할 수 없을 것이다. 우리는 하나님의 지성을 요청해야 한다. 하나님은 사람의 영혼이라는 것을 깨달아야 한다. 질병과 죄, 가난, 혼돈과 나약함, 이 모든 것은 그리스도의 치유의 권능 아래 사라지게 되어 있다. 그 정도가 얼마나 고질적이고 심각한지는 별문제가 되지 않는다. 누구에 의해서든 그리스도와 그 뒤에 자리한 영적 진리가 현실화되면 치유가 일어날 것이다. 어떤 것에 대해서도 예외가 없다. 그리스도는 하나님에게서 나온 이요, 보낸 이의 뜻을 알고 행하기에 하나님 자신이 직접 행하는 것이나 다를 게 없다. 따라서 그의 치유의 권능이 미치지 못하는 곳이란 있을 수 없다.

영적인 질서, 즉 영의 법칙은 물리적이고 정신적인 법칙보다 상위의 것으로서 이들 하위법에 우선한다. 이것은 첫 장에서 보았던 것처럼, 그렇다고 해서 이들 상위법으로 인해 현실 세계에서 물리적이거나 정신적인 법칙들이 효력을 발휘하지 못한다는 의미가 아니다. 그것은 사람의 본질이 하나님의 형상인 까닭에 이들 하위법이 더는 영향을 미치지 못하는 영역 ― 영의 무한한 영역 ― 에 들어선다는 것을 뜻한다. 하위법을 폐하는 게 아니라 그것을 넘어섬으로써 말이다. 바람을 불어넣자마자 하늘로 날아오르는 풍선을 보고 마치 중력의 법칙에 도전이라도 하는 양 인용되곤 하는 상황을 한번 떠올려보자. 중력의 법칙이 무시된 듯 보이지만 결코 폐기되지 않았다는 걸 우리는 안다. 안팎이 뒤바뀐 것보다 더 놀라운 치유의 역사 또한 이와 같아서 하위법의 질서를 교란하지 않는다. 사람을 가리지 않는 무차별적인 카르마의 법 또한 마찬가지다. 물질과 정신에 관여할 뿐 영혼에는 영향을 주지 않는다. 영적 질서 아래서는 모든 것이 완전하고 영원하며 변치 않는 선이다. 아무것도 심지 않았는데 애초부터 나쁜 카르마란 있을 수 없다. 그러므로 우리가 기도하고 명상하고 영적인 처치를 함으로써 영의 세계에 온 마음과 뜻을 기울이면 완전한 선의 법 아래 치유가 일어난다. 이로써 카르마는 완전히 파괴된다.

그래서 사람은 카르마 또는 그리스도를 선택하는 것이다. 이것은 지금까지 인류에게 들린 소식 중 가장 좋은 소식이다. 때문에 좋은 소식, 기쁜 소식, '복음'이라고 부른다. 참으로 '복된 소식'이라고 하지 않을 수 없다. 이것은 인간의 자유선언문이다. 그는 하나님의 형상을 닮은 자로서 모든 것을 다스린다. 그는 선택할 수 있다. 물론 벗어날 수 없는 한계를 지닌 제한된 존재로서의 삶이기에 카르마의 바퀴에 매인 삶일 뿐이라고 해야 하겠지만 기도를 통해 얼마든지 영의 영역, 즉 그리스도에게 탄원할 수 있다. 이로써 자유를 누릴 수 있다. 그리스도를 선택하든 카르마를 선택하든 선택권을 가진 것은 인간이다. 그러나 그리스도는 카르마의 주인이다.

카르마에 대한 이해가 잘 되어 있는 곳은 서구보다는 오히려 그리스도의 메시지를 들을 기회가 없었던 동방의 나라들이다. 그러므로 이 나라의 사람들은 자신이 서방에 사는 사람들에 비해 다소 희망이 없는 위치에 놓인 게 아닌가 생각할 수 있다. 그러나 그리스도의 복음을 올바르게 이해한다면 얼마든지 자유로울 수 있다. 다시 말해 기도하지 않으면 카르마는 설고 바뀔 수 없다. 기도는 카르마를 넘어서게 하는 도약대다. 기도를 통해 우리는 업에서 벗어날 수 있다. 쌓은 선에서 선을, 쌓은 악에서 악을 거두는 게 마땅하다. 때문에 잘못을 저질렀다면 그에 따른 결코 유쾌하지 않은 결과 또한 받아들여야 한다. 그러나 기도함으로 하나님의 살아 계심을 맛보고 그가 역사하실 수 있게 우리 삶을 내어 줌으로써 마땅히 받아야 할 벌과 겪어야 할 고통에서 벗어날 수 있다. 우리는 그리스도 또는 카르마, 어느 쪽이든 스스로 선택할 수 있다.

기도로 카르마를 넘어선다는 것은 우리가 쌓은 것이 무엇이든 다 해당되는 것인가? 어떤 실수도? 어떤 어리석음도? 어떤 흉악한 죄도? 때문에 마땅히 겪을 수밖에 없는 고통이며 처벌 등이 모두 지워질 수 있다는 것인가? 정말 이 모든 게 생명책에서 삭제될 수 있단 말인가? 그렇다, 바로 그것이다. 그리스도의 치유가 파괴하지 못할 악은 없다. 하나님이 세상을 이처럼 사랑하사 그의 독생자를 보내고 그리스도의 권능을 나타내지 않았는가. 그러므로 하나님의 아들 그리스도를 선택하는 자는 누구든, 혹 부서지지 않을까 싶을 정도로 나약할지라도 결코 소멸하지 않을 것이다. 영원한 구원을 받을 것이다.

그러나 형식적이고 습관적인 기도를 통해서는 저지른 실수로 인해 겪어야 할 결과를 만만히 피해 갈 수 없다. 피상적인 기도가 카르마를 넘어서는 기도일 수 없다는 것은 말할 필요도 없지 않을까. 피상적인 기도로 지은 죄를 근본적으로 없앨 하나님의 역사를 이끌어 낼 수는 없다. 죄를 지었으면 마땅히 치러야 할 벌을 없애기 위해서는 꼭 필요한 기도가 우선이다. 영적인 처방이 있어야만 죄인이 변한다. 그는 더는 죄를 반복하려 하지 않을 것이다. 카르마의 주인인 그리스도로 인하여 죄인은 벌을 면제받고 구원을 받는다.

7

그들의
열매로

거룩한 것을 개에게 주지 말며

너희 진주를 돼지 앞에 던지지 말라

그들이 그것을 발로 밟고 돌이켜

너희를 찢어 상하게 할까 염려하라

구하라 그리하면 너희에게 주실 것이요

찾으라 그리하면 찾아낼 것이요

문을 두드리라 그리하면 너희에게 열릴 것이니

구하는 이마다 받을 것이요 찾는 이는 찾아낼 것이요

두드리는 이에게는 열릴 것이니라

너희 중에 누가 아들이 떡을 달라 하는데 돌을 주며

생선을 달라 하는데 뱀을 줄 사람이 있겠느냐

너희가 악한 자라도 좋은 것으로 자식에게 줄 줄 알거든

하물며 하늘에 계신 너희 아버지께서

구하는 자에게 좋은 것으로 주시지 않겠느냐

그러므로 무엇이든지

남에게 대접을 받고자 하는 대로 너희도 남을 대접하라

이것이 율법이요 선지자니라

좁은 문으로 들어가라

멸망으로 인도하는 문은 크고 그 길이 넓어

그리로 들어가는 자가 많고

생명으로 인도하는 문은 좁고 길이 협착하여

찾는 자가 적음이라

거짓 선지자들을 삼가라

양의 옷을 입고 너희에게 나아오나

속에는 노략질하는 이리라

그들의 열매로 그들을 알지니

가시나무에서 포도를, 또는 엉겅퀴에서 무화과를 따겠느냐

이와 같이 좋은 나무마다 아름다운 열매를 맺고

못된 나무가 나쁜 열매를 맺나니

좋은 나무가 나쁜 열매를 맺을 수 없고

못된 나무가 아름다운 열매를 맺을 수 없느니라

아름다운 열매를 맺지 아니하는 나무마다

찍혀 불에 던져지느니라

이러므로 그들의 열매로 그들을 알리라

나더러 주여 주여 하는 자마다 다 천국에 들어갈 것이 아니요

다만 하늘에 계신

내 아버지의 뜻대로 행하는 자라야 들어가리라

그날에 많은 사람이 나더러 이르되

주여 주여 우리가 주의 이름으로 선지자 노릇 하며

주의 이름으로 귀신을 쫓아내며

주의 이름으로 많은 권능을 행하지 아니하였나이까 하리니

그때에 내가 그들에게 밝히 말하되

내가 너희를 도무지 알지 못하니

불법을 행하는 자들아 내게서 떠나가라 하리라

그러므로 누구든지 나의 이 말을 듣고 행하는 자는

그 집을 반석 위에 지은 지혜로운 사람 같으리니

비가 내리고 창수가 나고 바람이 불어 그 집에 부딪히되

무너지지 아니하나니 이는 주추를 반석 위에 놓은 까닭이요

나의 이 말을 듣고 행하지 아니하는 자는

그 집을 모래 위에 지은 어리석은 사람 같으리니

비가 내리고 창수가 나고 바람이 불어 그 집에 부딪치매

무너져 그 무너짐이 심하니라

예수께서 이 말씀을 마치시매

무리들이 그의 가르치심에 놀라니

이는 그 가르치시는 것이 권위 있는 자와 같고

그들의 서기관들과 같지 아니함일러라

마태복음 7:6~29

거룩한 것을 개에게 주지 말며

너희 진주를 돼지 앞에 던지지 말라

그들이 그것을 발로 밟고 돌이켜

너희를 찢어 상하게 할까 염려하라

마태복음 7:6

그리스도의 메시지에서는 아는 것만큼이나 본질적인 것이 바로 사랑이다. 하나님은 사랑이다, 그러나 하나님은 또한 무한한 앎이다. 이 두 가지 특성이 삶에서 균형을 이루지 못한다면 우리는 지혜를 얻을 수 없다. *지혜는 앎과 사랑이 완벽하게 결합된 것이기 때문이다.* 앎이 없는 사랑은 무엇이 해로운 것인지를 파악하지 못한다. 마치 버릇없는 아이와 같다. 반면에 사랑 없는 앎은 지나치게 똑똑한 나머지 인정미라곤 찾아볼 수 없다. 참된 그리스도의 활동이라면 지혜를 표현하게 되어 있다. 신중하지 못한 가운데 내는 열심은 결국 해를 끼치게 마련이다.

이 진리를 처음 접한 사람들에게서 종종 벌어지는 일이 있

나. 심한 압박감에 시달리다가 고통에서 벗어나게 되자, 너무나 기쁜 나머지 다른 사람들의 상황이나 감정은 아랑곳하지 않고 자기가 경험한 것을 무분별하게 쏟아 놓으며 마구잡이로 내달리다가 마침내는 진리를 받아들이라고 강권하기에 이른다. 그렇다, 사랑은 좋은 것을 함께하고 나누는 것이다. 그러나 이런 식의 분별없는 행동은 이해는 되지만 지혜롭다고 할 수는 없다. 우리가 익히 보아 온 것처럼 진리를 받아들이는 것은 옛것, 지금껏 살아 온 표준을 포함하는 것이다. 그러므로 사람이 영적으로 변화할 준비가 되었을 때, 그 경우에만 일어날 수 있는 일이다. 영적으로 준비된 사람이라면 진리를 흔쾌히 받아들이고 매우 기뻐할 것이다. 그렇지만 준비가 되지 않은 사람에게 너무 앞서 호소하면 아무리 지적인 논의와 토론을 허용하더라도 그가 진리를 받아들이도록 하는 데 별로 소용이 없을 것이다.

나아가 진리를 받아들일 준비가 된 사람에게든 그렇지 않은 사람에게든 자신의 판단에 따라 말하지 말라. 오직 성령의 영감에 이끌려 그 인도하심을 따라 말하라. 우리 대부분은 처음 영적인 깨달음을 얻었을 때 친구들에게 이 소식을 전하면 분명 기다렸다는 듯이 받아들일 거라고 확신하는 우를 범한 경험이 있다. 고르고 골라 진리를 전해 준 그들의 반응은 대개는 영 신통치 않았을 것이다. 그들은 우리 말을 도무지 받아들이려 하지 않는다. 그런가 하면 우리가 평소 도무지 영적인 구석이라곤 없다고 여긴 — 어리석은 우리 눈에 그들은 전혀 영적으로 보이지 않았기 때문에 — 몇몇 사람은, 심상하게 전한 우리 말에 귀를 기울일 뿐만 아니라 기쁘게 받아들이고 어느 틈에 그들 삶에 적용해 성공을 거두기까지 한다. 당신이 날마다 정기적으로 시간을 정해 지혜와 앎을 구하고 봉사할 기회를 달라고 기도하면 준비된 사람들이 당신 앞에 나타날 것이다. 그들에게 다가가 전하라. 때에 맞춰 그들에게 꼭 필요한 말씀이 준비될 것이다.

만약 누군가와 교제하려 할 때 진리의 말씀을 전해야 하나 말아야 하나 고민이 된다면 입을 다물고 이야기하지 말라. 대신 주의 영이 인도해 주시기를 기도하라. 그렇게 하는 것이야말로 진정 하나님이 일하도록 돕는 것이다. 마음은 간절한데도 친구와 함께 있는 동안에 아무 일도 일어나지 않고 어떤 기회도 찾아오지 않는다면 그것은 아직 때가 무르익지 않았다는 의미요, 진리의 말씀을 전함으로써 얻어질 선한 결과가 없다는 것이다. 그러나 쉬지 않고 기도하다 보면 너무도 분명하게 대화의 물꼬가 트이는 일이 반드시 일어난다. 영적인 신호가 있거나 외적인 상황이 자연스럽게 진리를 주제로 이야기를 꺼

낼 수 있도록 전개되는 것을 발견하게 될 것이나. '아하, 이런 방식으로 일이 진행되는 것이구나.' 이런 자각을 하게 될 때마다 나는 매우 놀랍고 또 즐겁다.

무엇보다도 당신과 함께 살아야 하고 함께 일해야 하는 사람들에게 강압적으로 진리의 말씀을 전하려고 애쓰지 말라. 특히 가정에서. 당신을 인정하지 않는 사람에게 당신의 생각을 강요하지 말라. 당신 자신을 성가신 존재로 만들 뿐이다. 그들은 준비가 되지 않았다. 가정에서나 직장에서나 당신과 늘 어울리는 사람들은 자연스럽게 서로를 볼 기회가 많다. 때문에 당신의 강권하는 행동은 자칫 마찰을 불러일으키거나 좋지 않은 감정을 양산할 것이다. 기억하라, 그들은 당신이 영적인 진리를 깨달았다는 사실을 알지 못한다. 그러므로 당신이 보는 것처럼 사태를 바라보지 못한다. 그들이 당신을 이해해 주기를 바라기 전에 먼저 그런 그들을 이해해야 한다. 그들은 당신과는 다른 것을 보고 있는 것이다. 기억하라, 당신은 자신의 생각을 최상의 방법으로 전달하는 데 결코 유능하지 않다는 것을. 또한 기억하라, 당신과 친한 사람들은 당신 행동의 아주 작은 것에 이르기까지 늘 가까이서 지켜보는 사람들이라는 것을. 그들은 당신이 저지르는 실수들과 약한 모습에 매우 익숙한 사람들이다. 그러므로 충분한 지혜 없이 당신이 깨달은 진리의 말씀을 섣불리 전하면 그들은 당신에게서 이전보다 더 많은 증거를 찾으려 들 것이다. 그런데 만약 그들이 영적 깨달음 이후의 당신에게서 이전과 비교해 확실히 더 나아졌다고 판단할 만한 증거를 발견하지 못한다면 그들이 어떻게 나올지를 생각해 보라. 지나치게 적극적인 당신을 가만 지켜보고 있다가 가장 환영받지 못할 순간에 불쑥 그 차이를 지적할지도 모른다.

그러므로 그들에게서 훌륭한 인간성을 기대하기보다는 다음의 좌우명을 새겨 두는 편이 더 나을 것이다. "급할수록 돌아가라." 이 모든 조언을 귀담아듣지 않아서 당신이 결국 괴짜라거나 성가신 사람이라는 평판을 듣게 되는 것은 진리의 말씀이 널리 퍼져 나가는 데 아무런 도움이 되지 않는다. 진리를 전파하는 가장 빠른 방법은 자신의 삶을 살아 내는 것이다. 사람들이 당신에게서 변화를 감지하게 하라. 그들은 당신에게서 나날이 건강하고 풍요로운 삶을 목격할 것이다. 당신 얼굴에서 행복이 반짝이는 것을 볼 것이다. 이로써 그들이 자원하여 찾아와 당신의 비밀을 나누어 주기를 청하게 하라.

마음 가득 진리를 전하고 싶은 욕망이 차오를 때, 그 대상이 한 사람이든 한 무리든, 먼저 해야 할 일은 기한을 정해 날마다 쉬지 않고 기도하는 가운데 영적으로 준비되는 것이다. 또는 흰 주니 두 주 등인 들뜬 마음을 조용히 가라앉히는 일이 우선이다. 앎을 위해 그리고 사랑을 위해 — 인내심을 키우기 위해, 그리고 조롱과 불친절에 직면했을 때 스스로 돕기 위해 — 일하라. 무엇보다도 먼저 지혜를 위해 일하라. 당신 안에 앎과 사랑이 함께해야 한다. 때가 되거든 하나님의 행하심으로 당신이 올바른 것을 말할 수 있게 되기를 구하라. 당신의 말을 듣는 사람들도 당신과 똑같은 은혜 가운데 있기를 구하라. 당신이 그들과 벌인 토론의 결과가 실제로 판명되는 것에 마음 쓰지 말라. 진리를 다 전했거든 이제 내버려 두라. 영적인 준비를 착실히 한 뒤 그 결과에 놀라게 될 것이다.

구하라 그리하면 너희에게 주실 것이요
찾으라 그리하면 찾아낼 것이요
문을 두드리라 그리하면 너희에게 열릴 것이니
구하는 이마다 받을 것이요 찾는 이는 찾아낼 것이요
두드리는 이에게는 열릴 것이니라
너희 중에 누가 아들이 떡을 달라 하는데 돌을 주며
생선을 달라 하는데 뱀을 줄 사람이 있겠느냐
너희가 악한 자라도 좋은 것으로 자식에게 줄 줄 알거든

하물며 하늘에 계신 너희 아버지께서

구하는 자에게 좋은 것으로 주시지 않겠느냐

마태복음 7:7~11

이것은 예수가 하나님이 우리 아버지가 되신다는 근본적인 진리를 밝히고 있는 놀라운 구절이다. 이 진리는 말 그대로 근본이라 불린다. 참된 종교의 전체 구조가 이 진리를 주춧돌로 지어졌기 때문이다. 그러나 사람이, 하나님이 우리 아버지가 되신다는 의미를 이해하는 것은 쉽지 않다. 그것이 함축하는 바를 이해하기 위해서는 만족할 만한 종교적 경험이 있어야만 하는데 이를 체험하기가 또한 힘들기 때문이다.

이 신 저 신 가릴 것 없이 여러 신을 믿는 한 온전한 종교적 경험은 불가능하다. 진짜 종교적 체험은 일자(the One)와 의식의 연합을 이루는 것이기 때문이다. 신이 많다는 것은 필연적으로 그 신들이 모두 한계를 지녔다는 것을 의미한다. 때문에 그들은 또한 항상 필연적으로 그들 사이에 갈등하는 존재로서 나타난다. 그러므로 그러한 믿음으로부터는 혼란스러운 생각이 나올 수밖에 없다. 일자 또는 참된 신의 개념이 아닌 신을 따돌리는 사람들에게 신은 여전히 거의 보편적으로 동양의 전제군주 또는 이슬람의 술탄과 같은 존재다. 그들이 생각하는 신은 사람을 소유하고 쇠막대기로 지배하며, 자신을 추종하기를 바라는 변덕스러운 인간 폭군과 동일한 선상에 있을 뿐이다. 많은 구약 저자들에게도 마찬가지로 하나님은 질투하고 복수심에 불타는 잔인한 폭군이었다. 종종 무분별한 복수에 사로잡히고 화가 났다 하면 인정사정없을 뿐만 아니라 기쁘게 하기가 도무지 불가능한 술탄 말이다. 사람이 동물과 갖는 공통점보다도 닮은 데가 없다고 할 수 있다. 사실 훨씬 덜하다. 왜냐하면 우리는 종종 우리보다 하위 단계인 동물들, 이들 피조물과 고통, 배고픔 그리고 죽음에 대한 공통된 민감성 안에서 그 한계들을 우리가 함께 나누고 있다고 상상하기 때문이다.

하나님을 동양의 술탄으로 보는 이 견해는 실제로 매우 많은 열혈 정통 기독교도들에 의해 세워진 것이기도 하다. 최근에 이르기까지도 거기서 별로 달라진 게 없다고 볼 수 있다. 그것은 하나님과 인간 사이에 공통된 것은 무엇이든 부정하겠다는 것이나 다름없다. 한 재치 있는 현대 작가가 하나님을 어떤 영국 백만장자에 비교했는데, 그 백만장자는 오로지 취미의 일환으로 런던 근교에 개인 동물원을 가진 사람이다. 동물원에는 오직 주인의 흥미와 즐거움을 위해 존재하는, 온 세상에서 수집한 각종 동물이 전시되어 있다. 그는 이따금 자신의 야생동물들을 보러 왔는데 그럴 때면 이런저런 (그는 아무 의심도 하지 않고 소위 전문가의 조언에 따라 행동했다.) 명령을 내리곤 했다. 어떤 동물은 없애 버리고, 어떤 동물은 더 널찍한 우리로 옮기고, 또 어떤 동물은 이렇게 또 어떤 동물은 저렇게 처리하라고. 물론 그는 자기 소유의 동물들과 어떤 종류의 영적 교감도 갖고 있지 않았다. 그것들은 그저 그를 즐겁게 해 주기 위해 존재하는 살아 움직이는 장난감일 뿐이었다. 근본주의자들만 이런 방식으로 자신들의 생각을 견강부회(牽强附會)하고 있는 게 아니다. 근본주의자들만 이런 방식으로 자기 좋을 대로 이치에 맞지도 않는 말을 억지로 끌어 붙여 자신들에게 유리하도록 풀어 가는 게 아니다.

이 구절에서 예수는 마지막으로 한 번 더, 열린 마음으로 성경을 읽으려는 사람들을 위해 이 끔찍한 미신의 뿌리를 도끼로 내려찍는다. 그는 확실하고도 분명하게 다시 한번 강조한다. 하나님과 인간의 참된 관계는 부모와 자식의 관계라고. 여기서 하나님은 굽실거리는 노예를 상대하는 저 멀리 올라앉은 통치자이기를 그만두고, 그의 자녀인 우리를 사랑하는 아버지가 된다. 그러나 우리 영혼이 살아가는 데 있어 이 선언이 가지는 광범위한 중요성을 깨닫기는 대단히 어렵다. 만약 당신이 하나님이 우리 아버지가 되신다는 것과 관련된 이 장을 몇 주 동안 날마다 읽고 또 읽는다면, 당신이 제기한 위대한 종교적 문제들 하나하나가 이 해답 하나로 다 풀리는 것을 발견하게 될 것이다. 감히 말하건대 당신은 그 많은 혼란스러운 물음이 이 깨달음 하나로 모두 매듭지어질 수 있다는 사실에 상당히 놀랄 것이다.

하나님의 아버지 되심과 관련해 예수의 가르침은 매우 독창적이고 독특하다. 구약에서는 하나님을 결코 '아버지'로 부르지 않았다. 하나님의 아버지 되심에 대한 언급들은 그가 개별적 존재자 하나하나의 아버지가 아니라 한 나라의 아버지로 언급되는 데서 비롯된다. 사실 이것은 왜 예수가 하나님이 우리 아버지가 되신다는 것을 「주의 기도」라고 불리는 절을 시작하면서 선언하고 있는지를 말해 주는 이유다. 예컨대 그것은 창세기의 놀라운 말씀을 설명하는 것이다. 사람은 하나님의 형상이다.

자손이 부모와 똑같은 본성을 지닌 같은 종이라는 것은 자명하다. 그러므로 만약 하나님과 인간이 정말로 아버지와 자녀라면 인간은 그의 현재 조건이 처한 모든 한계에도 불구하고 겉보기와는 달리 본질적으로 하나님처럼 영적인 존재임이

틀림없다. 따라서 영성은 무한히 성장해 나갈 것이 분명하다. 말하자면 사람의 참된 본성, 그의 내면의 영적 속사람은, 하나님의 형상을 의식하면 할수록 더욱 잘 성장하며 영적 의식 또한 인간 상상력의 경계를 넘어설 때까지 앞으로 계속 확장해 갈 것이다. 이와 관련해 우리의 영광스러운 운명은, 우리가 앞서 본 것처럼 이미 예수가 곳곳에서 더 오래된 성경을 인용하며 한 말에 들어 있다고 할 수 있다. "내가 말하기를 너희는 신들이며 다 지존자의 아들들이라." 그 뒤에 다음의 말을 의미심장하게 덧붙임으로써 자신의 관점을 강조한다. "성경은 폐하지 못한다."

그래서 이 구절에서 우리는 우리를 묶어 놓았던, 한계를 지닌 타락한 운명의 마지막 사슬의 마지막 고리로부터 최종적으로 풀려난다. 우리는 하나님의 자녀다. 만약 자녀이면 또한 상속자 곧 하나님의 상속자요 예수 그리스도와 함께한 상속자니, 바울이 말한 것처럼, 하나님의 아들들로서 하나님의 재산을 상속할 자들이다. 따라서 이방인도 아니고 품꾼도 아니며 노예는 더더구나 아니다. 우리는 엄연히 집주인의 아들들이니 어느 날 우리가 받은 유산을 즐길 것이다.

지금 여기, 눈에 보이는 우리는 여전히 한계를 지닌 제약투성이 존재일 뿐이다. 영적으로 어린아이요 게다가 소수다. 하니 시금은 책임을 질 만한 위치에 있지도 않을뿐더러 지혜도 부족하고 경험 또한 별로 없다. 때문에 자기 자신에게 심각한 결과를 불러올지도 모르는 실수를 저지르지 않으려면 통제 아래 있어야만 한다. 그러나 영적으로 성장해 어른이 되면, 우리가 앞서 보았던 것처럼, 우리 권리를 요구하고 또 받을 것이다. 이를 가리켜 말씀은 다음과 같이 일러둔다. "유업을 이을 자가 모든 것의 주인이나 어렸을 동안에는 종과 다름이 없어서 후견인과 청지기 아래 있다."갈라디아서 4:1~2 그러나 때가 이르면 진리에 눈뜨고 영적으로 성인이 될 것이다. 그리고 마침내 그가 "아바, 아버지."라 외치게 하는 하나님 자신의 소리가 그의 영혼 안에 자리하고 있다는 것을 깨닫게 될 것이다. 이로써 자신이 위대한 왕의 아들이라는 것을 알게 되고 아버지의 모든 것이 그의 것이기에 원한다면 마음껏 사용할 수 있다는 것 또한 알게 된다. 건강도 물질도 기회도 아름다움도 기쁨도, 그 밖에 하나님의 생각인 다른 것들 모두 하나님의 자녀인 우리들의 것이다.

삶에서 가장 얄궂은 게 있다면 그것은 사람이 이 진리를 깨닫는 데 너무도 오랜 시간이 걸린다는 점이다. 그러므로 우리가 망설일 수밖에 없는 것은 어찌 보면 너무도 당연하다. 상속자인 줄도 모르고 자란 사람이 자기가 가진 통치권을 알아차리는 게 어디 쉬운 노릇이겠는가. 하나님은 모든 것을 다스리라 하지만, 우리는 겁을 집어먹은 어린아이처럼 주눅이 들어 잔뜩 움츠린 채 선뜻 나서지 못한다. 인류는 종종 안전을 보장할 만반의 준비가 된 자동차 운전석에 앉은 도망자와 같다. 겁에 질린 까닭에 안전한지는 생각할 겨를도 없이 운전대를 꽉 잡고 시동을 거는 도망자 신세로, 두려움에 반쯤은 넋이 나간 상태다. 어깨너머를 흘깃거리며 혹 추적자가 그를 뒤쫓지나 않을까 전전긍긍할 뿐이다. 그들이 자기에게 무슨 짓을 할지 걱정하느라 언제라도 안전해질 수 있음에도 불구하고 그렇게 해 볼 꿈조차 꾸지 못한다.

이런 인간의 마음을 누구보다 잘 아는 이라면 예수 이전과 이후를 통틀어 오직 예수뿐이기에, 예수는 우리 인간의 고충과 나약함을 이해했다. 하여 다음과 같이 어디에도 비할 데 없는 마법 같은 삶의 언어로 주문을 일러 주듯 명령한다. 권위 있는 이 진리의 말씀은 어찌나 단순하고 명쾌하며 직설적인지 아이라 할지라도 결코 그 핵심을 놓치는 일이 없을 것이다. *구하라 그리하면 너희에게 주실 것이요 찾으라 그리하면 찾아낼 것이요 문을 두드리라 그리하면 너희에게 열릴 것이니 구하는 이마다 받을 것이요 찾는 이는 찾아낼 것이요 두드리는 이에게는 열릴 것이니라.*

이보다 더 명확하고 저항할 수 없게 만드는 표현을 상상한 다는 것은 불가능하다. 여기서 무엇을 더 강조하며 더 분명하게 한단 말인가. 그런데도 그리스도인 대부분이 이 말씀을 슬며시 무시하거나 아무 뜻도 남지 않을 때까지 그 의미를 모조리 덜어 낸다. 그러나 앞서도 지적했던 것처럼 우리는 예수가 자신이 한 말 그대로를 의미한 것이든 아니든 믿는 것 외에 다른 도리가 없다. 예수가 말한 게 아니라고 하겠는가? 별 의미 없이 한 말이라고 하겠는가? 우리는 이 말씀을 참으로 받아들일 수밖에 없다. 사실 그 밖에 다른 선택이 가능하기나 한가?

구하라 그리하면 너희에게 주실 것이요. 이것이야말로 남자, 여자, 아이를 막론하고 이 땅에 사는 이라면 누구나 누릴 개인의 자유를 허하는 마그나 카르타(Magna Charta)[11]가 아닌가? 이것은 어떠한 구속이라 할지라도 ─ 신체적이거나 정신적이거나 영적인 모든 종류의 속박 ─ 그 가운데 있던 노예들의 해방을 명하는 포고령이 아닌가? 그리스도인들은 흔히 체념하고 받아들이는 것에서도 나름의 가치를 찾으려 하지만 사실 체념에 무슨 세워 줄 덕이랄 게 있단 말인가. 그저 감수하는 것은 오히려 죄다. 아무리 그럴듯한 명분을 세워 좋게 포장해

---

11 영국에서 1215년에 발표된 자유의 대헌장

도 그것은 비겁과 태만의 불건전한 혼합물일 뿐이다. 조화롭지 못한 어떤 것에도 관여할 게 없다. 부조화는 하나님의 뜻일 리가 없기 때문이다. 체념뿐 아니라 나쁜 건강, 가난, 죄, 다툼, 불행, 회한 등, 이 가운데 어떤 것도 우리와는 상관이 없어야 한다. 우리에게는 자유와 조화 그리고 기쁨보다 못한 그 어떤 것도 받아들일 권리가 없다. 하나님을 영화롭게 하고 그의 거룩한 의지를 표현하는 것이 곧 우리의 존재 이유(raison d'etre)기 때문이다.

행복이나 성공보다 앞서 하나님에게 충성하는 것은 우리의 가장 신성한 의무다. 그렇지 않으면 예수의 가르침과 기대를 따를 수 없을 것이다. 우리는 기도하고 명상함으로써 삶을 그의 가르침과 부합하는 삶으로 만들어 나가야 한다. 이 목표를 이루기까지 쉼 없이 지치지 않고 끝까지 매진해야 한다. 모든 부정적인 조건을 넘어 이 목표를 달성하고 승리하는 것은 가능할 뿐 아니라 우리에게 분명히 약속된 것이다. 예수의 말씀, 인류가 구가할 자유를 선언한 다음의 영광스러운 말들 속에 그 증거가 있다. *구하라 그리하면 너희에게 주실 것이요 찾으라 그리하면 찾아낼 것이요 문을 두드리라 그리하면 너희에게 열릴 것이니.*

그러므로 무엇이든지

남에게 대접을 받고자 하는 대로 너희도 남을 대접하라

이것이 율법이요 선지자니라

마태복음 7:12

이것은 우리가 황금률이라고 부르는 절묘한 계율이다. 여기서 예수는 위대한 법을 짧게 축약해 되풀이한다. 이 반복에는 그의 놀라운 통찰인 하나님의 아버지 되심이 따라 나온다. 위대한 법의 실체를 강조하기 위한 이 설명은 우리가 위대한 마음의 일부분으로서 근본적으로는 하나라는 형이상학적 사실을 상기시킨다. 우리는 궁극적으로 하나이기 때문에 다른 사람을 상처 주는 것은 곧 자기 자신을 상처 주는 것이며 다른 사람을 돕는 것은 곧 자기 자신을 돕는 것이다. 하나님의 아버지 되심은 우리가 한 형제임을 받아들일 것을 우리에게 명한다. 우리는 모두 형제로서 영적으로 하나인 연합된 존재들이다.

이 위대한 진리는 그 안에 다른 모든 종교적 지식까지도 포함한다. 이것이야말로 성경이 말하는바, 율법과 선지자다.

좁은 문으로 들어가라

멸망으로 인도하는 문은 크고 그 길이 넓어

그리로 들어가는 자가 많고

생명으로 인도하는 문은 좁고 길이 협착하여

찾는 자가 적음이라

마태복음 7:13~14

태양 아래 오직 하나의 길이 있다. 사람이 조화, — 다시 말
해 건강과 부, 그리고 마음의 평화 — 그 단어의 참된 의미에
서 곧 구원을 얻을 수 있는 길은 내면으로 들어가 의식의 변화
를 일으키는 것이다. 가히 혁명이라 할 만큼 급진적이면서 영
원한 변화를 가져오는 것이다. 이것이 유일한 방법이다. 다른
것은 없다. 셀 수 없을 정도로 숱한 세대를 거쳐 오면서 인류는
상상할 수 있는 모든 방법을 동원해 인간 존재의 선함을 불러
일으켜 어제보다 더 나은 존재가 되려고 노력해 왔다. 인류 사
회에 행복을 가져올 수많은 제도가 고안되었으며 실제로 눈에
보이는 외부 세계에 일련의 변화가 줄곧 있어 왔던 것은 사실

이나. 그러나 존재 밖의 변화에도 불구하고 인간 내면, 그 정신에 있어서만큼은 어떠한 변화도 일어나지 않았다. 결과는 항상 똑같았다. 실패였다.

지금 우리는 왜 그렇게 될 수밖에 없었는지를 돌아보는 지점에 서 있다. 그것은 우리 존재의 본성이 바뀌려면 의식의 변화만이 유일한 방법이기 때문이다. 그리고 의식이 바뀌면 더불어 외부 조건 또한 바뀌기 때문이다. 의식의 변화는 여기서 예수가 말하는 좁은 문이다. 예수는 그것을 발견한 사람의 수가 매우 적다고 말한다. 오늘날 그 수는 매우 급격히 증가하고 있지만 여전히 적은 수에 지나지 않는다. 그러니 예수가 그것을 말했던 당시에는 얼마나 적은 수였겠는가.

이념(理念)이니 주의(主義)니 하는 것에서 문제가 되는 것은 사람의 의식(意識)이다. 왜냐하면 우리가 소유한 개념은 우리가 본 것이기 때문이다. 예수는 이를 삶의 방식이라고 부른다. 그는 무슨 주의니 이론이니 하는 것이 모두 파괴와 실망으로 가는 넓은 길이라고 말한다. 왜 사람은 자기의식이 변하는 것을 그토록 망설이고 꺼리는 걸까? 그런가 하면 궤변으로 보이는 이런저런 설(說)에 혹해 도전하고 시도하기를 더 좋아하는 것처럼 보이는 이유는 무엇인가? 인류 역사를 통해 상상 가능한 모든 방법이 인류에게 구원을 가져오기 위해 실험되었고,

모두 실패했다. 그러나 이 방법들은, 우리가 이제는 그래야만 한다고 아는, "좁은" 길로는 결코 들어서려고 애쓰지 않는다.

그 대답은, 이제껏 보아 왔듯 인간에게 있어서 의식의 변화는 참으로 어려운 일이며 잠깐의 방심도 허용되지 않고 쉼 없이 깨어 있어야 하는 일이기 때문이다. 이런 식의 정신 훈련이 되어 있지 않은 까닭에 이제 와서 새로운 습관을 들이려면 한동안 골치 아플 게 뻔한 노릇임을 잘 알기 때문이다. 자연 그대로의 인간은 게으르기 때문에 항상 힘이 제일 적게 드는, 되도록 힘들이지 않고 얻는 방법을 취하려는 경향이 있다. 그러므로 도저히 피해 갈 수 없다고 판단될 만큼의 강요받기 전까지는 이 경향을 결코 포기하려 하지 않을 것이다.

그러나 삶의 방식으로서의 좁은 길은 골치 아프거나 쉼 없이 깨어 있어야 하는 고된 훈련을 요구할지라도 그 모든 것을 상쇄하고도 남을 만큼 가치가 있다. 이 길 위에서의 보상은 일시적이지 않고 영원하다. 한 걸음 한 걸음이 모두 영원에 이르는 걸음이다. 알고 보면 의식의 변화란 진리 안에서 정말로 가치 있는 유일한 행동이라 할 수 있다. 그러므로 이쯤에서 매일의 삶을 비교해 보는 것은 이 점을 분명히 보여 주는 데 도움이 될 것이다. 한 남자가 외투에 묻은 얼룩을 지우는 데 성공했다고 가정해 보자. 얼룩을 지움으로써 그는 그 외투를 오랫동안 입을 수 있는 이익을 얻은 셈이다. 그래봐야 아마도 몇 달 정도 겠지만 말이다. 다른 한편으로 그가 신체적 기능을 향상시켰 다고 — 적절한 운동을 함으로써 폐활량이 늘었다고 — 가 정해 보자. 아마도 향상된 신체 기능의 효과로 육체의 남은 삶 이 오륙십 년으로 늘었을 것이다. 그러나 이러한 유익은 그의 삶의 기능 자체에 더 크게 작용하는 훨씬 중요한 것에는 별 영 향을 미치지 못할 것이다. 그러므로 우리 삶에 더욱더 중요한 의식의 질적 변화를 원한다면, 기도하고 명상하면서 깨달은 것을 다시 삶에 적용해 그 증거를 삼아 나가는 일련의 과정을 거쳐 영적으로 성장해야만 한다. 이로써 얻은 유익은 결코 잃 어버리지 않을 것이므로 영원토록 함께 있을 것이다. 도둑이 들어올 수도 훔칠 수도 없다.

당신은 영적인 각성을 얻자마자 하나님을 사랑하는 사람들 과 더불어 모든 것이 합력하여 선을 이루어 가는 과정을 맛보 게 될 것이다. 당신은 완벽한 건강, 넘치는 부, 충만한 행복을 두루 경험할 것이다. 얼마나 건강한지 산다는 게 그 자체로 말 로 다할 수 없는 기쁨일 것이다. 강건해지고 보니 더는 육체가 짊어지고 다니는 짐이 아니며 날개 달린 신발을 신은 것처럼 가볍게 느껴질 것이다. 얼마나 부유한지 도대체 재정적인 문 제와 관련해서 무엇을 사든 어디를 가든 어떤 일이든 시간을 들여 생각할 필요조차 느끼지 못할 것이다. 일단 계획을 세우면 그것을 이루는 데 필요한 모든 것이 항상 자동으로 공급될 것이다. 세상은 당신을 이런저런 모양새로 돕기 위해 몰려온 매력적인 사람으로 가득 차고 사람들은 오직 선을 이루기 위해서만 당신 삶에 들어올 것이다. 따라서 당신은 온통 즐겁고 흥미로울 뿐만 아니라 폭넓고 유용한 종류의 활동으로 가득 찬 삶을 누리게 될 것이다. 당신은 가진 모든 에너지와 능력을 표현할 기회를 충분히 가질 수 있을 것이다. 한마디로 당신은 현대 심리학의 꿈이라 할, "완전히 통합되고 충분히 표현된 인간성"을 구현한 자로 우뚝 설 것이다.

그리스도의 메시지의 비밀을 언뜻이라도 본 적조차 없는 사람들은 이 모든 것을 단지 아름다운 환상으로 간주할 수 있다. "너무 좋아서 사실일 리 없는 것이다." 그러나 사실이라고 하기엔 너무 좋다는 것이야말로 그리스도 메시지의 본질이다. 사랑과 하나님의 능력은 참이기 때문이다. 세상에 완전한 조화라니, 너무 좋아서 사실일 리 없는 이 믿음은 우리가 그것을 결코 얻을 수 없다는 말이 아니다. 우리는 정신적 존재다. 그러나 그런 우리도 살아가는 데 필요한 법은 정신보다 아래에 맞추어 만든다. 그리고 그렇게 만들어진 법 아래서 살아가야만 한다.

비극적 실수는 종종 정통 신앙을 고집하는 종교인들에 의해서 저질러지곤 한다. 그들이 보건대 하나님의 의지는 애써 즐거운 듯이 자신을 세뇌하지 않는 한 너무도 따분하고 매력 없는 데 매인 것과 같다. 그들에게 하나님은 엄한 감독관이자 빈틈이라곤 찾을 수 없는 금욕주의자 부모나 진배없기 때문이다. 따라서 그들의 기도는 대부분 다음과 같은 내용 일색이다. "하나님, 제발 은혜를 내려 주십시오. 지금 저에게는 당신의 축복이 너무도 필요합니다. 그러나 당신은 이번에도 축복하지 않으시겠지요. 지금 제게 그렇게 해 주는 게 좋다고 생각하지 않으실 테니까요." 말할 필요도 없이, 이 기도는 응답받을 것이다. 모든 기도가 그러하듯 이런 종류의 기도는 응답을 받는다. 당신 스스로 지금 필요한 축복이 무엇이라고 믿는지 모르지만 아마도 당신은 그 축복을 받지 못할 것이다. 진리는 이것이다. 우리를 향한 하나님의 의지는 항상 더 큰 자유, 더 많은 자기표현, 더 넓고 더 새롭고 더 밝은 경험을 뜻한다는 것이다. 더 좋은 건강과 더 풍성한 부, 그리고 다른 사람에게 봉사할 더 많은 기회, 삶을 더 풍요롭게 해 줄 이 모든 것을 뜻한다.

만약 지금 당신이 병들고 가난하다면, 원치 않는 일을 해야만 한다면, 당신이 혼자라면, 당신을 불쾌하게 하는 사람들과 어울려야 한다면, 당신은 또 당신의 삶은 분명 하나님의 의지를 드러내고 있지 않은 것이다. 당신이 하나님의 의지를 따라 살고 있지 않은 한 삶이 부조화를 겪는 것은 당연하다. 당신이 하나님의 의지를 따라 살 때 비로소 조화가 찾아오는 것이 진리다.

거짓 선지자들을 삼가라

양의 옷을 입고 너희에게 나아오나

속에는 노략질하는 이리라

그들의 열매로 그들을 알지니

가시나무에서 포도를, 또는 엉겅퀴에서 무화과를 따겠느냐

이와 같이 좋은 나무마다 아름다운 열매를 맺고

못된 나무가 나쁜 열매를 맺나니

좋은 나무가 나쁜 열매를 맺을 수 없고

못된 나무가 아름다운 열매를 맺을 수 없느니라

아름다운 열매를 맺지 아니하는 나무마다

찍혀 불에 던져지느니라

이러므로 그들의 열매로 그들을 알리라

마태복음 7:15~20

사람이 하나님과 삶 그리고 자기 자신에 관한 참 진리를 발견하고자 할 때 결코 틀리지 않을 방법이 있을까? 우리가 알게 된 것이 참인지 어떻게 알 수 있을까? 어떤 종교가 참된 종교인가? 어떤 교회가 진짜 교회인가? 책이 전하는 내용이 올바른지를 어떻게 알 수 있나? 선생이 진리를 가르치고 있는지 어떻게 알 수 있단 말인가? 진리를 찾아 나선 구도자들이 일으키는 소란을 기억하는가? 쟁론하는 신학들과 떠들썩한 종파들의 와자지껄함이 불러오는 혼란을 기억하는가? 자신을 위해서 참으로 진리는 무엇인가를 발견하기 위해 마음을 다해 열심을 내는 정직한 구도자는 또 얼마나 많은가?

만약 예수 그리스도가 원하는 게 무엇인지 밝히 알 수만 있다면 그가 원하는 대로 살려고 애쓰지 않을 신실한 그리스도인이 단 한 사람이라도 있겠는가? 온갖 종류의 사람들이 예수가 어떤 분인지 말한다. 온갖 종류의 교회들이 예수를 거론하며 자신들만이 참된 가르침을 보여 준다고 말한다. 그러나 예수는 이 교회들의 교리와 가르침을 목숨을 걸고 묵살할 것이다. 그들은 이론과 실제 모두에서 자기들끼리도 서로 일치를 보이지 않으며 각자의 삶 또한 모순으로 가득 차 있다.

만약 우리가 어떤 종교적 진리가 참인지를 알아볼 수 있는, 마치 리트머스 종이와도 같은 매우 실제적이고도 간단한 검사 방법을 가지고 있지 않다면 이 얼마나 통탄할 일인가. 그런데 참으로 다행스럽게도 우리에겐 시험할 방법이 있다. 예수가 누구인가, 그는 세상이 다 아는 것처럼 심오한 진리를 깨달은 스승이면서 동시에 가장 간단하고 평이한 방식으로 우리를 가르치는 교사다. 그런 그가 진리를 알아보는 시험이 필요하다는 것을 몰랐을 리 없다. 그래서 그는 우리에게 지극히 단순하고 누구나 쉽게 사용할 수 있는 검사 방법을 알려 줬다. 이것은 언제 어디서나 남녀 누구나 쉽게 스스로 적용해 볼 수 있는 시험이다. 금인지 아닌지 알아보는 테스트만큼이나 단순하고 직접적이다. 지극히 단순한 질문 하나만 던지면 된다. 그것은 작동하는가?

정말이지 믿기 어려울 만큼 단순한 검사 방법이다 보니 똑똑한 사람들은 오히려 고려할 가치도 없다며 무시해 버리기 일쑤다. 그러나 생각해 보면 삶의 위대한 요소는 모두 이처럼 하나같이 단순하지 않은가. 어쨌거나 이것이야말로 진리를 알아보는 근본적인 테스트다. 그것은 작동하는가? 왜냐하면 진리는 항상 작동하기 때문이다. 진리는 항상 치유하기 때문이다. 그럴싸한 거짓말이 대개 충분히 알아보면 빈약하기 짝이 없는 근거로 인해 곧잘 무너져 내리는 반면에 참된 이야기는 항상 체로 거르듯 샅샅이 뒤져 봐도 수미일관 모순되지 않는

긴 그린 까닭이나. 신리는 신제를 치유하고 영혼을 정화하고 죄인을 갱생하고 어려움을 풀고 다툼을 진정시킨다. 예수에 따르면 실제로 이루어지는 것을 통해 가르침이 스스로 자신의 참됨을 자동으로 증명한다. "그들이 귀신을 쫓아내며 새 방언을 말하며 뱀을 집어 올리며 무슨 독을 마실지라도 해를 받지 아니하며 병든 사람에게 손을 얹은즉 나으리라."마가복음 16:17~18

반대로 잘못된 가르침은 말은 매력적으로 보이고 들릴지라도, 사회적이고 학문적인 권위로 그럴싸하게 무게를 더하고 가치를 덧입히더라도 어느 것 하나 성공하지 못할 것이다. 결국은 시험을 통과하는 데 실패하고 폐기될 게 분명하다. 그럼이 잘못된 가르침을 후원하고 선전하는 이들은 누구란 말인가? 참된 종교라는 양의 옷을 걸친 거짓 예언자들이다. 그들의 주장과 성례는 겉보기에는 나무랄 데 없이 신실하다. 그러나 그들 또한 여전히 구도자 — 진리를 완성한 게 아니라 찾고 있는 — 임에 분명하다. 그러므로 좋은 의도를 가졌다 하나 영적으로는 늑대들이다. 그들의 열매로 그들을 알리라.

이제 우리는 성공적인 입증은 증거라는 것을 분명하게 이해한다. 참되게 이해했다는 증거를 댈 수 있어야 한다. 더는 삶에서 벗어난 핑계를 댈 수 없다. 삶의 길 위에서 우리의 진보, 우리의 성장은 이런저런 이유로 비교적 천천히 이루어질 것이다. 그러나 적어도 이제 우리는 길에서 벗어나지는 않을 것이다. 왜냐하면 증거가 없는 삶, 다시 말해 열매 없는 삶을 사는 것은 우리가 길에서 벗어났음을 알리는 즉각적인 신호라는 것을 알기 때문이다. 대개의 사람은 이해도 쉽지 않지만 입증 또한 어렵다고들 생각하는데, 어떤 방향으로의 입증은 특히 더 어렵다는 것을 발견하게 된다. 이것은 그 사람에게 그 방향에서의 입증이 다른 방향보다 훨씬 더 많이 필요하다는 것을 의미한다. 그러나 만약 어떤 방향에서도 실제 증거를 얻고 있지 못하다면 당신은 길에서 벗어난 것이다. 더는 올바르게 기도하고 있지 않은 것이다. 그러므로 하나님의 지혜가 당신에게 영감을 주기를 구하면서 즉각 돌이켜야만 한다. 그리고 진리를 드러내는 삶을 살게 해 달라고 구해야 한다. 이렇게 하면 아무것도 열매 맺지 못한 듯 보이는 시간이 다소 길어지더라도 당신은 아무런 해도 받지 않을뿐더러 그 과정에서 많은 것을 배울 수 있을 것이다.

그러나 다른 한편으로 만약 당신이 당신의 잘못을 솔직하게 인정하고 받아들이는 대신에 바리새인처럼 행동한다면 독선과 영적 자만에 빠지게 되고 오래도록 바람직하지 않은 시간을 보내게 될 것이다. 게다가 잘못 이해한 사람들이 하듯 당신 또한 다음과 같이 말한다면, ─ "나는 증명하지 않는다.

증명하고 싶지 않다. 나는 대단히 영적인 사람이다. 그러므로 이미 증명을 넘어선 자다. 그런 종류의 것들은 이미 지나왔고 훨씬 앞서 있다." "나는 당신이 볼 수 없는 방법으로 증명한다." ― 당신은 단지 허튼소리만 하는 게 아니라 하나님의 지혜 자체를 모독하는 발언을 하는 것이다. 이것이야말로 성령을 거스르는 죄다.

삶에서 진리의 증거를 찾으려고 하지 않는 사람은 진리 그자체를 목적으로 진리를 알려고 한다. 그러나 우리 내면의 생각이 밖으로 드러난 것이 곧 삶이라는 이치를 깨달아 참인 진리를 받아들이고 나면 내면의 결과로서 보이게 된 바깥 상황 또한 점진적이고 자동으로 나아진다. 밖은 안에 일어난 변화를 볼 수 있는 증거다. 그러므로 드러나지 않는 영적 은혜란 있을 수 없다. 우리는 영적인 성장이 어디만치 이르렀는지 밝히알 수 있다. 눈에 보이는 증거, 곧 우리 삶은 보일러 안에서 어떤 일이 벌어지고 있는지를 말해 주는 계량기와 같이 우리 내면을 정확히 말해 준다.

증명을 갈망하는 진짜 이유는 그것들이 이해의 증거가 되기 때문이다. 증명되지 않은 이해란 없다. 이해한 것은 드러나게 되어 있다. 밖으로 드러났다면 이해된 것이다. 만약 진정 영적으로 온전히 서는 방법을 알고 싶다면 먼저 주변 환경을 둘

러보라. 내면 즉 영혼 안에 들어 있는 것이 당신 몸을 시작으로 조만간 밖으로 다 드러나지 않을 수 없기 때문이다. 당신 내부에 없다면 그것에 일치하거나 해당하는 어떤 것도 밖에서 찾을 수 없다. 내면에 자리 잡았다면 언젠가는 밖으로 드러날 것이고, 밖에서 어떤 일이건 일어났다면 그것은 당신의 내면 즉 영혼에서 나온 것이다.

당신 영혼을 시험한 것이든, 선생을 시험한 것이든, 책을 시험한 것이든, 교회를 시험한 것이든, 테스트 즉 시험은 항상 단순하고 직접적이고 오류가 없다. 진리는 작동하는가? 열매는 무엇인가? *그들의 열매로 그들을 알리라.*

나더러 주여 주여 하는 자마다 다 천국에 들어갈 것이 아니요

다만 하늘에 계신

내 아버지의 뜻대로 행하는 자라야 들어가리라

그날에 많은 사람이 나더러 이르되

주여 주여 우리가 주의 이름으로 선지자 노릇 하며

주의 이름으로 귀신을 쫓아내며

주의 이름으로 많은 권능을 행하지 아니하였나이까 하리니

그때에 내가 그들에게 밝히 말하되

내가 너희를 노부지 알지 못하니

불법을 행하는 자들아 내게서 떠나가라 하리라

마태복음 7:21~23

인류가 구원 받기 위해서 반드시 거쳐야 하는 것은 의식의 변화다. 의식이 변화하지 않고서도 가능한 인류 구원의 방법은 없다는 것을 깨닫는 데는 좀 오랜 시일이 걸렸다. 그렇다면 의식이 변화한다는 것은 무엇인가? 삶의 어느 한구석도 빠짐 없이 늘 한결같이 하나님의 의지대로 살려고 애쓰는 것을 의미한다. 때로 하나님의 뜻대로 살려고 할 때가 있다. 그리고 어떤 것에 대해서는 하나님의 의지대로 살려고 애쓴다. 그러나 크고 작은 것 모두, 하나도 빼놓지 않고 완벽하게 그러는 것은 아니다. 그러므로 그것은 온몸과 정신, 온 마음을 다한 헌신이 아니다. 완벽한 증명이 될 리 없다. 우리 자신과 최고 순위 사이에 늘 여타의 것들이 끼어드는 것을 허용하는 한 구원은 결코 완벽할 수 없다. 조지 메레디스(George Meredith)는 말했다. "거짓의 그늘이 드리워진 곳에서 영혼은 살지 못한다."

이 위험은 매우 미묘해서 감지하기 힘들다. 숨 돌릴 틈조차 주지 않고 이제 좀 위험에서 벗어났나 싶으면 곧바로 또 다른 곳에서 들이닥치는 것처럼 보인다. 그러므로 쉼 없이 깨어 경계하는 것 외에 다른 방법이 없다. 우리 영혼이 자유를 누리기 위해 영원히 불침번을 서는 값을 치르는 것은 영웅에 버금가는 용기가 있어야 하는 일이다. 우리와 하나님 사이에 어떤 것도 들어서게 허용해서는 안 된다. 하나님 앞에 나아가는 길 위에 어떤 제도도, 어떤 조직도, 어떤 책도, 어떤 남자도, 어떤 여자도 끼어들게 해서는 안 된다. 만약 우리가 자신이 아닌 다른 것에 의지해 진리를 이해하려 하거나 이해한다면 삶에 더는 열매가 맺히지 않을 것이다. 그러므로 자기 자신 아닌 다른 선생에 의지해 진리에 이르려고 하지 말라. 자기 자신 아닌 다른 치유자의 손을 빌려 삶에 증거를 얻으려 하지 말라. 그는 아무 잘못도 저지르지 않았으나 실패할 것이 분명하다. 어쩌면 우리가 절실히 필요로 할 때 그는 우리 손이 닿지 않는 곳에 있게 될 것이다. 그럴 수밖에 없는 이유를 이것저것 대겠지만 어찌되었든 우리가 필요로 하는 시간에 맞춰 도움을 줄 수는 없을 것이다.

사람들이 특별한 조건을 내세워 자기 자신을 어떤 것의 노예가 되도록 허용할 때 똑같은 원리가 적용된다. 다음과 같이 말하는 여자가 있었다. "나는 우리 지역 센터에 있는 독서실에 있을 때만 내면의 소리에 응답을 받게 된다. 그곳은 정말 아름답다." 그런데 얼마 지나지 않아 그녀의 남편이 아프리카 중부에 위치한 나라로 전근을 가게 되었다. 그녀는 영혼을 치유하는 자기만의 독서실로부터 수천 마일이나 떨어진 곳으로 가게 된 것이다. 물론 그녀는 힘든 시간을 보내고 다시 진리의 참지식을 찾기 시작했고 이해에 진전을 볼 수 있게 되었지만, 그녀가 애초부터 그런 조건에 자신을 내주지 않았다면 겪지 않아도 되었을 위기를 겪은 것만은 분명한 사실이다.

책에서 그리고 선생으로부터 기타 등등, 마땅히 이 모든 데서 도움을 얻어야 한다. 그러나 당신이 참으로 자기 스스로 이해하려 하지 않는 한, 그저 입술로만 "주여, 주여." 외치는 것뿐이다. 본질적으로는 "그를 알지 못한 채" 그의 이름이 만병통치약인 척하는 것이다. 그러므로 실제적인 능력을 발휘할 수 없다. 그 결과 당신 삶에 아무 열매도 맺히지 않는다. 예수는 당신을 알지 못한다고 할 것이다. 이런 방법으로는 하늘나라에 들어갈 수 없다. 거듭 말하지만 당신은 구원을 얻어야만 한다. 당신 내면의 의식에서 하나님의 살아 계심과 역사하심을 깨달아 아는 고된 작업을 거쳐 어렵고 또 힘들게 구원을 이루어야 하는 것이다.

아직도 많은 그리스도인이 이미 장성하여 훌쩍 커 버린 그들을 더는 감당할 수 없게 된 교회로부터 자유로워지는 것을 망설인다. 가족의 전통을 깨는 행동이 될까 봐 망설이고, 또는 그저 일상이 되어 버린 틀에서 벗어나는 것이 정서적으로 못내 불편해서 떠나지 못한다. 그러나 "나 자신보다 아버지나 어머니를 더 사랑하는 것은 결코 잘하는 게 아니다." 그러다 보니 정통 교회보다 좀 더 자유로운 교회를 찾아 옮길 마음을 먹거나, 또는 그들을 다시 잠들게 할 것처럼 보이는 영적인 센터나 조직에 들어감으로써 그나마 정통 교회에서 떨어져나올 힘과 용기를 불러일으키는 게 가능한 것처럼 보인다. 그러고는 마침내 진리를 발견했으니 이제 더는 고통을 겪지 않을 것이라고 믿어 버린다. 이것은 정확히 똑같다고는 할 수 없지만 정통 교회를 개척하고 세운 자들이 해 온 실수들과 너무도 흡사하지 않은가. 그들 또한 기존의 교리에 반기를 들고 개혁을 시도함으로써 진리를 찾았다고 생각했고 교회를 시작했다. 당신이 새롭게 발견한 자유를 또 다른 곳에 넘겨준다면 애초에 조직에서 벗어남으로써 얻은 것이 과연 무엇이란 말인가?

사람들은 스스로 판단하려 하기보다는 자기를 이끌어 줄 스승을 찾아 일방적으로 자신들의 권리를 내어 주려는 성향이 더 큰 것 같다. 그런 과정에 헌신의 방법들만 더욱 개발되고, 오류가 없다며 건네준 교과서를 덥석 받아 드는 데 익숙해진다.

사람에게 알려진바 유일하게 무오류인 것은 예수가 우리에게 준 진리를 알아보는 단순한 테스트, 그들의 열매로 그들을 알리라는 말씀뿐이다.

당신은 그 출처가 어디든 영혼이 성장하는 데 도움을 주는 가르침들을 기쁘게 이용해야 한다. 교회에도 나가고 여타 모임에도 나가라. 그리고 그곳에서 들려오는 말씀에 귀를 기울이라. 자신을 발견할 수 있도록 영감을 주는 책들도 읽어라. 그러나 영적인 판단만큼은 그 누구에게도 넘겨주지 말라. 당신을 도와준 사람들에게 감사하라. 좋은 가르침을 받았거든 더욱 감사하라. 그러나 항상 다음 단계로 나아갈 준비를 하라. 존재의 진리는 삶의 비인격적인 원리 그리고 무한과 관계있음을 기억하라. 그러므로 특정한 인간 또는 조직에 예속되어 착취받는 것을 견디지 못한다. 당신은 당신 안에 거하는 그리스도 외에는, 당신의 영적인 온전함 외에는 우주 안의 어떤 사람 또는 어떤 것에도 티끌만큼도 충성할 의무가 없다.

만약 어떤 조직체의 구성원이 됨으로써 영적 이해를 보증받을 수 있다면 우리의 구원은 그보다 훨씬 더 단순할 것이다. 그러나 안타깝게도 문제는 훨씬 더 복잡하다. 교회뿐 아니라 여러 다양한 기관과 학교 모두 강의며 책, 기타 등등을 통해서 유용한 목적을 위해 올바른 지식을 나누어 주는 데 힘쓴다. 그러나 실제적인 활동은 개인의 의식에서 이루어져야만 한다. 그 밖에 다른 외부 것을 요구하고 지나치게 의존한다면 미신을 떠받드는 것이다. 영적으로 자기를 점검할 때가 와서, 만약 우리가 교회 구성원이라는 사실에 의지하려 한다거나 우리를 가르치는 선생의 인간성에 기대를 건다거나 또는 안다고 확신하는 지식에 의존하려 한다면, 진리의 목소리는 우리를 결코 알지 못한다고 알려 줄 것이다. 우리는 우리 자신을 증명하지 못한 채 가야만 할 것이다.

왜냐하면 인간의 삶과 인간됨은 매우 다면적이어서 성경은 모든 문제를 현저히 다른 각도에서 접근하기 때문이다. 산상수훈의 이 장은 또 다른 매우 중요한 교훈을 가르치는데, 어떤 것을 초래하는 유일하게 참된 방법은 하나님의 임재가 현실화하는 ― 살아 계신 하나님이 역사하시는 ― 것을 통해서만 가능하다는 것이다. 이것은 변치 않을 결과를 얻을 수 있는 유일한 방법이다. 삶의 조건을 바꾸는 정도는 의지의 힘으로 성취할 수 있지만 그것은 일시적일 뿐 다 해낸 것처럼 보이다가도 조만간 다시 사라지고 만다. 이전보다 더 나쁜 상태에 처할 수도 있다. 예를 들어, 의지의 힘만으로도 한 재산 모을 수는 있다. 그러나 그렇게 생긴 돈은, 돈에 혹한 희생자를 이전보다 더 가난하게 만들어 놓은 채 어느 틈엔가 날개를 달고 날아가 버린다. 사기 힘에 의지하는 사람은 존재의 진리를 알지 못한다. 그러므로 진리 또한 그를 알지 못한다. 고로 진리가 그를 도울 수도 없다. 말하자면 이런 것이리라. *내가 너희를 도무지 알지 못하니, 불법을 행하는 자들아 내게서 떠나가라.*

사람이 이와 같은 실수를 저질렀을 때 당장 해야 할 일은 하나님 없이 하려던 일을 즉시 중단하는 것이다. 그러고 나면 다른 실수들을 저질렀을 때 그랬던 것처럼 뉘우치자마자 즉시 용서받을 것이다. 그런 다음 다시 영에 생명을 공급하기 위해 생명의 원천이신 하나님을 구해야 한다. 하나님의 것은 모두 그의 것임을 다시금 깨닫는다면 하나님의 풍성함을 자기 것으로 누리게 될 것이다. 그러므로 그는 참되고 풍요로운 의식을 갖게 될 것이다. 이것을 다 이루면 다시는 핍진해지지 않을 것이다.

그러므로 누구든지 나의 이 말을 듣고 행하는 자는
그 집을 반석 위에 지은 지혜로운 사람 같으리니
비가 내리고 창수가 나고 바람이 불어 그 집에 부딪히되
무너지지 아니하나니 이는 주추를 반석 위에 놓은 까닭이요
나의 이 말을 듣고 행하지 아니하는 자는

그 집을 모래 위에 지은 어리석은 사람 같으리니

비가 내리고 창수가 나고 바람이 불어 그 집에 부딪치매

무너져 그 무너짐이 심하니라

마태복음 7:24~27

───────────────────────────────

산상수훈은 단순성, 직접성, 그리고 마치 한 폭의 그림과도 같이 펼쳐지는 생생한 사실성에 있어서 타의 추종을 불허하는 예시 가운데 하나로 결론을 삼는다. 이 두 개의 집 비유를 읽은 사람이라면 결코 이 말씀을 잊을 수가 없을 것이다. 두 집의 비유는 우리에게 실천 없는 계율이 얼마나 헛된 것인지를 한 번 더 경고한다. 진리를 안다고 하니 위험하다. 진리를 아는 자들의 목전에 닥친 치명적인 위험을 보라. 진리를 전해 들었으니 진리대로 살려고 애쓰는 것이 마땅할 터인데도 정직하게 실천해 보려고 노력하지 않은 자들은 아마 말하게 될 것이다. 차라리 진리에 관해 전혀 들어 본 적 없는 편이 더 나았을 거라고.

인간 영혼의 가장 오래되고 가장 중요한 상징 중 하나는 건물이다. 거주하는 집일 수도, 수도하는 사원일 수도 있다. 사람은 건물에 들어가 공간을 차지한다. 건물을 짓는 사람은 양을

지는 사람이나 물고기를 낚는 사람이나 또 우리가 이전 장에서 이미 보았던 왕처럼 자고이래로 우리 모두에게 친근한 인물이다. 집 지을 사람이 첫 번째로 해야 할 일은 견실한 기초를 고르는 것이다. 기초가 튼튼하지 못하면 건물을 얼마나 정교하고 공들여 쌓았든, 폭풍우를 견디지 못하고 무너져 내릴 것이기 때문이다. 우리는 예수가 목수 일을 하는 집안에서 자랐다는 것을 안다. 아마도 그 당시 기준으로 보면 목수를 건물 짓는 사람 정도로 볼 수도 있을 것이다. 그러므로 그가 산 지역의 특성으로 보나 생장 과정으로 보나 이 예는 그에게 쉽게 떠올랐을 것이다. 수시로 변하는 모래 때문에 사막에선 무얼 짓는다는 게 도대체 불가능하다. 그러다 보니 사람들은 주로 천막에서 거주하는 편을 택한다. 그러나 영구적인 구조물을 세우려고 할 때는 어렵더라도 바위를 찾아 그 위에 세웠다. 바위는 그리스도를 나타내는 성경의 단어 중 하나로서, 그것에 함축된 의미는 매우 분명하다. 그리스도의 진리는 하나요, 우리가 개심한 영혼의 성전을 안전하게 세울 수 있는 유일한 기초다. 이 기초는 절대적으로 참된 유일한 존재며 결코 그 모습이 변하거나 옮겨 가지 않는, 어제나 오늘이나 영원히 한결같은 존재다. 그러므로 이 기초에 의지하면 안전하게 설 수 있다. 바람이 불 때도 비가 올 때도 실수했을 때도 두려움이 몰려올 때도 의심이 들 때도 자책하게 될 때도 있겠으나, 그러나 우리는 결코 무너지지 않는다. 바위 위에 있을 것이기 때문이다. 그러나 우리가 바위보다 못한 것을 의지하는 한 — 우리 자신의 힘에 의지하거나 소위 말하는 물질적 안전에 거하거나, 다른 사람의 선한 의지 또는 우리가 가진 개인적 자원에 의지하는 한 — 다시 말해 하나님 외에 다른 것에 의지하는 한 우리는 모래 위에 지어진 셈이다. 따라서 그 무너짐이 심할 것이다.

예수께서 이 말씀을 마치시매
무리들이 그의 가르치심에 놀라니
이는 그 가르치시는 것이 권위 있는 자와 같고
그들의 서기관들과 같지 아니함일러라

마태복음 7:28~29

이 결론적 구절에서 우리는 그저 단순히 사람들이 그의 가르침에 매우 놀랐다는 이야기를 전해 듣는다. 항상 그렇다. 예수 그리스도의 메시지는 전적으로 혁명적이다. 그것은 모든

표준과 모든 방법을 뒤엎는다. '세상' 것뿐만 아니라 전통적이고 정통적인 종교 자체를 뒤엎는다. 그의 말씀은 우리의 시선을 밖에서 안으로 돌리고, 사람과 그가 하는 일로부터 하나님에게 돌리는 것이기 때문이다.

예수는 권위 있는 자처럼 가르쳤고 서기관들과 같지 않았다. 영적인 토대가 참으로 빛을 발하는 때는 당신이 알기 시작할 때다. 당신이 응답받는 기도에 의해 가장 작은 것일지라도 참된 증거를 얻게 되었을 때 당신은 결코 잊히거나 사라지지 않을 어떤 것을 경험한 것이다. 당신은 비로소 진리의 증인이 된다. 이제 더는 누군가의 말에 의지하지 않는다. 당신은 자기 자신에 대하여 안다. 이것이야말로 소유할 가치가 있는 유일한 권위다. 예수는 이 권위를 가졌고 또 행함으로써 그것을 증명했다. 마태복음의 다음 장에서 우리는 산상수훈의 마지막 담론에 뒤이어 곧바로 그것을 배운다. 사실 이 부분은 마을로 내려간 후 즉석에서 나환자를 치유하면서 한 말씀이다. 이로써 그의 가르침이 단지 이론만이 아니라는 것을 극명하게 증명한다.

예수는 하나님과 맞닿아 있었다. 그러므로 그의 입에서 나오는 말은 생명을 살리는 능력 있는 말이었다.

부록
주의 기도 ─ 하나의 해석

그는 기도를 잘한다 사랑을 잘하는 자가 그렇듯

사람도 새도 짐승도

그는 기도를 제일 잘한다 사랑을 제일 잘하는 자가 그렇듯

크고 작은 모든 것이

우리를 사랑하시는 주를 위해

그는 지으시고 지으신 것을 사랑하신다

─ 콜리지(Coleridge)

하늘에 계신 우리 아버지여

이름이 거룩히 여김을 받으시오며

나라가 임하시오며

뜻이 하늘에서 이루어진 것 같이 땅에서도 이루어지이다

오늘 우리에게 일용할 양식을 주시옵고

우리가 우리에게 죄 지은 자를 사하여 준 것 같이

우리 죄를 사하여 주시옵고

우리를 시험에 들게 하지 마시옵고

다만 악에서 구하시옵소서

나라와 권세와 영광이 아버지께 영원히 있사옵나이다

아멘

「주의 기도(The Lord's Prayer)」는 모든 기독교 문서 가운데 가장 중요하다. 예수는 주의 기도를 매우 분명한 목적들을 염두에 두고 조심스럽게 구성했다. 그것이 주의 기도가 예수의 가르침을 통틀어 가장 잘 알려지게 된 이유이자 가장 자주 인용되는 이유다. 기독교를 표방하는 하고많은 교회가 어찌 보면 제각각임에도 주의 기도를 이구동성으로 암송하는 걸 보면, 이들 모두 예수가 가르치신 이 기도를 공통분모로 삼고 있다는 걸 알 수 있다. 주의 기도는 어느 교회에 가서나 예외 없이 한목소리로 동참할 수 있는 아마도 유일한 장(場)일 것이다. 교회를 다니는 아이라면 누구나 주의 기도를 배운다. 날마다 이 기도문으로 기도하는 기독교인도 있다. 아마도 이렇게 활용도가 높은 기도문은 없지 않을까 싶다. 예수가 이끄시는 대로 따르고자 하는 사람이라면 누구나 주의 기도를 따라 기도한다. 그리고 날마다 이를 현명하게 사용한다.

그런데 주의 기도를 정말 이렇게 사용하려면 우리는 주의 기도가 정성 들여 신중하게 고안된 유기적 통일체라는 점을 이해해야만 한다. 많은 사람이 구구단을 외듯 소리를 높여 마치 앵무새처럼 주의 기도를 암송한다. 예수가 무의미한 반복이 얼마나 헛된 것인지 경고해 주었음에도 이를 잊은 채. 그렇게 기도함으로써 얻게 될 이익이란, 한마디로 없다.

위대한 기도는 영혼의 성상을 위한 압축된 공식과도 같다. 그것은 특정한 목적을 위하여 최고로 신중하게 고안되었다. 사람들이 그 뜻을 이해하면서 규칙적이고 반복적으로 사용할 수 있도록, 그리고 이를 통해 영혼의 참된 변화를 경험할 수 있도록. 유일한 진전은 영혼의 변화다. 성경은 이를 일러 다시 태어난다고 말한다. 그러므로 우리가 관심 가져야 할 것은 영혼의 변화다. 새로운 지식을 단지 머리로만 받아들이는 이성의 활동만 가지고는 영혼을 변화시키지 못한다. 주의 기도는 사람의 영혼에 변화를 일으킬 목적으로 특별히 고안되었다. 그러므로 규칙적이고 반복적으로 주의 기도를 드릴 때 영혼의 변화가 일어난다.

주의 기도를 분석하면 할수록 그 구조에 놀라움을 금할 수가 없다. 주의 기도는 기도하는 사람이 현재 어떤 자리에 놓여 있건 그 사람에게 필요한 딱 그만큼의 요구를 충족시켜 준다. 영적인 성장의 필요와 대면한 사람이 주의 기도를 드리며 이를 구한다면 그는 빠른 성장이라는 응답을 받을 수 있을 것이다. 이와 달리 글자 그대로의 피상적인 의미로만 주의 기도를 이해하는, 단순하고 마음이 온통 물질에만 가 있는 사람이 자기가 이해한 바대로 자기가 필요한 것을 주의 기도를 드리며 구한다면 그도 또한 그때 필요한 딱 그만큼의 것을 받을 수 있을 것이다. 물론 진심으로 기도했을 때 그렇다는 것이다.

기도의 압권이라 할 주의 기도는 여타 기도들이 그런 것처럼 기도가 갖는 목적에 충실하면서도 그 외에 또 다른 목적을 염두에 두고 고안되었다는 특장점이 있다. 예수는 수 세기 후에는 그의 단순하고 원초적인 가르침이 그 가르침과는 일말의 관계도 없는 온갖 종류의 외부적 요인으로 인해 왜곡되리라는 것을 예측했다. 그는 또, 그를 결코 알 리 없는 사람들이 일말의 의심도 없이 자기들의 제한된 지적 능력에만 의존해 너무도 성실하게 신학을 세우고 교리를 만들 것임을 예견했다. 그들은 영적인 메시지가 가진 직접적인 단순성을 모호하게 만들고 하나님과 사람 사이에 장벽을 쌓을 자들이었다. 그래서 그는 세월이 흘러도 함부로 기도 문구를 훼손하는 자가 나올 수 없게끔 안전장치를 두는 방식으로 기도를 고안했다. 그는 주의 기도를 완벽한 방법으로 배열했다. 어떤 사람이 만든 체계에 의해서도 비틀리거나 왜곡, 각색되지 않게 하기 위해. 그 결과 실제로 그 안에 그리스도의 메시지 전체가 담길 수 있었다. 또한 표면적으로는 쉬지 않고 예수의 가르침을 왜곡하려 드는 사람의 주의를 끌 만한 어떠한 것도 가지고 있지 않다. 그런 까닭에 그리스도인의 역사가 거듭 변화를 겪어 오면서도 주의 기도는 우리에게 여전히 부패하지 않고 훼손되지 않은 모습으로 전해질 수 있었다.

첫 번째로 주목할 점은 기도가 자연스럽게 일곱 개의 절로 떨어진다는 것이다. 여기엔 동양 전통의 특징이 짙게 배어 있다고 보인다. 일곱은 개별적인 것의 완전함을, 개개 영혼의 온전함을 상징한다. 마치 열둘이라는 숫자가 연합하여 이룬 완전함을 나타내는 전통과도 같다. 실제로 주의 기도를 드릴 때는 자주 "나라와 권세와 영광이 아버지께 영원히 있사옵나이다."라는 여덟 번째 절이 덧붙곤 하는데, 이것은 사실 주의 기도의 완결된 구조 속에 포함된 것은 아니다. 그 자체로 탁월한 긍정, 동의의 말일 뿐이다. 일곱 개의 절은 완벽한 순서에 따라 차례로, 매우 용의주도하게 합쳐진다. 그것들 하나하나는 영혼이 필요로 하는 자양분으로서 모든 것을 포함한다. 이제 주의 기도 첫 절부터 살펴보자.

우리 아버지

이 단순한 발언은 그 자체로 확정적이고 완결된 신학 체계다. 이 언명은 하나님의 본성과 성격을 명백하고 뚜렷하게 확정 짓는다. 존재의 진리를 압축해 전한다. 사람이 하나님과 자기 자신 그리고 이웃에 관해서 알아야 하는 모든 것을 말해 준다. 그러므로 이에 어떤 것이 되었든 덧붙이는 것은 단지 부연에 지나지 않는다. 게다가 주의 기도의 참된 의미를 복잡하고 애매하게 만들지 않을 도리가 없다. 올리버 웬델 홈스(Oliver Wendell Holmes)는 말했다. "나의 종교는 주의 기도의 첫 두 단어로 압축된다." 우리 대부분이 그의 말에 충분히 공감할 것이다.

"우리 아버지." 이토록 단순하고 군더더기 없고 분명한 언명에 주목하라. 이 한 절로 예수는 하나님과 사람의 관계가 아버지와 자녀의 관계임을 최종적으로 단언한다. 이 한 절은 종종 신학이 그려 보이곤 하던 신, 추상같은 명을 내리는 가차 없이 잔인한 폭군 이미지의 신을 더는 상상할 수 없게 만든다. 예수는 분명하게 말한다. 하나님과 우리의 관계는 부모와 자식 사이라고. 굽실거리는 노예를 다루는 동양의 전제군주, 폭군이 아니라 부모와 자식이라고. 우리가 모두 잘 알고 있는 것은, 다른 어떤 면에서는 다소 부족한 부모일지라도 그런 그들도 거의 자기 아이들에게만은 최선을 다한다는 것이다. 불행하게도 잔인하고 사악한 부모들이 있기도 한데, 그들은 신문의 한 자리를 차지하는 극히 예외적인 경우라 할 수 있다. 대다수 사람은 부모로서 아이들에게 최선을 다한다. 예수는 똑같은 진리를 다른 데서도 말했다. "너희가 악한 자라도 좋은 것으로 자식에게 줄 줄 알거든 하물며 하늘에 계신 너희 아버지께서 너희에게 좋은 것으로 주시지 않겠느냐."마태복음 7:11 이로써 주의 기도는 하나님의 하나님다움을 자식을 대하는 완벽한 아버지상으로 세우는 것으로 시작한다. 하나님의 아버지 되심, 이것이 주의 기도의 주춧돌이다.

하나님의 본성을 확정 지은 이 절이 동시에 사람의 본성을 확정 짓는 것을 주목하라. 자식의 본성은 마땅히 부모의 본성과 유사할 것이기에 만약 사람이 하나님의 자식이면 그도 하나님의 본성을 띠어야만 한다. 그것이 부전자전인 우주의 법칙이다. 장미 덤불이 백합을 꽃 피울 리 없고, 소가 망아지를 낳을 리 없는 게 바로 천리다. 자식은 부모를 닮는 법이다. 우주의 이치가 그러하다. 고로 하나님이 영이면 사람도 영인 것이다. 외양은 그와는 반대라고 말할 수 있을는지 몰라도.

여기서 잠시 멈추어 보자. 그리고 이 지점에서 우리가 예수의 가르침에 감사하면서 앞으로 나아가는 한걸음을 내디딘다는 것이 과연 무엇인지를 깨닫기 위해 노력하자. 당신은 이 한 방으로 종래의 신학의 99퍼센트가 일소됐다고 보지 않는가. 옛 신학은 우리에게 무엇을 말해 왔는가? 거기에는 일단 분노하는 신이 등장한다. 그리고 그 신에게 선택받은 사람들과 사랑받는 사람들이 있다. 영원한 지옥불이 기다리고 있고, 병적일뿐더러 공포를 불러일으키는 무시무시한 장치들이 쉴 새 없이 출몰한다. 그런데 이제 우리 앞에 예수가 보인 하나님은 살아계시며 영원하고 전능한 분으로, 어디에나 계신 그 하나님은 우리 인류를 사랑하는 아버지다.

그것이 진실로 무엇을 의미하는지 어느 정도 이해할 수 있을 때까지 이 사실을 곰곰이 생각한다면 당신이 처한 어려움과 육체의 질병은 대부분 사라질 것이다. 왜냐하면 그것들은 모두 두려움에 근거한 것인데 두려움이 없어지면 더는 머물 곳이 없게 되기 때문이다. 우리를 속 썩이고 골치 아프게 하는 모든 문젯거리의 근본 원인은 두려움이다. 만약 전지전능한 지혜가 다름 아니라 바로 살아 계시고 사랑하시는 당신 아버지라는 것을 얼마만이라도 깨달을 수 있다면 당신이 두려워하는 것 대부분은 사라질 것이다. 만약 당신이 그것을 완전히 이해할 수 있다면 당신 삶에서 부정적인 것은 모두 사라질 것이다. 당신은 모든 면에서 완벽함을 증명할 것이다. 이제 당신은 비로소 예수가 이 절을 처음에 놓을 때 마음속에 품었던 그 대상을 바라본다.

다음으로 예수가 "나의 아버지"가 아니라 "우리 아버지"라고 말씀하는 데 주목하자. 여기서 우리가 찾을 것은 실수의 가능성이 아니라 인류가 한 형제라는 진리다. 그것은 처음부터 우리가 다음의 사실에 주의를 기울이도록 강권한다. 사람은 모두 진실로 형제요, 한 아버지의 자녀라는 사실이다. "유대인이나 그리스인이나, 종이나 자유인이나, 선택받은 자나 선택받지 않은 자나 차별이 없다." 우리는 모두 한 형제이기 때문이다. 여기서 예수는 "선택받은 족속"에 관한 참으로 지긋지긋한 모든 헛소리 ― 어떤 민족이 다른 민족보다 위에 있다는 영적 우월성에 관한 모든 헛소리 ― 를 종결지으면서 두 번째 요점을 취한다. 그는 어떤 국가, 민족, 지역, 집단, 계급, 인종에 속한 사람들이 다른 집단의 사람들보다 하나님이 보기에 우월하다는 착각을 잘라 버린다. 특정 집단만이 가진 우월성에 대한 믿음은, 심리학자들이 '혈통'이라고 부르는, 인류가 빠지기 쉬운 착각이다. 그러나 그것은 예수의 가르침 안에서는 설 자리가 없다. 그는 각 사람은 저마다 자기 영혼의 영적인 조건으로 평가받는다고 가르친다. 그가 영적인 길 위에 있는 한 그가 속한 집단이 어떤 집단이든 거기에 차별이 있을 수 없다고 가르친다.

마지막 요점은 우리가 우리 자신뿐만 아니라 모든 인류를 위해 기도해야 한다는 명령을 함축한다. 진리를 배우는 학생이라면 모름지기 적어도 날마다 잠시라도 짬을 내어 온 인류를 위하여 존재의 진리를 생각하는 시간을 가져야만 한다. 우리 중 누구도 자기를 위하여 사는 자가 없고 자기를 위하여 죽는 자도 없기 때문이다. 사실 우리는 모두 진실로 — 사람들이 아는 것보다 훨씬 더 문자 그대로의 의미에서 — 한 몸의 지체기 때문이다.

이제 우리는 비로소 겉으로 드러난 것보다 훨씬 더 많은 것이 이 단순한 단어, "우리 아버지" 안에 들어 있음을 보기 시작한다. 어떤 이들은 거의 천진난만하게 말하는 이 단순함, 그 안에 예수는 영적인 폭탄을 감추었다. 이 폭탄은 종국에 가서는 궁극적으로 온 인류를 구속하고 있는 인간이 만든 모든 체계를 파괴할 것이다.

하늘에 계신

하나님의 아버지 되심과 인류가 한 형제임을 명확히 정립한 후에 예수는 다음으로 하나님의 본성을 확장해 간다. 그리고 존재의 근본적인 사실들을 묘사한다. 하나님과 사람이 부모와 자식의 관계임을 보여 주면서 그는 사물들의 거대 구조 속에서 각자의 기능을 상세하게 그려 나간다. 이로써 보건대 하늘에 계신다는 것이야말로 하나님의 본성이다. 또한 사람이 땅에 사는 것이 사람의 본성이다. 하나님은 원인(Cause)이고 사람은 그 드러남이기 때문이다. 원인은 드러난 것일 수 없고, 드러난 것은 원인일 수 없다. 이 둘을 혼동하지 않으려면 주의해야만 한다.

여기서 하늘은 하나님 또는 원인을 나타낸다. 하늘은 종교적인 어법에서 볼 때 하나님의 현존, 하나님의 임재, 즉 하나님이 계신 곳을 이르는 용어이기 때문이다. 형이상학에서는 절대자라고 칭하는데, 왜냐하면 조건에 매이지 않은 순수한 영역, 원형으로서 관념의 영역이기 때문이다. 그에 비해 '땅'이란 단어는 겉으로 드러난 것을 의미한다. 인간의 기능은 하나님 또는 원인을 표현하고 드러내는 것이다. 다른 말로 하나님은 무한자요, 모든 것의 최종이자 완전 원인이다. 그러나 원인은 드러나야만 하기에 하나님은 인간을 통해 자신을 드러낸다. 그러므로 인간의 운명은 온갖 영광스럽고 놀라운 방법으로 하나님을 드러내는 것이다. 일단 이러한 드러남은 환경으로 나타나는데, 먼저 사람의 몸을 그 하나로 볼 수 있다. 신체는 가장 친밀하게 드러난 부분이라고 할 수 있다. 그다음은 집이다. 또한 하는 일과 놀이를 들 수 있다. 간단히 말하자면 그의 모든 것이 그의 드러남이다. 안에 있던 것이 밖으로 나오는 것이 드러남이다. 이미 내재해 있던 것이, 즉 보이지 않던 것이 눈앞에 드러나 비로소 보이게 된 것이다. 그러므로 당신 삶의 모든 부분은 당신 영혼 안에 있는 것이 밖으로 드러나거나 표현된 것이다.

이 요점 중 어떤 것은 처음에는 약간 추상적으로 보일지도 모른다. 그러나 하나님과 사람의 관계에 관하여 잘못 이해한 까닭에 이렇듯 어려워진 것이므로 이제 그 관계를 올바르게 이해하고자 할 때 겪을 수밖에 없는 이 정도의 고충은 감내할 가치가 있다고 봐야 하지 않을까 싶다. 원인을 전제하지 않고 단지 드러난 것에만 주목하는 것은 무신론이요 유물론이다. 우리는 그들이 이끄는 곳이 어디인지 안다. 반면에 드러난 것에는 아랑곳하지 않고 원인에만 수복하는 자가 있는데 그는 자기 자신 즉 스스로를 신의 자리에 올려놓는 자라 하겠다. 이것은 결국 과대망상증과 일종의 표현 마비로 막을 내리게 된다.

깨달아야 할 것은 바로 이것이다. 하나님은 하늘에 계시고 사람은 땅에 산다. 그리고 각 사물들의 구조 속에서 제 역할이 있다. 그들이 하나라고는 하나 그렇다고 동일한 것은 아니다. 예수는 다음과 같이 말함으로써 이 요점을 조심스럽게 정립한다. "하늘에 계신 우리 아버지."

이름이 거룩히 여김을 받으시오며

성경에서 어떤 것의 "이름"이라고 할 때는 그것의 본성이나 특성을 의미한다. 그래서 우리가 하나님의 이름은 무엇이라는 말을 들을 때 우리는 그의 본성이 무엇인지를 듣는 셈이다. 주의 기도에서 예수는 그의 이름 또는 본성을 "거룩하다."라고 말한다. "거룩하다."라는 말은 무슨 의미인가? 고대 영어에 이르기까지 그 어원을 찾아 거슬러 올라가다 보면 대단히 흥미진진하고 의미심장한 사실을 발견하게 된다. "거룩하다(hallowed)."라는 말은 '성스러운(holy)', '전체의(whole)', '건전한(wholesome)' 그리고 '치유(heal)' 또는 '나은(healed)'과 그 의미가 같다. 그래서 우리는 하나님의 본성은 우리의 숭배를 받을 만할 뿐만 아니라 완전하고 완벽하다는, 즉 완전히 선하다는 것을 알게 된다.

이로부터 주목할 만한 결과들이 도출된다. 우리는, 결과는 그 본성상 원인과 유사할 수밖에 없다는 데 동의해 왔다. 그런데 이제 하나님의 본성은 거룩하니 원인인 그분에게서 나온 모든 것이 또한 거룩하고 완전할 수밖에 없다는 결론에 이르게 된다. 삼미 넝불에서 백합이 피어날 수 없는 것처럼 하나님은 완벽하게 선하지 않은 것을 낼 수 없다. 성경은 말한다. "샘이 한 구멍으로 어찌 단 물과 쓴 물을 내겠느냐." 야고보서 3:11 그러므로 사람들이 흔히 생각하는 것처럼, 하나님은 이 세상에 질병과 고통을 보내고 또 천재지변을 일으키는 게 아니다. 죽음은 더더구나 아니다. 이것들은 어느 것 하나도 하나님의 본성과 같지 않기 때문이다. "이름이 거룩히 여김을 받다."는 "당신의 본성은 완전히 선해서 당신은 완벽한 선만의 저자다."라는 것을 의미한다. *주께서는 눈이 정결하시므로 악을 차마 보지 못하시며 패역을 차마 보지 못하시거늘.*

그러므로 만약 오늘 당신이 겪고 있는 어려움을 하나님이 보낸 것으로 생각한다면 그 이유가 아무리 타당하다 할지라도 당신의 골칫거리에 힘을 실어 주는 셈이다. 이 말은 이제 당신이 그것을 제거하기가 훨씬 더 어려워지리라는 뜻이다.

나라가 임하시오며
뜻이 하늘에서 이루어진 것 같이
땅에서도 이루어지이다

사람(man being)은 하나님의 표현이자 드러남(manifest-ation)으로서 그에 따라 가없는 운명을 소유하게 된다. 사람의 일은 하나님이 그에게 주는 추상적 관념을 구체적이고 확정적인 양식으로 표현하고 드러내는 것이다. 그런데 그러려면 창조하는 능력이 있어야만 한다. 창조하는 능력이 없다면 사람은 단지 하나님의 도구, 하나님이 일할 때 사용하는 자동화 기계일 뿐이다. 그러나 사람은 자동화 기계가 아니라 자기의식을 가진 개별자다. 하나님은 의식의 중심부에 무한한 수로 자신을 개별화하는데, 그 하나하나는 확연히 다르다. 그러므로 저마다의 개별자는 저마다의 우주를 아는 방식을 제각각 가지고 있다고 보아야 한다. 그것은 각기 다른 자기만의 경험이다. 'individual(개인)'이란 단어는 가만 들여다보면 'undivided(나누어지지 않는다)'라는 뜻이다. 자기의식은 자기의 의식일 뿐 하나님의 의식이 아니다. 자기의식은 자기의 의식일 뿐 다른 사람의 의식이 아니다.

하지만 그렇게 제각각일 뿐인 걸까? 그렇지 않다. 각 사람 즉 개인의 의식은 하나님의 것도, 다른 누구의 것도 아니지만 그렇다고 따로인 것도 아니다. 어떻게 이런 일이 있을 수 있는가? 어떻게 둘이 하나일 수 있는가? 하나가 아닐뿐더러 같지도 않은 둘이. 그 해답은 물질이요 영이라는 데 있다. 물질은 유한하므로 하나일 수 없다. 그러나 영은 무한하므로 하나일 수 있다. 현실은 제한적이어서 우리는 삼차원의 의식을 볼 수 없다. 그러나 직관적으로 기도를 통하여 우리는 그것을 이해할 수 있다. 만약 하나님이 자신을 개별화하지 않았다면 오직 하나의 경험만이 있었을 것이다. 그러나 보라. 생각이 빚어내는 무한히 많은 개별자가, 또 그만큼의 무한히 많은 우주가 존재한다.

"나라가 임하시오며."라는 구절은 이 땅 위에 하나님의 나라가 세워지는 데 일익을 담당해야 하는, 우리에게 주어진 의무를 의미한다. 다시 말해 우리 일은 하나님의 생각을 더 많이 가져와 이 땅에 구체적으로 드러내는 것이다. 그것이야말로 우리가 여기에 있는 이유다. 그러므로 옛사람이 한 다음의 말은 매우 정확하다. "하나님은 모든 사람을 위한 계획을 갖고 계신다. 물론 당신을 위해서도." 하나님은 우리 모두를 위해 멋지고 놀라운 계획을 갖고 있다. 우리 한 사람 한 사람을 위해 놀라운 직업이며 흥미진진한 모험, 삶, 기쁨 등을 계획했다. 삶이 따분하고 부자유스럽고 구질구질하다고 생각되는가? 그것은 그분의 실수가 아니다. 우리 잘못이다.

우리는 우리를 위하여 세운 하나님의 계획을 알지 못한다. 만약 당신이 그분의 의도를 알고 그가 반드시 이룰 것임 또한 안다면 당신이 가는 길에 열리지 않을 문이란 없을 것이다. 당신은 장애물을 만나지 않을 것이다. 빛나는 성공을 거둘 것이다. 금전적인 관점에서 보자면 사례 또한 두둑이 받을 것이다. 최고로 행복할 것이다.

우리 한 사람 한 사람을 위해 예비된 삶의 참된 자리가 있다. 그곳은 완벽하게 안전한 가운데 최고로 행복한 자리다. 어찌 보면 그 자리를 찾기까지 우리는 결코 행복하지도 안전하지도 않은 것이다. 너무나 좋은 것을 너무나 많이 소유한다고 하더라도 말이다. 하나님의 나라가 임해야 한다. 그 자리는 우리가 하나님의 나라를 드러낼 수 있는 곳이다. 참으로 "나라가 임하시오며."라 말할 수 있는.

우리는 사람이 너무나 자주 부정적인 방법으로 자유의지를 사용하는 것을 보아 왔다. 사람은 그릇되고 이기적으로 생각하고, 결국 잘못된 생각들은 그에게 온갖 문제를 일으킨다. 사람의 본성이 하나님을 드러내는 것임을 이해하는 대신에, 하나님 곧 아버지의 사업에 관해 알려고 하는 대신에, 그는 스스로 책임지는 혼자만의 삶을 살아가려고 안간힘을 쓴다. 삶의 온갖 골칫거리는 바로 이 어리석음에서 발생한다. 하나님과는 별개로 살려고 하면서 우리는 자유의지를 남용한다. 그 결과가 이 땅에서 일어날 수 있는 온갖 질병, 가난, 죄, 곤경, 죽음이다.

우리가 해서는 안 되는 일들이 있다. 우리는 자신을 위해 살려고 해서는 안 된다. 하나님과 상관없는 계획을 세우거나 추진해서는 안 된다. 우리는 하나님의 의지와는 별개의 목적을 좇아 행복하기를 바라거나 또는 성공하기를 꿈꾸어서는 안 된다. 그것이 매일의 일과 관련된 것이든 가정에서의 의무든 사람들과의 관계든 자신만의 시간을 내서 사적인 계획을 세우는 것이든 우리는 자신을 이롭게 하는 것을 꾀해서는 안 된다. 만약 우리가 하나님 대신에 자기 자신에게 봉사하려 한다면 그로 인해 온갖 문제를 불러들이게 된다. 결국 실망할 테고 불행해질 것이다. 반면에 우리가 기도를 통해 하나님의 의지를 알고자 한다면 우리는 자신을 위해 보험 — 궁극적인 성공, 자유, 기쁨과 같은 — 을 드는 것이다. 그러나 이는 물론 동시에 자기희생과 자기 수양 또한 감당해야 하는 것이다.

그러므로 우리가 할 일은 아무 염려 하지 말고 쉼 없이 기도하고 늘 깨어서 지켜봄으로써 우리 본성 전체를 할 수 있는 한 빨리 하나님의 의지를 따르도록 만드는 것이다. "우리의 의지는 우리를 하나님께 내어 드려 당신의 의지대로 사용되게 하는 것이다."

단테는 『신곡』에서 "하나님의 의지 안에 우리의 평화가 있다."고 말했다. 『신곡』은 진실로 의식의 본질, 그 근본에 대한 연구서다. 하나님 없이 살려고 발버둥 치는 영혼의 상태를 나타내는 지옥(Inferno), 의식이 하나님의 의지와 하나가 된 영혼의 상태를 나타내는 천국(Paradiso), 한 상태에서 다른 상태로 통과하려고 분투하는 영혼의 조건인 연옥(Purgatorio). 바로 이러한 숭고한 영혼의 갈등 속에서 위대한 오거스틴은 외쳤다. "당신은 당신을 위하여 우리를 지으셨습니다. 우리 마음은 당신 안에서 쉽을 얻기까지 쉬지 못합니다."

오늘 우리에게 일용할 양식을 주시옵고

우리는 사랑하는 아버지의 자녀기 때문에 하나님이 우리가 필요로 하는 모든 것을 충분히 주실 것을 기대할 자격이 있다. 아이들은 원하는 게 생길 때마다 즉각 부모를 찾는다. 이건 너무나 자연스러운 일이다. 우리가 주실 것을 바라고 하나님을 찾는 것은 이와 똑같다. 이것을 이해할 뿐만 아니라 진정으로 믿고 하나님께 구하면 우리의 기대는 결코 헛되지 않을 것이다.

우리가 건강하고 행복하고 기쁨이 넘치는 삶을 사는 것이 하나님의 뜻이다. 우리는 하루 또 하루, 한 주 또 한 주, 자유롭게 그리고 착실하게 성장해야만 한다. 그렇게 살다 보면 좁은 길이 점점 뻗어 나가 완벽한 그날에 이를 것이다. 이렇게 살고자 우리는 다음과 같은 것 — 양식, 의복, 집, 이동 수단, 책, 기타 등등, 그리고 무엇보다 *자유* — 을 필요로 한다. 이 모든 것이 주의 기도에서 오늘 우리에게 있어야 할 양식, 즉 빵[12]이다. 다시 말해 양식, 즉 빵은 일반적으로 단지 먹을 것만을 의미하

---

12 영어 성경에는 '빵(bread)'으로만 표현됨

는 게 아니다. 그것은 사람이 건강하고 행복하고 자유롭고 조화로운 삶을 살기 위해 필요한 모든 것을 가리킨다. 그러나 이 것을 얻고자 한다면 우리는 구해야만 한다. 세세하게 하나하나 짚어 가며 구할 것까지는 없겠지만, 그러나 우리는 *구해야만 한다*. 우리는 하나님을 인식해야만 한다. 우리가 필요로 하는 모든 것의 공급처가 되는, 그 원천이신 오직 홀로이신 그 하나님을 알아야만 한다. 그럼에도 우리는 우리에게 생명을 준 창조주를 알아보지 못하고 우리 삶에 필요한 것을 채우기 위해 하나님 대신에 또 다른 공급처를 찾아 헤맨다. 그만큼 우리는 허기져 있다.

사람들은 살아가는 데 필요한 것이 공급되는 곳을 생각할 때면 그들이 투자한 것을 떠올린다. 또 일한 대가를 받는 것이니 당연히 그들을 고용한 사람의 돈주머니를 떠올린다. 그러나 이것들은 그저 수도관이 물을 공급하듯이 단지 통로일 뿐이다. 수도관을 타고 물이 온다고 해서 수도관이 곧 물은 아니지 않은가. 수원지가 따로 있듯 우리 삶의 필요를 채우는 진정한 공급의 원천은 하나님이다. 통로, 즉 수단은 셀 수 없이 많다. 그야말로 무궁무진하다. 그러나 원천은 하나다. 당신 삶에 필요한 것이 공급되던 수단, 통로는 얼마든지 바뀔 수 있다. 변화야말로 드러남을 위해 작동하는 우주의 법이기 때문이다.

생각해 보라, 움직이지 않고 변하지 않는 것은 죽은 것이다. 그러므로 우리가 진정한 공급이 어디에서 비롯되는지를 깨닫는다면, 우리 삶의 공급처, 그 원천이 결코 변치 않는 영이라는 것을 알게 된다면 모든 일이 다 잘될 것이다. 하나의 통로가 사라지는 것은 또 다른 통로가 열린다는 신호임을 알게 될 것이다. 이러함에도 혹 다른 사람들처럼 단지 통로에 불과한 특정 통로를 원천으로 간주한다면 그것이 막혔을 때 당신은 이러지도 저러지도 못하게 될 것이다. 당신은 원천이 말라 버렸다고 *믿을 테니까* 말이다. 이 땅에서는 우리가 그렇다고 믿으면 그런 것이다.

예를 들어 보자. 수입의 원천을 고용 즉 직장에서 받는 급여로 생각하는 사람이 있는데, 몇 가지 이유로 그가 직장을 잃었다. 고용주가 다른 사업을 시작해 보려고 생각했을 수도 있고 직원을 해고하려 했을 수도 있고 또 그가 동료들과 사이가 좋지 않아서일 수도 있다. 어쨌거나 그에게 있어서 일자리를 잃는다는 것은 공급의 원천을 잃는 것이요, 수입이 없어지는 것이다. 그는 지체하지 않고 다른 직업을 찾아 나선다. 아마도 오랫동안 한 푼의 수입도 없이 일자리를 알아봐야 할 것이다. 만약 그 사람이 정기적인 매일의 영적 교제를 통해 하나님이 그의 공급처요, 일자리는 단지 하나님이 공급하는 데 쓰이는 특정 통로일 뿐임을 깨닫는다면 그 통로가 닫히자마자 또 다른 통로가, 아마도 더 나은 통로가 즉각 열리는 것을 발견할 것이다. 그가 하나님 안에서 공급이 이루어진다고 믿는다면 하나님은 변하지도 실패하지도 사라질 수도 없기에 그는 어딘가를 통해 늘 필요한 만큼 공급받게 될 것이고 무엇이 되었든 가장 쉬운 방법으로 그때그때 통로를 만들 수 있을 것이다.

직장에서 급여를 받는 사람과 마찬가지로, 사업하는 사람은 그가 어찌해 볼 수 없는 이유로 문을 닫아야만 하는 상황에 놓일 수 있다. 또는 주식이나 채권으로 발생하는 수입에 의지해 사는 사람이 주식시장에 벌어진 예기치 못한 일로 공급의 원천이 갑자기 말라 버리는 일이 일어날 수도 있다. 그런가 하면 공장이나 광산을 소유한 사람이 천재지변으로 인한 피해로 막대한 손실을 볼 수도 있다. 만약 이들이 사업이나 투자를 자신들의 공급의 원천으로 간주한다면, 그들은 그 원천이 붕괴된다고 여길 것이다. 그 결과 이러지도 저러지도 못하게 될 것이다. 반면 하나님을 의지한다면 그들은 지금까지의 통로에 그다지 관심을 두지 않을 것이다. 통로는 통로일 뿐 언제든지 쉽게 새로운 것으로 대체 가능하다는 사실을 알기 때문이다. 요약하자면 우리는 우리가 필요로 하는 모든 것을 위해 원인인 하나님을 바라보도록 스스로 훈련해야만 한다. 그러고 나면 부자석인 눈제일 수밖에 없는 통로는 알아서 제 역할을 하게 될 것이다.

일용할 양식이란 말 안에는 하나님이 존재할 뿐만 아니라 살아 계신다는 구체적인, 그리고 매우 중요한 의미가 들어 있다. 하나님은 단지 이름만으로 존재하는 것이 아니라 그 위대한 실재로서 우리와 함께 계신다는 실제적인 의미로 존재한다. 그리고 그는 하나님이기에 전능하고 온전히 선하고 온전히 지혜롭고 온전히 사랑하므로 우리가 두려워할 필요가 없다고 느끼게 하는 존재다. 우리는 우리의 모든 것을 돌보는 살아 계신 하나님을 의지할 수 있다. 그는 우리에게 있어야 할 모든 것을 공급하며 알아야 하는 모든 것을 가르친다. 우리가 실수하지 않도록 우리 걸음을 친히 인도한다. 이것이 임마누엘 즉 우리와 함께하는 하나님이다. 그것은 또한 확실히 *실제로* 그렇다는 의미임을 기억하라. 하나님은 우리와 함께한다.

의식에 경험이 아로새겨지는 것은 단지 사실을 이론적으로만 인식해서 되는 게 아니다. 단순히 하나님에 관해 말하거나 하나님에 *관해 생각하기만 하는* 게 아니다. 하나님에 관해 말하고 생각한다고 하면 아름답게 들리기는 하지만 실제로 경험하지 않고서는 우리는 그분을 안다고 할 수 없다. 물론 시작은 하나님에 관하여 생각하는 것에서 출발하는 것이 맞다. 그러나 생각만으로는 매일의 빵이나 만나의 문제를 현실에서 실제로 경험할 수 없다. 빵의 문제는 눈에 보이는 물질의 골자다. 헤아릴 수 있는 것을 구체적으로 경험함으로써 증거를 삼을 수 있다. 영혼의 성장은 볼 수 있고 만질 수 있는 것이기에 측정한다고 하는 것이다. 우리 눈앞에 명명백백하지 않고서야 어떻게 드러났다고 보증할 수 있겠는가. 이론적으로 아무리 정교하고 그럴싸해 보이더라도 단지 말뿐이라면 그것은 드러난 게 아니다. 살아 계신 하나님과의 만남은 하나님에 관해 말하고 생각하는 것과는 구별되는 것으로, *바라는 것들의 실상이요 보이지 않는 것들의 증거*히브리서 11:1다. 이것은 삶의 양식 즉 빵이요, 보이지 않는 만나(manna)[13]다. 이 실상을 보고 이 증거를 가졌는가? 당신은 참으로 모든 것을 가진 것이다.

예수는 이 경험을 여러 차례 빵의 경험으로 언급한다. 그것이야말로 영혼의 자양분이기 때문이다. 육체의 양식이 육체인 몸의 자양분인 것과 같이 이 양식, 예수가 빵이라 칭한 이 일용할 양식은 우리 영혼을 성장시키고 강하게 만드는 데 꼭 필요한 영양소다. 이로써 어린아이 영혼은 자라 어른이 된다. 그러

---

13 이스라엘 민족이 모세의 인도로 이집트에서 탈출해 가나안 땅으로 이동할 때, 먹을 것이 없어서 굶주리자 하나님이 매일 하늘에서 내려 줬다고 전해지는 기적의 음식

므로 성장에 필요한 영양소를 제때 섭취하지 못하면 신체의 발육이 더디고 부실하듯 마찬가지로 영혼 또한 제대로 성장하지 못할 뿐만 아니라 불구가 되고 만다.

그리스도인이 범하는 실수 가운데 하나는 하나님을 그저 형식적으로 알고 마는 것이다. 잘 알지도 못하면서 하나님 운운하며 말하는 것이다. 말이 참 그럴듯하다 보니 모르는 것을 깨닫지도 못한 채 다 이해한 줄 안다. 이렇게 말하면 이해가 좀 쉬울까 싶어 예를 들자면 다음과 같다. 음식이 담긴 쟁반을 보면서, 또는 햇빛에 말린 음식 재료를 두고 화학 성분을 토론하면서 그것이 마치 직접 음식을 먹는 것이나 다름없다고 여기는 것이다. 이 실수는 종종 눈에 보이는 결과라고는 없는데 몇 년씩 한 가지 기도 제목을 놓고 기도하는 것으로 나타나곤 한다. 기도가 정녕 능력이라면 아무 일도 일어나지 않는데 기도하는 것이 가능할 리가 없다.

기도가 하나님은 살아 역사한다는 구체적인 증거가 되려면 그저 명령에 복종하기만 해서는 안 된다. 그것은 우리 삶에 일정 시간을 떼어 내서 정기적으로 드리는 날마다의 기도가 낳는 결과로 자연스럽게 일어나야만 한다. "기도하라 하셨으니 나는 기도하네." 의지의 힘만으로는 산 역사의 주인공이 될 수 없다. 정기적으로 조용히 기도하라. — 모든 정신 활동, 노력 또는 압박은 패배를 자초한다 ─ 그러면 곧, 아마도 우리의 기대가 사그라들어 희미해질 때쯤 한밤의 도둑처럼 찾아오는 하나님, 그분의 살아 역사하시는 구체적 증거를 만나게 될 것이다. 우리 기도의 제목이 어떤 어려움이었든 신실한 기도에 의해 극복될 수 있다는 것을 알게 될 것이다.

혹자는 말할는지도 모른다. 그런 증거를 눈으로 보지 않고도 훌륭한 일꾼은 묵묵히 자기 맡은 바 일을 수행한다고. 물론 어려움을 극복하는 자기 나름의 방법을 찾아 문제를 해결할 수 있을 것이다. 그러나 하나님의 현존을 참으로 경험하기 전까지는 우리가 마땅히 누릴 자격이 있는 이 땅에서의 삶의 안전과 복지에 대한 감각, 그것이 갖는 의미를 알았다고 할 수 없다. 더더구나 소유했다고 할 수 없다.

일용할 양식이 하나님의 현존을 경험하기 위한 상징인 또다른 이유는 음식을 먹는 행위가 본질적으로 다른 누구도 아닌 자신을 위한 행위이기 때문이다. 누구도 자기가 아닌 다른 사람을 위해 대신 음식을 소화해 줄 수 없다. 자기를 대신해 일을 해 줄 사람을 고용할 수는 있다. 아마도 온갖 일을 대신하도록 지시하면 그 일을 할 것이다. 그러나 가장 적극적으로 해야만 하는 한 가지 일이 자기를 대신해 음식을 먹어야 하는 거라면 어찌하겠는가. 하나님의 현존을 경험하는 것도 이와 같아서 우리를 위해 누구도 대신해 줄 수 없는 일이다. 우리는 특정한 위기에 처해 이를 극복하고자 할 때 서로 도울 수 있고 또 도와야만 한다 ── "너희가 짐을 서로 지라." ── 그러나 하나님의 현존을 실제로 경험하는 것은 누구도 도와줄 수 없다. 그것이 "실상"이요 "증거"가 되려면 그것의 본성상 직접 경험해야만 한다.

"삶의 양식, 임마누엘(bread of life, Emanuel)"을 말하면서 예수는 그것을 우리의 일용할 양식이라고 부른다. 그 이유는 매우 근본적이다. 우리가 하나님과 접촉하는 것은 살아 있는 것임이 틀림없다. 그것은 우리를 다스리시는 하나님에 대한 *지금 여기에서의* 태도다. "보라, *지금*은 은혜받을 만한 때요. 보라, 지금은 구원의 날이로다."**고린도후서 6:2** 세상에서 가장 부질없는 것이 있다면 그것은 과거의 경험을 부여잡고 살겠다고 하는 것이다. 영적인 삶은 지금 여기에서의 삶이다. 우리는 *지금 여기에서* 살아 역사하시는 하나님을 만나야 한다.

오늘 우리가 경험하는 임마누엘은 그것이 아무리 미미하고 볼품없을지언정, 어제의 생생했던 경험보다 백만 배는 더 강력하게 당신을 도울 힘을 가졌다. 어제의 생생한 경험이 불러일으킨 의식 변화가 영원히 당신과 함께하리라는 것을 안다면 어제의 그 경험에 감사하라. 그러나 오늘의 필요를 위해 단 한

순간도 어제의 경험에 기대지는 말라. 성령은 *살아 계신다*. 인간이 근심 걱정으로 이리 흔들리고 저리 흔들릴 뿐 성령은 변함이 없다. 유랑하는 이스라엘 민족에게 일용할 양식이었던 사막의 만나는 구약 판 원형으로서 이를 상징적으로 보여 준다. 어느 날 사막 한가운데 이스라엘 사람들에게 날마다 하늘에서 만나가 공급될 거라는 얘기가 들렸다. 매일 각자 필요한 만큼 풍족하게 거둘 수 있을 거라고 했다. 때문에 내일을 위해 모아 두는 것은 쓸모없는 짓이었다. 어제의 음식으로 오늘을 살려고 하는 것은 쓸모없는 짓이었다. 일용할 양식을 얻는 규칙이 그러했고 날마다 만나를 거둘 수 있었음에도, 내일을 위해 쌓아 두는 자가 있고 어제 것을 오늘 먹으려 하는 자가 생기자 역병이 돌고 죽음이 찾아왔다.

성령이 우리와 함께한다. 어제의 경험으로 오늘을 살고자 하는 것은 과거를 살려고 하는 것이다. 과거를 사는 것은 죽음이다. 삶의 기술은 주어진 현재, 오늘을 사는 것이다. 하나님에게 구하라, 지금 여기에서 살아 계시는 하나님의 역사를 눈으로 보고 귀로 듣고 손으로 만지게 해 달라고. 그렇게, 할 수 있는 한 완벽하게 지금 여기를 살라. 우리는 하나님의 도구이며 하나님 자신의 표현이요, 하나님의 드러남이다. 내일을 준비하는 가장 좋은 방법은 오늘 해야 할 모든 것을 오늘 하는 것이다.

우리가 우리에게 죄 지은 자를
사하여 준 것 같이 우리 죄를 사하여 주시옵고

이 절은 주의 기도의 전환점이라 할 수 있다. 모든 영적 처방에 전략적으로 중요한 열쇠다. 여기를 주목하자. 예수는 이 놀라운 기도를 가장 간결하고 효과적인 방법으로, 우리 영혼이 완전히 펼쳐질 수 있는 터전이 되도록 구성했다. 그 결과 우리의 구원에 본질적인 것은 아무것도 놓치지 않으면서도 매우 압축되어 있어서 단어 하나조차도 불필요한 것이라곤 없다. 어떤 생각도 넘치지도 부족하지도 않다. 모든 생각이 조화롭게, 완벽한 순서에 따라 자리 잡고 있다. 바로 이 지점에서 용서의 비판적인 요소가 시작된다.

예수가 전개해 온 주의 기도를 순서대로 한번 따라가 보자. 하나님은 누구신가. 사람은 누구인가. 우주는 어떻게 작동하는가. 우리는 우리에게 맡겨진 과제 ─ 인간다움과 우리 자신의 영혼 구원 ─ 를 어떻게 감당해야 하는가. 무엇이 우리에게 참된 양식인가. 그 공급처는 어디인가. 우리는 그것을 어떻게 얻을 수 있는가. 그리고 이제 그는 죄를 용서하는 문제에 대해 말하려고 한다.

죄를 용서하는 것은 우리 삶의 매우 중요한 문제다. 죄는 하나님으로부터의 분리를 감지하는 것이다. 그것은 인간이 경험하는 가장 큰 비극이다. 물론 그것은 저만 알고 자신만 위하는 데 그 뿌리를 두고 있다. 정의로 말하자면 그것은 본질적으로 우리가 가질 자격이 없는 선함을 얻으려는 시도다. 존재의 진리는 모두가 하나라는 것이다. 반면에 죄는 서로를 가르고 남이 아닌 나만을 위하는 지극히 개인적인 감각이라 할 수 있다. 우리의 참된 자아는 하나님과 분리되지 않고 하나가 되는 것이다. 하나님의 생각을 나타내고 하나님의 본성 즉 그 마음의 역동적인 생각을 증명하는 목격자가 되는 것이다. 왜냐하면 우리는 영적으로는 위대한 전체 중 일부로서 하나요, 인류의 한 사람으로서 우리 모든 사람이 또한 하나이기 때문이다. 우리가 그분 안에서 살고 움직이고 비로소 존재하기 때문에 절대적인 감각에서 우리는 모두 본질적으로 하나인 것이다.

악, 죄, 인간의 타락은 사실상 본질적으로 우리가 생각 속에서 이 진리를 부정하려고 시도하는 데 근거한다. 우리는 하나님으로부터 분리된 삶을 살려고 한다. 하나님과 관계없이 살고 싶은 것이다. 우리는 내 삶은 내 것이라고 주장하려 하고 내 것인 것처럼 행동한다. 하나님의 마음은 하나님의 마음이지 내 마음이 아니라고 생각해 내가 계획하고 목표를 세울 수 있기라도 한 양 하나님의 관심사는 안중에 없다. 사실이 그런 것이라면 모두가 하나라는 존재의 진리는 맞지도 않을뿐더러 조화로울 리도 없다. 경쟁과 분열의 대혼란이 일어날 것이다. 결국 하나되지 못하고 조화가 깨진 상태에서 사람과 사람이 서로 나뉘어 자기 유익만 구하느라 타인에게 해를 끼치고 그의 것을 훔치고 그를 상처 입히고 다치게 하고 파괴하기에 이를 것이다.

그러나 우리를 위한다고 타인에게 한 모든 행위는 곧 우리 자신에게 한 행위와 마찬가지라는 것을 곧 알게 된다. 그것은 마치 우리가 자기 관심사에 몰두해 자신을 이롭게 하느라 애썼을 뿐인데 그러다 보면 타인의 복지 또한 더불어 나아지는 결과가 되는 것과 같은 이치다. 물론 이는 타인이 동일한 방식으로 자기 자신을 이롭게 할 때 우리 자신 또한 그 덕을 보게 되는 것이요, 고로 우리는 더 많은 사람이 저마다 그렇게 하기를 기대하게 된다. 어쨌거나 사실이 이러하다면, 우주는 "나, 나, 나."를 외쳐 대는 개인들이 서로 제 이익만 챙기는 정글이 되고 말 것이다. 그리고 이 또한 얼마 지나지 않아 자기 안에 내재된 나약함과 무질서에 의해 스스로 파괴될 것이다. 그러나 물론 그것은 사실이 아니다. 바로 그 안에 삶의 기쁨이 있다.

그럼에도, 의심할 나위 없이, 많은 사람이 하나님으로부터 분리된 삶을 살면서 그 주인이 자기 자신이라고 믿는 것처럼 행동한다. 그리고 더 많은 사람이, 실제로 그런 자신의 믿음과 냉혹하게 맞닥뜨려지면 충격을 받을 게 분명한데도 의식적으로는 그 의미가 무엇인지 모호한 채로 그에 따라 행동한다. 이것이야말로 죄, 원망, 비난, 질투, 회한 그리고 그와 비슷한 모든 악한 것의 참 토대다.

우리는 하나님으로부터 분리되어 독립된 존재라는 데 대한 믿음, 이것이야말로 가장 큰 죄다. 영적으로 성장해 가기에 앞서 우리는 먼저 이 악한 생각에 칼을 대야만 한다. 지금 그것을 잘라 내야만 한다. 예수는 이것을 아셨다. 때문에 주의 기도 중심에 이 점을 단호하게 밝힌 것이다. 이 메시지는 어떻게 봐도 잘못 이해될 가능성이 없게 우리와 예수의 목적을 하나로 아우를 것이다. 그는 그야말로 사소한 한 구절을 끼워 넣었다. 그럼으로써 그는 우리가 도피하거나 의구심을 품거나 속임수를 쓰지 않고 용서라는 위대한 의식을 완전하게 수행할 수 있게 하는 선언문을 만들었다.

이 위대한 기도를 반복해 드리면서 그 의미를 곰곰이 생각하다 보면 우리는 갑자기, 마치 발이 쥠쇠에 꽉 잡혀 빠져나오지 않는 것처럼 이 문제를 도저히 피해 갈 수 없다는 사실을 인정하기에 이른다. 우리는 적극적으로 그리고 확실히 모두를 용서하는 데까지 나아가야만 한다. 거기에는 우리가 용서를 빚진 사람은 가능한 한 모두, 그리고 어떤 방법으로든 우리를 해할 수도 있었던 사람이라고 생각되는 누구든 다 포함된다. 예수는 죄지은 자를 용서하는 이 근본적인 사안에 있어서만큼 은 어떤 그럴듯한 핑계나 변명도 허용하지 않았다. 그는 어떤 변호사보다도 훌륭한 기술로 기도문을 작성했다. 우리가 어떻게 행동해야 하는지가 너무나도 분명하게 드러나 있다. 때문에 그냥 지나쳐 버리려고 하면 마음 한구석이 영 불편할 것이다. 별도리가 없으니 마음을 다해 진심으로 적을 용서하거나 아니면 두 번 다시 주의 기도를 드릴 수 없게 되거나 둘 중 하나를 선택해야만 한다. 예수가 주의 기도에 담은 용서의 의미를 이해하며 읽었다면 용서할 사람을 용서하지 않고서는 다시는 주의 기도를 입에 올릴 수 없을 것이다. 차라리 그게 안전하다. 용서하지 않은 채 별문제 없을 거라는 생각으로 다시금 주의 기도를 드리려 해 봤자 결국 다 끝맺지도 못할 것이다. 이 위대한 용서의 구절이 목구멍에 콱 걸릴 것이기 때문이다.

예수가 이렇게 말하지 않았다는 데 주목하라. "내 죄를 사하여 주시옵소서. 그리하시면 다른 사람을 용서하려고 하겠습니다." 또는 "용서할 수 있는지 보겠습니다." 또는 "예외가 있겠지만 대체로 용서하겠습니다." 그러나 그는 우리가 분명히 말하게 한다. "실제적으로 용서하겠습니다." "모두 용서하겠습니다." 그는 우리가 그것에 의지해서만 우리 자신의 용서를 청할 수 있게 만든다. 그럼 이제 기도를 드릴 수 있을 만큼 충분히 은혜받은 자는 과연 누구인가, 누가 용서를 구하거나 실수와 허물을 무효로 해 달라고 말할 수 있는가. 죄의식에서 놓여나기를 바라지도 않은 채 하나님의 나라를 찾고 찾는 정신 나간 이가 누구란 말인가. 아무도 없을 것이다. 이제 우리는 우리가 결코 피해 갈 수 없는 자리에 붙들렸음을 안다. 우리 형제를 풀어 주기 전에 우리는 결코 여기서 풀려날 수 없다.

다른 사람을 용서하는 것은 하늘나라의 현관에 이른 것이다. 예수는 이것을 알았다. 그래서 우리를 그 문으로 인도했다. 용서받기를 원한다면 용서해야만 한다. 당신을 상처 준 모두를. 그것이 전부다. 당신은 다른 사람을 향한 모든 분함과 비난을 제거해야만 한다. 자기 비난과 회한까지도. 당신은 스스로 저지르는 잘못을 그치는 것은 물론이고 나아가 다른 사람을 용서해야만 한다. 당신은 그들을 향하신 하나님의 용서를 받아들여야만 한다. 그렇지 않으면 당신의 영혼은 성장할 수 없다. 당신은 또한 자신을 용서해야만 한다. 그러나 먼저 다른 사람을 용서하지 않으면 결코 자기 자신을 진정으로 용서할 수 없다. 다른 사람을 용서함으로써 자신을 용서할 준비가 되는 것이다. 아무도 용서하지 않겠다고 하는 것은 영적인 자만이다. "그 때문에 천사도 타락했다." 우리는 이 점에 대해서 이보다 더 확신할 수가 없다. 우리는 용서해야만 한다. 이 세상에 살면서 그때가 언제였든 누군가에게 상처받지 않은 자가 어디 있겠으며 실망하고 다치고 속고 잘못을 저지른 적이 없는 이가 어디 있겠는가. 그런 것들은 하나둘 기억 속으로 가라앉아 상처를 곪게 하고 염증을 일으킨다. 해결책은 단 하나, 그것들을 모두 잡아뽑아서 내다 버리는 것이다. 그리고 그렇게 하는 유일한 방법은 바로 용서하는 것이다.

물론 우리가 입은 상처가 경미하다면 우리에게 상처를 준 사람을 용서하는 일이 그다지 어렵지 않을 것이다. 사소한 상처에 대한 기억이라면 극복하기도 쉬울 것이다. 단지 사소한 것들을 용서하는 것뿐이라면 누구나 기꺼이 하려고 하겠지만, 존재의 법칙(Law of Being)은 우리에게 사소한 것뿐만이 아니라 불가능해 보일 정도로 용서하기 어려운 것까지도 용서하라고 요구한다. 절망한 마음이 울부짖는다. "지나친 요구입니다. 그것은 내게는 너무나도 지나칩니다. 불가능합니다. 용서할 수 없습니다." 그러나 주의 기도는 하나님에게 우리 자신의 용서를 구하는 것이다. 그것은 죄와 제약으로부터의 해방이 모두 이것 즉 용서에 달려 있다고 말한다. 여기에서 도망칠 방법은 없다. 따라서 용서해야만 한다. 우리가 받은 상처가 아무리 깊고 우리가 겪은 고초가 아무리 극심하다 할지라도. 용서는 이루어져야만 한다.

만약 기도는 열심히 드리는데 응답받지 못하고 있다면 그 이유를 다른 데서 찾지 말고 당신의 의식으로 들어가 아직도 용서하지 않고 있는 누군가가 있지는 않은지 살펴라. 혹 당신이 분하게 여기고 있는 오래된 지난 일이 있지는 않은지 찾아보라. 당신이 어떤 개인, 어떤 집단의 사람들, 어떤 국가, 어떤 종족, 어떤 사회단체, 아마도 당신이 찬성하지 않는 어떤 종교 운동, 어떤 정당, 기타 등등에 대하여 원한을 품고 있는 것은 아닌지 찾아보라.(독선을 가장한 채 자기 정당화를 하고 있는 것인지도 모른다.) 원한을 품고 있는 게 사실이라면 당신은 해야 할 일이 있는 것이다. 해야 할 일을 다 마친 뒤에야 비로소 당신 자신의 용서를 구하기 위해서 어떻게 말해야 할지 알게 될 것이다. 지금 용서할 수 없다면 할 수 있을 때까지 증거를 기다려야만 할 것이다. 물론 주의 기도를 온전히 끝맺지 못한 채로 기다려야만 할 것이다. 하나님이 당신을 용서해 주기를 바라는 것 또한 기다려야만 할 것이다.

다른 사람을 자유의 몸이 되게 하는 것은 당신이 자유의 몸이 되는 것이다. 왜냐하면 분한 마음은 그 대상에 딱 달라붙어 떨어지지 않는 속성을 지녔기 때문이다. 우주의 진리가 그러하다. 누군가를 옥에 가두기 위해서는 반드시 둘이 있어야만 한다. 죄수가 있으면 옥졸이 있어야 하지 않겠는가. 스스로 가두고 지키기까지 할 죄수는 없다. 그러므로 죄수가 죄수 노릇을 다 하려면 거기엔 옥졸이 딸려야 한다. 어찌 보면 옥졸이 죄수와 다를 게 무엇이란 말인가. 당신이 누군가를 향하여 분한 마음이 일 때 당신은 우주적 연결에 의해 그 사람에게 매인 바 되는 것이다. 눈에는 보이지 않는 정신적 매임이지만 그러나 매인 것은 분명하다. 당신은 증오함으로써 그것에 매인다. 이 것이 우주적 연결, 우주의 매임이다. 당신이 이 세상에서 끔찍이도 싫어하는 사람이 당신을 강철보다 강한 고리로 끌어당겨 자기에게 딱 붙여 놓는 셈이다. 이것이 당신이 원하는 것인가? 이런 상태로 살아가기를 원하는가? 기억하라, 당신은 생각 속에서 연결된 대상에 속한 것이다. 그렇게 묶이고 연결된 채로 견뎌 내노라면 언젠가는, 당신이 억울해하는 그 대상은 다시 당신 삶에 튀어나올 것이다. 아마도 이전보다 훨씬 더 큰 피해를 불러올 것이다. 이런 일을 감당하려 하는가? 누구도 감당하기 힘든 일이다. 그럼 어떻게 해야 하나? 방법은 명백하다. 매인 모든 것을 끊어 내는 것이다. 어떻게? 용서라는 분명하고 영적인 행위를 통해서. 당신은 그를 풀어 줘야 한다. 그의 길을 가게 하라. 상대를 용서함으로써 당신은 스스로 자유롭게 하는 것이다. 당신의 영혼을 구하는 것이다. 사랑의 법칙은 모든 이에게 똑같이 작용하기 때문이다. 이로써 당신은 그의 영혼 구제에도 일조하는 것이다. 그에게 이루어져야 할 일을 훨씬 더 수월하게 해 준 것이다.

그런데 이 모든 것이 마음 한번 굳게 먹는다고 되는 게 아니다. 모든 지혜롭고 선한 것의 이름으로 용서라는 행위가 이루어지는 과정은 마술과도 같다. 너무도 깊이 상처받았을 때는 용서하려고 온 마음을 다해 애써도 도저히 용서할 수 없을 것만 같고 불가능해 보이기만 한다. 용서하려고 수없이 노력하지만 우리 손이 닿지 않는 곳에 놓인 이룰 수 없는 과업인 것만 같다.

용서의 기술은 방법을 이해하기만 하면 그리 어려울 게 없으리만치 단순하다. 유일하게 본질적인 것이 있다면 용서하려고 안간힘을 쓰는 것이다. 용서할 자를 용서하려고 간절히 바라야 한다. 그럼 거의 다 된 것이나 다름없다. 용서하는 게 얼마나 어려운 노릇인지에 대해 다소 지나치다 싶을 만큼 많은 우려의 목소리가 있는 것이 사실이다. 그러나 그건 어찌 보면 용서하는 행위를 마치 그 사람을 좋아하게 되어야 하는 것으로 잘못 생각한 데 따른 것으로 보인다. 다행스럽게도 그건 정말이지 오해다. 청하거나 명령한다고 해서 누구를 자연스레 좋아하게 될 수는 없다. 사실 누구를 좋아하라고 명령하는 것은 불가능한 노릇이다. 명령에 따르겠다고 좋아하는 감정을 불러일으키기는 주먹 안에 바람을 잡아넣는 것보다도 가능하지 않은 일이다. 다만 순종하는 마음으로 누군가를 좋아하려고 노력하다 보면 점진적으로 더는 상대를 싫어하거나 증오하지는 않게 될 것이다.

사람들은 누군가에게 심하게 상처받고서도 마치 훌륭한 그리스도인이라면 모름지기 그래야 하는 것처럼 그럼에도 불구하고 그를 좋아해야 하는 것이 자신의 의무라도 되는 양 생각하곤 한다. 그런 일은 말할 것도 없이 가능하지가 않다. 몹시 힘들어하다 결국은 실패할 뿐이다. 그러고는 죄의식에 시달린다. 우리에게 특정한 누구를 좋아해야 하는 의무 같은 건 없다. 그러나 우리는 모두를 사랑해야 하는 의무에 매인 존재들이다. 성경에도 이른 것처럼 사랑이나 자비는 비인격적인 선한 의지의 생생한 감각을 의미한다. 이것은 평화와 행복의 놀라운 느낌이 언제나 뒤따르기는 하지만 그렇다고 해서 감정과 직접적으로 관련 있는 것은 아니다.

용서의 방법은 이것이다. 스스로 이겨 내라, 그리고 잠잠하라. 마음에 드는 어떤 기도 또는 영적인 처방을 반복하라. 성경을 펼쳐서 마음 가는 대로 한 장을 읽어라. 그런 뒤 조용히 당신에게 나쁜 짓을 한 사람의 이름을 부르면서 이렇게 말하라. 그를 용서한다고, 완전히 그리고 한 점의 거리낌도 없이 용서한다고. "나는 아무개를 완전히 용서합니다. 이제 그를 풀어 줍니다. 그로 제 갈 길을 가게 하십시오. 나는 문제의 그 사건 전체를 완전히 용서합니다. 나와 연관된 모든 것이 남김없이 영원히 끝났습니다. 나는 분하고 억울해하느라 이제껏 짊어지고 산 짐을 내 안에 계신 그리스도 아래 내려놓습니다. 그는 이제 자유입니다. 나 또한 자유입니다. 나는 그의 삶이 범사에 잘 풀리기를 바랍니다. 그 끔찍한 사건은 이제 끝났습니다. 그리스도의 진리는 우리 모두를 자유롭게 하는 것입니다. 하나님 감사합니다." 그런 다음 자리에서 일어나 당신의 일을 하라. 여하한 어떤 이유로도 이 용서의 행위를 다시 반복하지 말라. 당신이 한 것이 최종적이요, 두 번째 하는 것은 암암리에 당신이 한 행위를 부인하는 것이 되기 때문이다. 후에 그 사람이 기억나거든 짧게 그를 축복하라. 그가 당신에게 저지른 일이 마음속에 떠오르거든 얼른 그 생각을 떨쳐 버려라. 그러나 불쑥 잊을 만하면 또 생각나고 또 생각날 것이다. 그래도 꾸준히 그렇게 하라. 시간이 지나면 조금씩 덜하겠지만 다 잊어버리기까지는 그렇게 문득 떠오르고 기억날 것이다. 그 기간이 짧건

실선 이 붉은 글짓거리는 쉬이 사라지지 않을 것이다. 그러나 당신은 이제 고통이 사라졌음을 느끼게 될 것이다. 더는 분한 마음이 들지 않는 것을 확인하게 될 것이다. 당신도 당신이 용서한 그 사람도 둘 다 하나님의 자녀가 누리는 완벽한 자유를 누리게 될 것이다. 당신의 용서는 완전하다. 당신은 기도의 말씀을 따라 순종한 결과, 증거를 손에 쥐는 놀라운 기쁨을 경험할 것이다.

누구나 마땅히 날마다 일반적인 용서를 실천할 수 있어야 한다. 날마다 기도할 때 당신을 어떤 식으로든 해할지 모르는 이들 모두를 용서함으로써 일반적인 사면을 기도 제목으로 삼으라. 반드시 그 하나하나를 세세히 다루라. 이렇게 단순하게 말하라, "나는 아무 구애 받음 없이 모두를 용서합니다." 그런 다음 하루를 살라. 아무 때고 불쑥 억울한 마음이 들면서 그 생각이 떠오르면 그런 생각이 들게 한 이를 짧게 축복하고 생각을 곧장 떨쳐 버려야만 한다.

이와 같은 방침을 따른 결과를 확인하는 데는 오랜 시간이 걸리지 않을 것이다. 당신은 얼마 안 가서 모든 분함과 비난이 씻겨 나가고 맑고 밝아진 자신을 발견하게 될 것이다. 그 영향으로 당신은 행복하고 몸도 건강할 것이며 당신의 삶은 가히 혁명적 변화를 겪을 것이다.

우리를 시험에 들게 하지 마시옵고
다만 악에서 구하시옵소서

이 절은 주의 기도의 다른 어떤 부분보다도 더 많은 어려움을 일으켜 온 부분일 것이다. 어찌 보면 신앙에 열심인 많은 사람에게 이 말씀은 진정한 걸림돌이 되어 왔을 것이다. 왜냐하면 그들은 하나님이 누군가를 시험 또는 악한 상황에 들게 하실 리 없다고 여기기 때문이다. 따라서 이 말씀은 참으로 다가오지 않는다.

이런 이유로 이 절의 말씀을 단어 선택을 달리해 표현해 보려는 다수의 시도가 있어 온 게 사실이다. 사람들은 예수가 말한 것처럼 알려진 말들을 예수가 실제로 똑같이 했을 리는 없다고 생각했다. 그래서 그들이 생각하기에 예수가 해 온 가르침의 일반적인 어조와 더 일치한다고 생각되는 표현을 찾았다. 이런 영웅적인 노력들이 그리스어 원전을 왜곡해 다른 것을 만들어 냈다. 그러나 이 모든 것은 불필요하다. 우리가 영어로 된 텍스트를 우리말로 옮긴 형태로 보고 있는 이 기도[14]는 그 참된 내적 의미가 정확하게 전달되는 데 아무 문제가 없다고 보인다.

주의 기도가 영적인 삶 전체를 포괄하고 있다는 것을 기억하라. 형태는 압축되어 있을지라도 이것은 영혼을 개발하기 위한 완벽한 사용 설명서다. 예수는 영적으로 한 걸음 도약하기 전에 찾아오곤 하는, 우리 영혼을 괴롭힐 수 있고 또 괴롭히는 너무도 미묘하여 감지하기도 힘든 심각한 위험과 어려움 등에 대해 잘 아는 분이다. 영적인 성장이 아직 비교적 초기 단계인 사람들은 이런 고충을 별로 겪지 않기 때문에 그것이 어떤 것인지 잘 모른다. 따라서 사람들은 쉬이 이 구절은 불필요하다는 결론으로 성급하게 나아가려 한다. 그러나 사실을 말하자면, 결코 그렇지 않다.

사실은 이러하다. 기도를 하면 할수록, 명상을 하거나 영적인 처방을 따르는 데 시간을 쓰면 쓸수록, 당신은 점점 더 민감해진다. 만약 당신이 올바른 방법으로 더욱 많은 시간을 영혼에 공을 들이면 더욱더 예민해질 것이다. 그렇게 하는 것은 분명 잘하는 일이지만 우주 안에 있는 모든 것이 그렇듯 그것은 양면으로 작용한다. 당신이 영적인 데 민감하고 예민해질수록, 드리는 기도가 더욱 강력하고 효과적일수록, 당신은 더 잘

---

14 원문은 "The Prayer in the form in wich we have it in English…"인데 한국 독자가 이해하기 쉽게 바꿔 표현함

치유하고 영혼 또한 급격히 성장할 것이다. 그러나 똑같은 이유로 영적인 성장의 초기 단계에서는 그다지 신경 쓰지 않아도 되었던 유혹의 형태들에 매우 예민해진다. 당신은 또한 세상의 많은 남녀가 사소한 것으로 간주하는 일반적인 실수를 날카롭게 범하게 되는 자신을 발견할 것이다. 이 또한 잘된 것이다. 그것은 당신을 기대에 부응하게 만들 것이기 때문이다. "작은 여우들이 포도나무를 망친다."고 했다. 겉으로 보기에는 별일 아닌 것으로 보이는 도덕적 죄들이 그 즉시 처리하지 않으면 우리 영적인 능력을 약화시키고 소진시킨다.

이 단계의 누구도 소매치기로 한탕 벌고 싶다거나 빈집을 털고 싶은 유혹을 받지는 않을 것이다. 그러나 이것은 어찌 되었든 앞으로 더 큰 어려움을 감당하게 되더라도 고충이 없을 것임을 뜻하지는 않는다. 왜냐하면 영혼이 성장하면서 너무도 예민한 상태에 있기 때문이다.

영혼이 성장할수록 우리가 가는 길에는 새롭고 강력한 유혹들이 우리를 기다린다. 경계가 느슨해진 틈을 타 우리를 바닥에 내동댕이칠 만반의 준비 태세를 갖추고 말이다. 거기에는 하나님에게 돌려야 마땅한 영광과 지위를 가로채 자신을 높이고 자기 권력을 강화하려는 유혹들도 포함된다. 개인의 명예와 우월함을 과시하기 위한, 심지어는 물질적인 것을 얻어

내기 위한 유혹들도 포함된다. 그리고 완벽한 공명정대함으로 모든 사람을 대해야 하는 것이 신성한 의무일진대 개인적 선호에 치우쳐 판단을 그르치게 하는 유혹도 포함된다. 게다가 다른 모든 죄를 넘어선다고 보일 정도로 치명적인 영적 자만이라는, 참으로 "고결한 사람의 가장 마지막 병약함"이라 할 죄가 이 길 위에 도사리고 있다.

　다른 모든 시험을 의기양양하게 이겨 낸 많은 훌륭한 영혼이 하나님과 그들 사이에 강철 커튼이라도 쳐진 듯 오만과 독선의 지경에 빠져들었다. 지식이 많은 자에게는 그만큼 큰 책임감이 따른다. 이 책임을 저버리면 결과적으로 끔찍한 처벌이 뒤따를 것이다. 노블레스 오블리주는 참으로 영적인 생각일 뿐만 아니라 정녕코 참이다. 진리에 관한 지식은 아무리 적을지라도 결코 침해되어서는 안 되는, 인간성을 향한 성스러운 신뢰다. 우리가 돼지한테 진주를 던져 주는 실수를 결코 하지 않는 한, 진리가 환영받지 못하는 곳에서 진리를 네 조각으로 나누어 설득하려 하지 않는 한, 우리는 인간들 사이에 하나님의 참지식이 전파될 수 있도록 모든 것을 지혜롭게 해내야만 한다. 우리가 우리 자신만 생각하고 나태해서 진리에 관한 이 지식을 전해야 하는 책임감을 능히 감당하지 못한다면 그것은 "이들 작은 것들" 중 하나가 아닐 것이다. "내 어린 양을

먹이라, 내 양을 먹이라.~~요한복음 21:15~17~~

초자연적인 주술 같은 것을 다루는 옛날 작가들은 이러한 위험에 대한 너무나도 생생한 감각을 지니고 있었다. 극화하는 데 뛰어난 그들의 직감은 다양한 시험에 의해 늘 도전받고 있는 영혼을 감지하고 말할 수 있었다. 영혼이 한 걸음 크게 내디디고 우뚝 서려고 할 때면 마치 여행자가 다양한 관문 또는 유로 고속도로 빗장 앞에서 멈춰 서야 하는 것처럼 과연 그가 앞으로 더 성장할 준비가 되었는지를 결정하는 몇몇 시련에 의해 시험을 받게 되곤 하는데, 만약 이 시험을 무사히 통과한다면 그는 도전자에게 주는 축복을 받아 계속해서 그의 길을 가는 것이 허락될 것이다. 그런데 그렇지 않고 시련에서 살아남는 데 실패한다면 더는 나아갈 수 없게 된다.

반면에 영혼이 하루빨리 성장했으면 하는 마음만 컸지 아직 경험이 별로 없는 어린 영혼들은 어떤 시험이 오든 승리하리라 각오를 다지며 성급하게 이리저리 두리번거리며 제 편에서 오히려 어려움을 찾아 나선다. 아직 그의 인성을 가지고 맞서기에는 상대가 남자든 여자든 충분한 준비가 되지 않았음에도. 우리 주 예수가 몸소 광야에서의 시련을 겪으며 남긴 교훈을 잊지 말라. "주 너의 하나님을 시험치 말라." 이 명령을 잊은 채 나서면 맞게 되는 것은 슬픈 결과일 뿐이다. 그래서 예수는

여기에 이 구절을 끼워 넣은 것이다. 그리므로 우리 이해의 현
단계 수준에서 우리 자신을 위해 제발 지나치게 많은 것에 맞
닥뜨리지 않기를 기도하라는 것이다. 만약 우리가 지혜로워서
날마다 지혜와 순결과 성령의 인도를 요청하고 우리 안에서
이들이 역사하도록 순종할 수 있다면, 우리는 결코 우리 자신
을 깨끗게 하는 데 필요한 것을 이해하지 못해서 어려움에 처
할 일은 없을 것이다. "너희를 해칠 자가 결코 없으리라. 내가
너희와 항상 함께 있으리라."

나라와 권세와 영광이
아버지께 영원히 있사옵나이다

이것은 이해하기 어려울 정도로 금언적인 참으로 놀라운 말이다. 이 구절은 하나님의 무소부재하심과 전능하심의 본질적인 진리를 요약하고 있다. 이 말은 사실 하나님이 전적으로 행위자요, 행위요, 행한 것임을 의미한다. 그뿐만 아니라 그는 관찰자이기도 하다. 이런 의미에서 나라는 온 땅 위에 있는 모든 창조물을 의미한다. 살아 계신 하나님의 드러남이자 행하는 하나님의 모든 표현으로서의 피조물을 가리킨다.

물론 권세는 하나님의 능력이다. 우리는 하나님이 유일한 능력임을 안다. 우리는 기도할 때만 아니라 일할 때도 하나님이 우리를 사용해서 일한다는 것을 안다. 마치 피아니스트가 그의 손가락을 사용해서 음악을 만들어 내는 것처럼 그렇게 사람은 하나님의 손가락들로 생각될 수 있다. 그는 능력이다. 만약 우리가 기도할 때, 우리를 통해 일하는 이가 하나님이라는 생각을 잊지 않고 기억할 수 있다면 우리 기도는 엄청난 효율성을 발휘할 것이다. 그러니 말하라. "하나님은 나를 고무하신다." 만약 일상적인 일을 할 때도 "하나님의 잃이 지금 나를 통해 일하신다."는 생각을 잊지 않고 늘 떠올릴 수 있다면 우리는 아무리 어려운 과업이라 할지라도 깜짝 놀랄 만한 성공으로 이끌 수 있을 것이다.

우리가 하나님의 무소부재하심이 실제로 의미하는 바를 점차 깨달아 갈 때 찾아오는 놀라운 변화는 삶의 모든 것을 바꿀 것이다. 슬픔이 변하여 기쁨이 되고, 노년이 청춘이 되며, 아둔한 자가 지혜롭고 생기 넘치는 자가 될 것이다. 이것은 우리에게 찾아온 이 영광은 물론 하나님의 영광이다. 우리가 아는 더 없는 행복은 하나님을 경험하는 데 있다. 하나님은 우리의 행복을 아는 분이다. 하나님은 누구보다도 우리가 행복하기를 원한다.

최근 들어 주의 기도를 단언하는 어조로 다시 쓰려는 시도
가 거듭되고 있다. 예를 들어 이런 경향을 따르면 "나라가 임
하시오며, 당신의 뜻이 이루어지이다."라는 구절은 "나라가 왔
고, 뜻이 이루어졌다."가 된다. 이렇듯 다른 말로 바꾸어 표현
한 말들은 흥미롭고 도발적이긴 하나 꼭 필요한 것은 아니다.
단언하는 형태의 기도는 치유 활동에 많이 사용된다. 그러나
그것은 단지 기도의 한 형태일 뿐이다. 예수는 항상 그런 것은
아니지만 매우 자주 탄원하고 호소하는 형태로 기도했다. 탄
원하는 형태의 기도는 우리 영혼이 성장하는 데 본질적이다.
그러나 그것은 간청하는 기도와 혼동되어서는 안 된다. 마치
노예가 주인에게 애원하듯이 하나님을 향하여 징징거리고 우
는소리를 해 대는 것과는 결코 같지 않다. 그것은 잘못된 것이
다. 기도의 가장 높은 형태는 참된 사색이다. 생각과 생각하는
사람이 하나가 되는 것, 이것은 참 신비로운 연합이다. 하지만
초기 단계에서 이를 경험하기는 쉽지 않다. 그러니 당신이 가
장 쉽다고 여기는 방법으로 기도하라. 왜냐하면 가장 쉬운 방
법이 가장 좋은 것이기 때문이다.

수고하고 무거운 짐 진 자들아 다 내게로 오라 내가 너희를 쉬게 하리라.

✝

여호와는 나의 빛이요 나의 구원이시니 내가 누구를 두려워하리요? 여호와는 내 생명의 능력이시니 내가 누구를 무서워하리요?

군대가 나를 대적하여 진 칠지라도 내 마음이 두렵지 아니하며 전쟁이 일어나 나를 치려 할지라도 나는 여전히 태연하리로다.

✝

네가 물 가운데로 지날 때에 내가 너와 함께 할 것이라 강을 건널 때에 물이 너를 침몰하지 못할 것이며 네가 불 가운데로 지날 때에 타지도 아니할 것이요 불꽃이 너를 사르지도 못하리니.

✝

그가 여호와를 찾을 동안에는 하나님이 형통하게 하셨더라.

옮긴이의 글

친절한 길 안내인이기보다는 늘 거기 있는 익숙함 때문에 미처 몰랐던 길 비껴 낯선 사이의 세계로 모험을 떠나 보라고 매혹하는 이로서 에밋 폭스의 『산상수훈』 읽기를 권합니다. 예수께서도 신약성서 마태복음 5장에서 7장에 이르는 이 가르침을 회당이 아닌 산 위에서 말씀하시지 않았습니까.

무엇이 왜 없지 않고 있으며 나는 왜 네가 아니고 나인가?
한 세계의 균형, 시공의 평형을 이루는 원리 즉 보편적 진리는 치우치지 않고 차별이 없고 한결같다. 저마다의 생명은 제

한계상황 아래 성장을 지향하는 데 '가르침'은 단비, 죽복이다. 이 책 전반부에서 에밋 폭스는 자기 성장의 열쇠로서 예수의 「산상수훈」을 소개한다. 그에 따르면 지금 여기를 살아 내는 생 앞에 선악, 믿고 믿지 않고의 차별이 결코 진리를 거스를 수 없다.

우리는 누구인가? 이 물음이 이 생에 반드시 있어야 함을 깨달을 때 우리는 삶으로 답해야만 한다. 우리는 형제를 지키는 자다.

한 아버지에게 두 아들이 있었다. 어느 날 작은아들은 제 몫의 유산을 요구하는데, 아버지는 이를 들어 준다. 그 길로 집을 나간 아들은 허랑방탕하게 살다 재산을 거덜 내고 더는 살 방도가 없자 그제야 아버지가 있는 집으로 돌아가리라 길을 나선다. 이제나저제나 집 나간 아들 걱정에 대문간이 처소가 되다시피한 아버지는 달려 나가 아들을 끌어안고 기쁨에 넘쳐 잔치를 벌이는데, 이를 본 큰아들은 아버지에게 쌓인 원망을 털어놓으며 울분을 토한다. 그런 큰아들을 향하여 아버지는 말한다. "너는 나와 함께 있으니 내 것이 다 네 것인데 너는 어찌 기쁘고 즐겁지 않은 것이냐."

우리는 누구인가?

에밋 폭스는 말하는 듯하다. 이 땅에서 우리의 신분이 무엇인지를 아는 것이야말로 길을 잃지 않을 시작점이라고. 이 책의 후반부,「주의 기도」는 그러므로 자신이 아들의 신분임을 자각한 자의 마땅한 삶의 자세를 보인다.

"아버지, 당신의 이름이 거룩하기를 저로 인해 더럽혀지지 않기를 원합니다. 지금 여기 발 디딘 이 땅이 당신과 제가 있기에 하늘입니다. 한순간도 잊지 않게 저를 먹이시고 보살펴 주십시오. 껍데기를 찢고 날아오를 그날, 천년을 살듯 하루를 산 내 생이 찬송이기를 원합니다."

삶의 정수는 어찌 보면 맞닥뜨리는 상황마다 해답을 내는 데서가 아니라 제대로 된 물음을 던지는 데서 찾아질 수 있을지도 모른다.

2023년 봄

박에스더

옮긴이 | 박에스더

연세대학교 철학과와 같은 대학 교육대학원을 졸업하고 번역과 출판 기획을 하고 있다. 옮긴 책으로는 헬렌 켈러의『사흘만 볼 수 있다면』,『헬렌 켈러 자서전』, 루이즈 디살보의『위기의 아내는 무엇으로 사랑하는가』등이 있으며, 엮은 책으로는 '잠들기 전 읽어 주는 그림 없는 그림책 시리즈(전 7권)'가 있다.

산상수훈

1판 1쇄 찍음 2023년 6월 5일
1판 1쇄 펴냄 2023년 6월 22일

지은이 | 에밋 폭스
옮긴이 | 박에스더
발행인 | 박근섭
책임편집 | 김하경
펴낸곳 | 판미동

출판등록 2009. 10. 8 (제2009-000273호)
주소 | 06027 서울 강남구 도산대로 1길 62 강남출판문화센터 5층
전화 | 영업부 515-2000 **편집부** 3446-8774 **팩시밀리** 515-2007
홈페이지 | panmidong.minumsa.com

도서 파본 등의 이유로 반송이 필요할 경우에는 구매처에서 교환하시고
출판사 교환이 필요할 경우에는 아래 주소로 반송 사유를 적어 도서와 함께 보내주세요.
06027 서울 강남구 도산대로 1길 62 강남출판문화센터 6층 민음인 마케팅부

한국어판 ⓒ (주)민음인, 2023. Printed in Seoul, Korea
ISBN 979-11-7052-284-3 03320

판미동은 민음사 출판 그룹의 브랜드입니다.